南海科学考察历史资料整编丛书

南海渔业资源变化趋势及管理策略

杜飞雁　王雪辉　宁加佳　等　著

科学出版社

北　京

内 容 简 介

本书通过对中国水产科学研究院南海水产研究所自 1961 年以来在南海开展的 74 个渔业资源科学考察项目的数据、报告等资料的系统整理，首次全面梳理了南海渔业资源科学考察历史，将南海分为南海北部、北部湾、珠江口、大亚湾和南海诸岛海域 5 个区域，对南海渔业资源长时间序列的变动趋势进行初步分析，进一步丰富和充实南海渔业资源调查研究的历史记录，并提出南海渔业资源管理对策和建议，以期对我国海洋渔业资源的可持续利用发挥积极作用。

本书适合海洋科研工作者、高校师生及海洋科学爱好者参考使用。

审图号：GS 京〔2023〕1125 号

图书在版编目（CIP）数据

南海渔业资源变化趋势及管理策略 / 杜飞雁等著 . —北京：科学出版社，2023.6

（南海科学考察历史资料整编丛书）

ISBN 978-7-03-073644-4

Ⅰ . ① 南 … Ⅱ . ① 杜 … Ⅲ . ① 南海 - 海洋渔业 - 资源管理 - 研究 Ⅳ . ① F326.43

中国版本图书馆 CIP 数据核字（2022）第 201568 号

责任编辑：朱　瑾　习慧丽 / 责任校对：郑金红
责任印制：吴兆东 / 封面设计：无极书装

科 学 出 版 社 出版
北京东黄城根北街 16 号
邮政编码：100717
http://www.sciencep.com
北京建宏印刷有限公司印刷
科学出版社发行　各地新华书店经销

*

2023 年 6 月第 一 版　开本：787×1092　1/16
2025 年 1 月第二次印刷　印张：12　1/2
字数：298 000

定价：188.00 元
（如有印装质量问题，我社负责调换）

《南海渔业资源变化趋势及管理策略》著者名单

主要著者 杜飞雁 王雪辉 宁加佳

其他著者（按姓氏笔画排序）

王守信 王佳燕 王亮根 刘双双

李亚芳 邱永松 闵婷婷 陈盟基

柯兰香 贾晓平 徐　磊 唐鹊辉

黄德练 蔡文贵 黎　红

丛 书 序

南海及其岛礁构造复杂，环境独特，海洋现象丰富，是全球研究区域海洋学的天然实验室。南海是世界第二大的半封闭边缘海，既有宽阔的陆架海域，又有大尺度的深海盆，还有类大洋的动力环境和生态过程特征，形成了独特的低纬度热带海洋、深海特性和"准大洋"动力特征。南海及其邻近的西太平洋和印度洋"暖池"是影响我国气候系统的关键海域。南海地质构造复杂，岛礁众多，其形成与演变、沉积与古环境、岛礁的形成演变等是国际研究热点和难点问题。南海地处热带、亚热带海域，生态环境复杂多样，是世界上海洋生物多样性最高的海区之一。南海珊瑚礁、红树林、海草床等典型生态系统复杂的环境特性，以及长时间序列的季风环流驱动力与深海沉积记录等鲜明的区域特点和独特的演化规律，彰显了南海海洋科学研究的复杂性、特殊性及其全球意义，使得南海海洋学问题更有挑战性。因此，南海是地球动力学、全球变化等重大前沿科学研究的热点。

南海自然资源十分丰富，是巨大的资源宝库。南海拥有丰富的石油、天然气、可燃冰，以及铁、锰、铜、镍、钴、铅、锌、钛、锡等数十种金属和沸石、珊瑚贝壳灰岩等非金属矿产，其中锡储量占世界的60%，石油总储量约350亿t，天然气总储量约10万亿m^3，可燃冰资源量约700亿t油当量，是全球少有的海上油气富集区之一；南海还蕴藏着丰富的生物资源，有海洋生物2850多种，其中海洋鱼类1500多种，是全球海洋生物多样性最丰富的区域之一，同时也是我国海洋渔产种类最多、面积最大的热带渔场。南海具有巨大的资源开发潜力，是中华民族可持续发展的重要疆域。

南海与南海诸岛地理位置特殊，战略地位十分重要。南海扼西太平洋至印度洋海上交通要冲，是通往非洲和欧洲的咽喉要道，世界一半以上的超级油轮经过该海域，我国约60%的外贸、88%的能源进口运输、60%的国际航班从南海经过，因此，南海是我国南部安全的重要屏障、战略防卫的要地，也是确保能源及贸易安全、航行安全的生命线。

南海及其岛礁具有重要的经济价值、战略价值和科学研究价值。系统掌握南海及其岛礁的环境、资源状况的精确资料，可提升海上长期立足和掌控管理的能力，有效维护国家权益，开发利用海洋资源，拓展海洋经济发展新空间。20世纪50年代以来，我国先后组织了数十次大规模的、调查区域各异的南海及其岛礁海洋科学综合考察，如西沙群岛、中沙群岛及其附近海域综合调查，南海中部海区综合调查研究，南海东北部综合调查研究，南沙群岛及其邻近海域综合调查等，得到了海量的重要原始数据、图集、报告、样品等多种形式的科学考察史料。由于当时无电子化，归档标准不一，对获得的资料缺乏系统完整的整编与管理，加上历史久远、人员更替或离世等原因，这些历史资料显得更加弥足珍贵。

"南海科学考察历史资料整编丛书"是在对20世纪50年代以来南海科考史料进行收集、抢救、系统梳理和整编的基础上完成的，涵盖400个以上大小规模的南海科考航次的数据，涉及生物生态、渔业、地质、化学、水文气象等学科专业的科学数据、图集、研究报告及老专家访谈录等专业内容。通过近 60 年科考资料的比对、分析和研究，全面系统揭示了南海及其岛礁的资源、环境及变动状况，有望推进南海热带海洋环境演变、生物多样性与生态环境特征演替、边缘海地质演化过程等重要海洋科学前沿问题的解决，以及南海资源开发利用关键技术的深入研究和突破，促进热带海洋科学和区域海洋科学的创新跨越发展，促进南海资源开发和海洋经济的发展。早期的科学考察宝贵资料记录了我国对南海的管控和研究开发的历史，为国家在新时期、新形势下在南海维护权益、开发资源、防灾减灾、外交谈判、保障海上安全和国防安全等提供了科学的基础支撑，具有非常重要的学术参考价值和实际应用价值。

中国科学院院士 张金臻

2021 年 12 月 26 日

丛书前言

海洋是巨大的资源宝库，是强国建设的战略空间，海兴则国强民富。我国是一个海洋大国，党的十八大提出建设海洋强国的战略目标，党的十九大进一步提出"坚持陆海统筹，加快建设海洋强国"的战略部署，建设海洋强国是中国特色社会主义事业的重要组成部分。

南海是兼具深海和准大洋特征的世界第二大边缘海，是连接太平洋与印度洋的战略交通要道和全球海洋生物多样性最为丰富的三大中心之一；南海海域面积 350 万 km^2，我国管辖面积达 210 万 km^2，其间镶嵌着近 3000 个美丽岛礁，是我国最宝贵的蓝色国土。南海是我国的核心利益，进一步认识南海、开发南海、利用南海，是我国经略南海、维护海洋权益、发展海洋经济的重要基础。

自 20 世纪 50 年代起，为掌握南海及其诸岛的国土资源状况，提升海洋科技和开发利用水平，我国先后组织了数十次规模、区域大小各异的南海及其岛礁海洋科学综合考查，对国土、资源、生态、环境、权益等领域开展调查研究。例如，"南海中、西沙群岛及附近海域海洋综合调查"（1973 ～ 1977 年）共进行了 11 个航次的综合考察，足迹遍及西沙群岛各岛礁，多次穿越中沙群岛，一再登上黄岩岛，并穿过南沙群岛北侧，调查项目包括海洋地质、海底地貌、海洋沉积、海洋气象、海洋水文、海水化学、海洋生物和岛礁地貌等。又如，"南沙群岛及其邻近海域综合调查"国家专项（1984 ～ 2009 年），由国务院批准、中国科学院组织、南海海洋研究所牵头，联合国内十多个部委 43 个科研单位共同实施，持续 20 多年，共组织了 32 个航次，全国累计 400 多名科技人员参加过南沙科学考察和研究工作，取得了大批包括海洋地质地貌、地理、测绘、地球物理、地球化学、生物、生态、化学、物理、水文、气象等学科领域的实测数据和样品，获得了海量的第一手资料和重要原始数据，产出了丰硕的成果。这是以中国科学院南海海洋研究所为代表的一批又一批科研人员，从一条小舢板起步，想国家之所想、急国家之所急，努力做到"为国求知"，在极端艰苦的环境中奋勇拼搏，劈波斩浪，数十年探海巡礁的智慧结晶。这些数据和成果极大地丰富了对我国南海海洋资源与环境状况的认知，提升了我国海洋科学研究的实力，直接服务于国家政治、外交、军事、环境保护、资源开发及生产建设，支撑国家和政府决策，对我国开展南海海洋权益维护特别是南海岛礁建设发挥了关键性作用。

在开启中华民族伟大复兴第二个百年奋斗目标新征程、加快建设海洋强国之际，"南海科学考察历史资料整编丛书"如期付梓，我们感到非常欣慰。丛书在 2017 年度国家科技基础资源调查专项项目"南海及其附属岛礁海洋科学考察历史资料系统整编"的资助下，汇集了南海科学考察和研究历史悠久的 10 家科研院所及高校在海洋生物生态、渔业资源、地质、化学、物理及信息地理学等专业领域的科研骨干共同合作的研究成果，并聘请离退休老一辈科考人员协助指导，并做了"记忆恢复"访谈，保障丛书数据的权威性、丰富性、可靠性、真实性和准确性。

丛书也收录了自 20 世纪 50 年代起我国海洋科技工作者前赴后继，为祖国海洋科研事业奋斗终生的一个个感人的故事，以访谈的形式真实生动地再现于读者面前，催人奋进。这些老一辈科考人员中很多人都已经是 80 多岁，甚至 90 岁高龄，讲述的大多是大事件背后鲜为人知的平凡故事，如果他们自己不说，恐怕没有几个人会知道。这些平凡却伟大的事迹，折射出了老一辈科学家求真务实、报国为民、无私奉献的爱国情怀和高尚品格，弘扬了"锐意进取、攻坚克难、精诚团结、科学创新"的南海精神。是他们把论文写在碧波滚滚的南海上，将海洋科研事业拓展到深海大洋中，他们的经历或许不可复制，但精神却值得传承和发扬。

希望广大科技工作者从"南海科学考察历史资料整编丛书"中感受到我国海洋科技事业发展中老一辈科学家筚路蓝缕奋斗的精神，自觉担负起建设创新型国家和世界科技强国的光荣使命，勇挑时代重担，勇做创新先锋，在建设世界科技强国的征程中实现人生理想和价值。

谨以此书向参与南海科学考察的所有科技工作者、科考船员致以崇高的敬意！向所有关心、支持和帮助南海科学考察事业的各级领导和专家表示衷心的感谢！

"南海科学考察历史资料整编丛书"主编

2021 年 12 月 8 日

前　言

南海地理位置特殊、资源丰富，具有重要的经济价值和战略意义。自 20 世纪 50 年代起，为掌握南海及南海诸岛的基本情况，我国先后组织了数十次规模各异的南海及其附属岛屿海洋科学调查，对国土、资源、生态、环境、权益等领域开展研究。由于当时的调查研究记录无法电子化，对获得的资料缺乏系统整编与管理，并且早期的原始资料有的散落在科研人员手中，加上时间久远、人员更替和离世等原因，有些数据甚至濒临流失。为此，2017 年，在科技部科技基础资源调查专项"南海及其附属岛礁海洋科学考察历史资料系统整编"（2017FY201400）支持下，项目组对自 20 世纪 50 年代以来的南海科学考察历史资料进行了收集、电子化、可视化和系统梳理，整编了一批包括生物、生态、地质、水文气象等领域的专业数据集、图集和成果报告，为我国进一步经略南海提供了科学支撑。

中国水产科学研究院南海水产研究所成立于 1953 年，是我国南海区域从事热带亚热带水产基础与应用基础研究、水产高新技术和水产重大应用技术研究的公益性国家级科研创新机构。海洋渔业资源是中国水产科学研究院南海水产研究所最早确立的研究领域，当时渔业资源探捕和渔场开发是该领域的首要任务。中国水产科学研究院南海水产研究所成立之前，我国有关南海的渔业状况只有一些零星的调查和记载，中国水产科学研究院南海水产研究所成立之后才开始较系统地开展南海渔业资源调查研究。南海的渔业资源调查区域经历了从沿海逐步向外海的发展过程，探捕区域覆盖了从南海北部、中部至西南部陆架区的整个南海范围，南海渔业资源的分布状况得到了进一步梳理，南海有经济价值的渔业资源先后得到了开发利用。由此，中国水产科学研究院南海水产研究所承担了"南海及其附属岛礁海洋科学考察历史资料系统整编"项目中的"南海渔业资源调查历史资料整编"工作。

通过近 5 年的努力，"南海渔业资源调查历史资料整编"课题组对自 1961 年以来实施的 74 个项目、339 个航次、10 680 站次渔业资源科学考察所获的数据、报告等资料进行了查找、整理、校核、电子化，形成了南海渔业资源调查数据集、南海渔业资源分布图集，并依据整编情况，将南海分为南海北部、北部湾、珠江口、大亚湾和南海诸岛海域 5 个区域，对南海渔业资源状况及其变化趋势进行分析，提出南海渔业资源管理对策和建议。本书是近 5 年来本课题初步研究成果的总结，全面梳理了南海渔业资源科学考察历史，进一步丰富和充实了南海渔业资源调查研究的历史记录。我们希望本书有助于促进南海渔业资源的科学管理，对我国海洋渔业资源的可持续利用发挥积极作用。第 1 章由宁加佳、王亮根、王雪辉、黄德练、李亚芳、徐磊等完成，第 2 章由王亮根等完成，第 3 章由王雪辉等完成，第 4 章由徐磊、唐鹊辉等完成，第 5 章由黄德练等完成，第 6 章由李亚芳等完成，第 7 章由杜飞雁、王雪辉、徐磊等完成，附录由刘双双、唐鹊辉、宁加佳等完成，图件绘制由蔡文贵等完成，基础数据整理和录入由王守信、黎红、闵婷婷、陈盟基、柯兰香、王佳燕等完成，贾晓平和邱永松对全书进行了审阅。

在资料查找、整编、数据分析和专著撰写过程中，中国水产科学研究院南海水产研究所袁蔚文研究员、陈琳研究员、何国民研究员、李生研究员，厦门大学杨圣云教授，福建省水产研究所张澄茂研究员，上海海洋大学黄硕琳教授，纽约大学石溪分校陈勇教授等诸多老师给予了重要的帮助、指导和支持，特致谢忱。我们在资料整理过程中，在翻阅一份份字迹工整、纸面整洁的原始记录时，无不感叹老一辈科研人员在恶劣海况和艰苦条件下仍保持严谨、专注和认真，钦佩和自豪之情油然而生，他们的精神激励和鼓舞着我们赓续前行。

本书的编撰和出版得到了海南省自然科学基金（422MS156）的资助。

2023 年 6 月 12 日

目　　录

第1章 南海渔业资源数据
来源与分析方法

南海自然海域面积约 350 万 km²，南北纵跨约 2000 km，东西横越约 1000 km，海域辽阔，各区域有其独特的生境，形成了不同的生物区系。为此，结合资料整编的情况，将南海划分为南海北部、北部湾、南海诸岛海域、珠江口和大亚湾 5 个区域，分别概述其渔业资源状况。

1.1 数据来源

1.1.1 南海北部

1. 调查时间和站位

南海北部渔业资源分析所用数据取自 1963 年 6 月至 1965 年 2 月、1973 年 3 月至 1977 年 9 月、1978 年 1 月至 1979 年 9 月、1979 年 3 月至 1980 年 10 月、1981 年 4 月至 1984 年 8 月、1989 年 9 月至 1991 年 11 月、1997 年 12 月至 1999 年 6 月、2000 年 7 月至 2002 年 3 月、2006 年 8 月至 2007 年 11 月中国水产科学研究院南海水产研究所在南海北部进行的 117 个航次累计 4752 站次的调查资料。调查站位布设情况如图 1-1 ～图 1-9 所示。

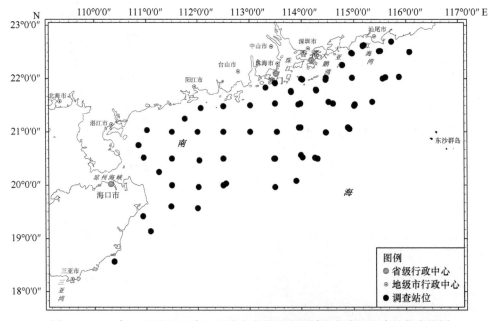

图 1-1　1963 年 6 月至 1965 年 2 月南海北部部分区域渔业资源调查站位布设图

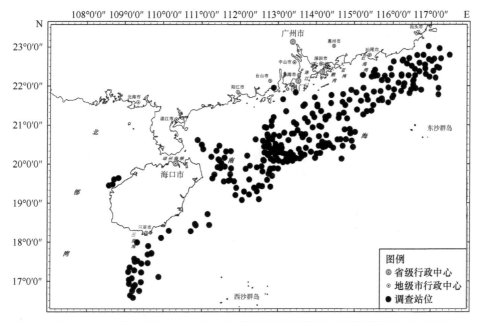

图 1-2　1973 年 3 月至 1977 年 9 月南海北部部分区域渔业资源调查站位布设图

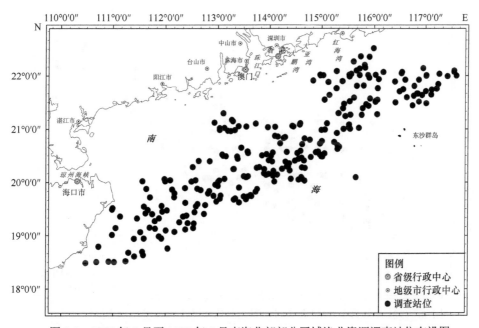

图 1-3　1978 年 1 月至 1979 年 9 月南海北部部分区域渔业资源调查站位布设图

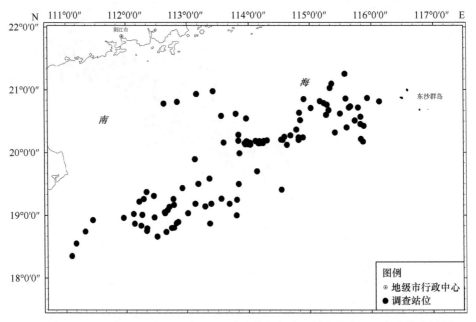

图 1-4　1979 年 3 月至 1980 年 10 月南海北部部分区域渔业资源调查站位布设图

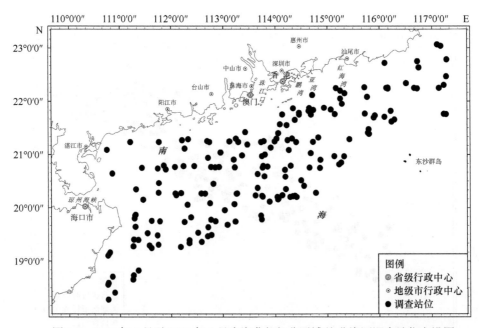

图 1-5　1981 年 4 月至 1984 年 8 月南海北部部分区域渔业资源调查站位布设图

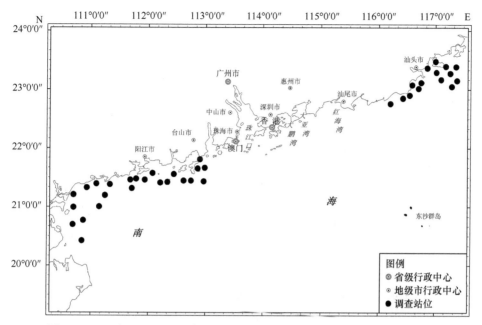

图 1-6　1989 年 9 月至 1991 年 11 月南海北部部分区域渔业资源调查站位布设图

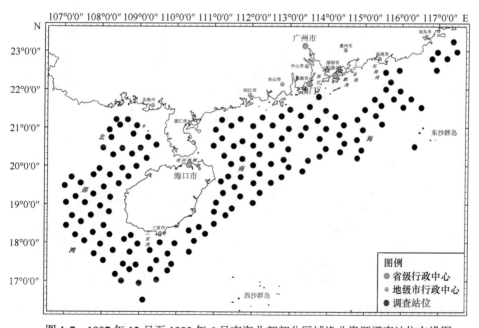

图 1-7　1997 年 12 月至 1999 年 6 月南海北部部分区域渔业资源调查站位布设图

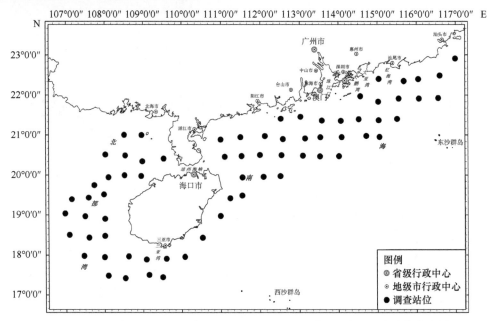

图 1-8　2000 年 7 月至 2002 年 3 月南海北部部分区域渔业资源调查站位布设图

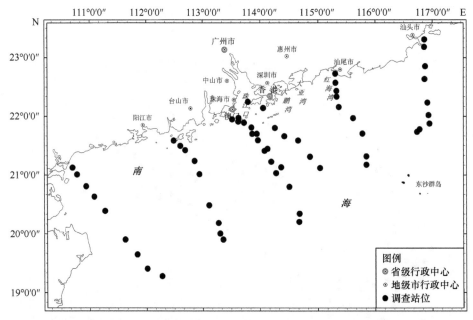

图 1-9　2006 年 8 月至 2007 年 11 月南海北部部分区域渔业资源调查站位布设图

2. 调查航次和调查船

1963 年 6 月至 2007 年 11 月中国水产科学研究院南海水产研究所对南海北部渔业资源 117 个航次的调查，涉及 46 艘渔业生产船与渔业科考船。调查航次和调查船等相关信息见表 1-1。

表 1-1　南海北部渔业资源历次调查信息汇总表

调查时间（年-月）	航次数	站次数	调查船船号	调查船类型	数据来源
1963-6 ～ 1965-2	18	274	南渔 117 双鹰 长征 先锋	单拖渔船	南海北部渔业资源调查
1973-3 ～ 1977-9	20	1132	海丰 1128/1129 海鸥 0021/0022/0025/0026 海临 104 海渔 104 临高 1103 南渔 103/402/403/405/406/411/412/418 文昌渔 0014 远渔 611 远渔 601/603/604/605	单拖渔船	南海北部外海鱼类资源调查
1978-1 ～ 1979-9	16	1024	前哨 雄鹰 南锋 701 南海 411/421 远渔 609/613/616 汕渔 304	渔业科考船 渔业科考船 渔业科考船 单拖渔船 单拖渔船 单拖渔船	南海北部大陆架外海鱼类资源调查
1979-3 ～ 1980-10	7	468	南锋 704	渔业科考船	南海北部大陆坡渔业资源调查
1981-4 ～ 1984-8	14	595	南锋 704 雄鹰	渔业科考船	南海北部大陆架渔业资源调查、南海北部大陆架重点虾场调查
1989-9 ～ 1991-11	4	87	南澳 11025 番渔 10017 番渔科 07001 番渔科 07002	单拖渔船	广东省海岛海域海洋生物和渔业资源调查（广东省海岛资源综合调查）
1997-12 ～ 1999-6	14	578	北斗	渔业科考船	南海主要底层鱼类资源评估
2000-7 ～ 2002-3	8	302	北渔 421	单拖渔船	南海沿海重要渔业水域生态环境监测与影响评价
2006-8 ～ 2007-11	16	292	桂合渔 80151 北渔 60013 北渔 60010	单拖渔船	南海北部大陆架渔业资源调查（我国近海海洋综合调查与评价专项 ST07/ST09）
合计	117	4752			

1.1.2　北部湾

1. 调查时间和站位

北部湾游泳动物种类组成分析所用数据取自 1992 ～ 2017 年的调查资料。鱼类数量的空间（平面和垂直）变化分析所用数据来自 2007 年 1 月、4 月、7 月和 10 月进行的 4 个航次的底拖网调查资料，每个航次布设调查站位 52 个，分别于 1 月、4 月、7 月和 10 月采样，分别代表冬、春、夏和秋 4 个季节。游泳动物多样性和优势种数量的时间变化分析所用数据取自 1992 年 9 月、2001 年 11 月和 2006 年 10 月在北部湾进行的 3 个航次的底拖网渔业资源调查资料，取其共同调查站位 22 个。渔业资源变化趋势分析所用数据取自 1961 年 12 月至 1962 年 11 月、1992 年 9 月和 1993 年 5 月、1997～1999 年、2000～2001 年、2001～2002 年、2006～2017 年中国水产科学研究院南海水产研究所在北部湾海域进行的渔业资源调查资料。部分调查站位布设情况如图 1-10～图 1-12 所示。

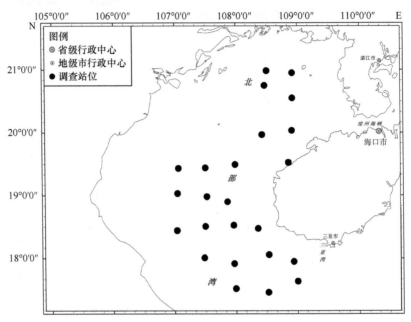

图 1-10　1992 年 9 月和 1993 年 5 月北部湾渔业资源调查站位布设图

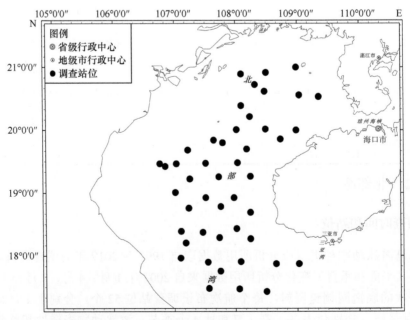

图 1-11　2001～2002 年北部湾渔业资源调查站位布设图

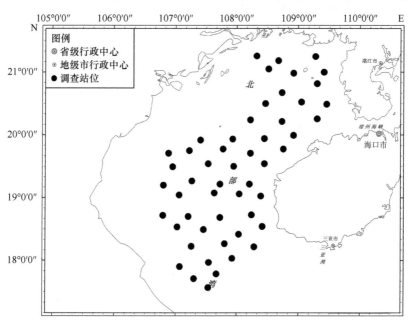

图 1-12　2006～2017 年北部湾渔业资源调查站位布设图

2. 调查航次和调查船

北部湾渔业资源分析所用数据取自 1992 年 9 月和 1993 年 5 月、1997～1999 年、2000～2001 年、2001～2002 年、2006～2007 年、2008～2017 年中国水产科学研究院南海水产研究所在北部湾进行的 41 个航次累计 1857 站次的调查资料（表 1-2）。

表 1-2　北部湾渔业资源历次调查信息汇总表

调查时间（年 - 月）	航次数	站次数	调查船船号	调查船类型	数据来源
1992-9、1993-5	2	48	北渔 412	单拖渔船	北部湾渔业资源调查
1997～1999	5	166	北斗	单拖渔船	国家海洋勘测专项（126 项目）
2000～2001	4	89	北渔 412	单拖渔船	常规监测
2001～2002	2	98	北渔 412	单拖渔船	国家海洋勘测补充调查
2006～2007	8	416	北渔 60011	单拖渔船	中越北部湾共同渔区渔业资源联合调查
2008～2017	20	1040	北渔 60011	单拖渔船	中越北部湾共同渔区渔业资源联合调查
合计	41	1857			

2006～2017 年，执行海上调查任务的调查船为"北渔 60011"单拖渔船。该船总吨位为 242 t，主机功率为 441 kW，船体长 36.8 m、宽 6.8 m。

1.1.3　南海诸岛海域

1. 调查时间和站位

（1）东沙群岛北部海域

1986 年 6～8 月、1987 年 2～3 月和 6～9 月，福建省水产研究所在 21°30′～22°30′N、115°30′～118°00′E，水深 60～135 m 的东沙群岛北部海域进行了渔业资源调查，调查范围如图 1-13 所示。

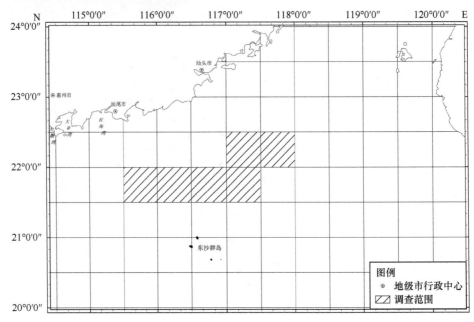

图 1-13　1986～1987 年东沙群岛北部海域渔业资源调查范围

（2）南沙群岛西南陆架区

1990 年 4～5 月、1992 年 4～5 月和 11～12 月、1993 年 4～5 月和 11～12 月、2000 年 3～4 月、2003 年 6～7 月，中国水产科学研究院南海水产研究所在 4°00′～9°00′N、106°00′～112°30′E，水深 50～145 m 的南沙群岛西南陆架区约 10.23 万 km² 的范围内开展了渔业资源调查，调查站位布设情况如图 1-14～图 1-18 所示。

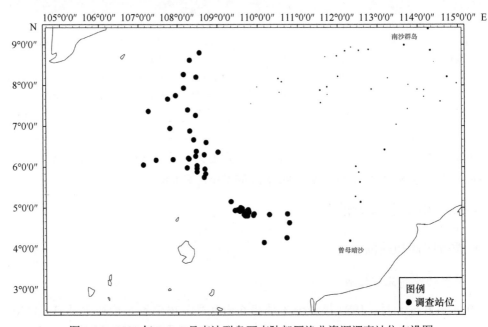

图 1-14　1990 年 4～5 月南沙群岛西南陆架区渔业资源调查站位布设图

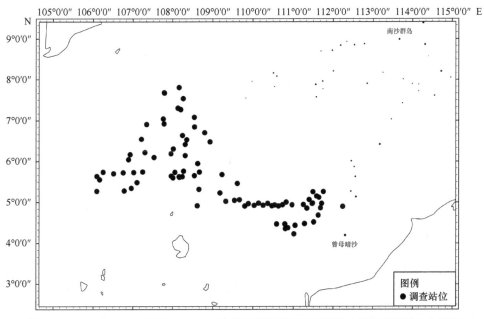

图 1-15　1992 年 4～5 月和 11～12 月南沙群岛西南陆架区渔业资源调查站位布设图

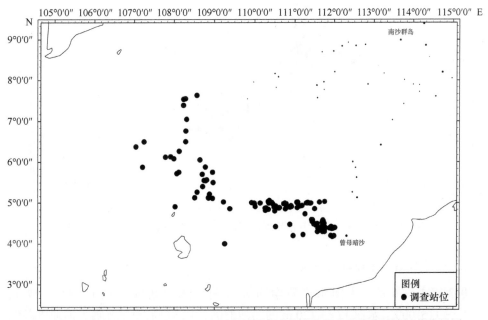

图 1-16　1993 年 4～5 月和 11～12 月南沙群岛西南陆架区渔业资源调查站位布设图

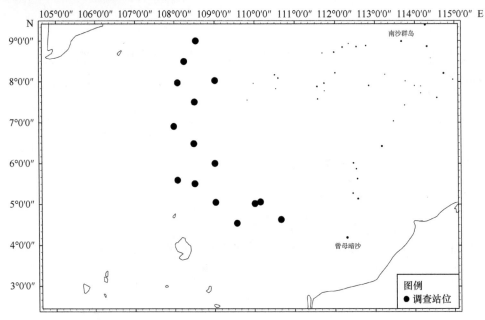

图1-17 2000年3～4月南沙群岛西南陆架区渔业资源调查站位布设图

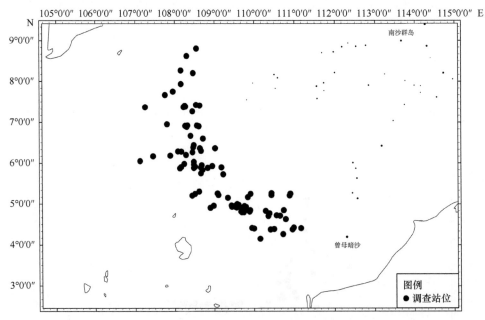

图1-18 2003年6～7月南沙群岛西南陆架区渔业资源调查站位布设图

（3）西沙群岛、中沙群岛海域

2003年5～6月，中国水产科学研究院南海水产研究所在15°30′～17°15′N、111°30′～115°00′E，水深12～120 m的西沙群岛、中沙群岛海域开展了渔业资源调查，调查站位布设情况如图1-19和图1-20所示。

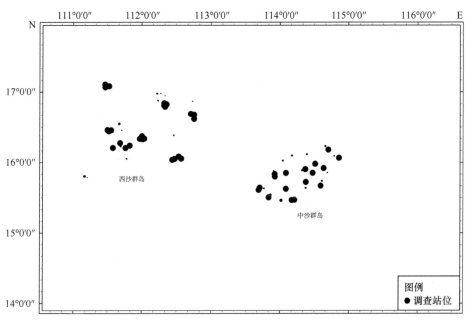

图 1-19　2003 年 5～6 月西沙群岛、中沙群岛海域渔业资源流刺网调查站位布设图

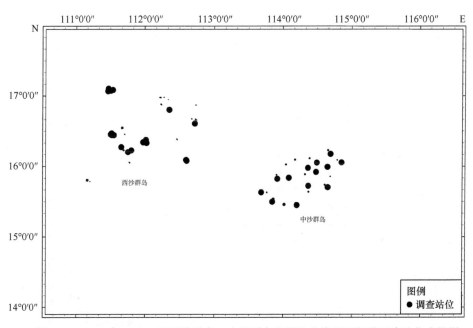

图 1-20　2003 年 5～6 月西沙群岛、中沙群岛海域渔业资源延绳钓调查站位布设图

（4）西沙群岛、中沙群岛和南沙群岛北部海域

1974 年 12 月至 1976 年 8 月，中国水产科学研究院南海水产研究所在 13°00′～20°00′N、110°00′～115°30′E，约 18.21 万 km² 的西沙群岛、中沙群岛和南沙群岛北部海域开展了渔业资源调查，调查站位布设情况如图 1-21 和图 1-22 所示。

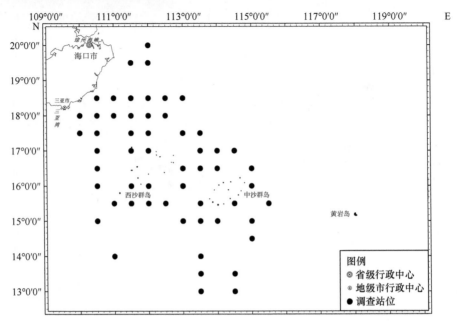

图 1-21　1974 年 12 月至 1976 年 8 月西沙群岛、中沙群岛和南沙群岛北部海域金枪鱼延绳钓
调查站位布设图

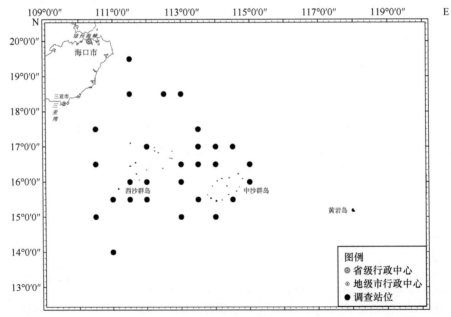

图 1-22　1974 年 12 月至 1976 年 8 月西沙群岛、中沙群岛和南沙群岛北部海域底层延绳钓
调查站位布设图

2. 调查船

南海诸岛海域渔业资源历次调查信息汇总见表 1-3。

表 1-3　南海诸岛海域渔业资源历次调查信息汇总表

海域	调查时间（年 - 月）	航次数	站次数	调查船船号	调查船类型	数据来源
东沙群岛北部海域	1986-6 ～ 1986-8 1987-2 ～ 1987-3 1987-6 ～ 1987-9	9	237（有效网次）	厦门第二海洋渔业公司 310/313/406/506/513	拖网渔船	东沙群岛北部海区调查报告
				厦门第二海洋渔业公司 103/408/501/502	灯光围网渔船	东沙群岛北部海区底层鱼类资源探捕调查报告
南沙群岛西南陆架区	1990-4 ～ 1990-5	1	60	南锋 701	渔业科考船	南沙群岛大陆架拖网鱼类资源调查
	1992-4 ～ 1992-5 1992-11 ～ 1992-12 1993-4 ～ 1993-5 1993-11 ～ 1993-12	4	233	穗渔 122	单拖渔船	南沙群岛及其邻近海域渔业资源潜力与评估研究
	2000-3 ～ 2000-4	1	15	北斗	渔业科考船	南沙群岛生物资源评估
	2003-6 ～ 2003-7	1	105	北渔 424	单拖渔船	南沙群岛西南陆架区底拖网渔业资源调查
西沙群岛、中沙群岛海域	2003-5 ～ 2003-6	2	73	粤阳东 19001 粤阳东 19008	延绳钓和流刺网渔船	西沙群岛、中沙群岛主要岛礁渔业资源调查
西沙群岛、中沙群岛和南沙群岛北部海域	1974-12 ～ 1976-5	5	60	远渔 702	远洋延绳钓船	西沙群岛、中沙群岛和南沙群岛北部海域大洋性鱼类资源调查报告
	1976-5 ～ 1976-8	1	35	南渔 501	远洋延绳钓船	西沙群岛、中沙群岛和南沙群岛北部海域大洋性鱼类资源调查报告
合计		24	818			

（1）东沙群岛北部海域

1986 年 6 ～ 8 月、1987 年 2 ～ 3 月和 6 ～ 9 月对东沙群岛北部海域进行调查使用的调查船为厦门第二海洋渔业公司的"310""313""406""506""513"5 艘拖网渔船（主机功率为 250 ～ 400 hp[①]），以及"103""408""501""502"4 艘灯光围网渔船（主机功率为 250 ～ 300 hp），灯光围网网具规格为 199.50m×135.60m、205.20m×133.6m 和 198.6m×136.6m。

（2）南沙群岛西南陆架区

1990 年 4 ～ 5 月对南沙群岛西南陆架区进行调查使用的调查船为"南锋 701"渔业科考船，该船为钢壳单拖网渔轮，300 t 级，主机功率为 441 kW。

1992 年 4 ～ 5 月和 11 ～ 12 月、1993 年 4 ～ 5 月和 11 ～ 12 月对南沙群岛西南陆架区进行调查使用的调查船为广州市海洋渔业有限公司的"穗渔 122"单拖型生产渔

_____

① 1 hp≈745.7 W。

船，主机功率为 441 kW。

2000 年 3 ~ 4 月对南沙群岛西南陆架区进行调查使用的调查船为挪威建造的海洋生物资源专用渔业科考船"北斗"，总长 56 m，总吨位为 1160 t，主机功率为 1654 kW。

2003 年 6 ~ 7 月对南沙群岛西南陆架区进行调查使用的调查船为北海海洋渔业总公司的"北渔 424"钢体机轮单拖生产渔船，总吨位为 300 t，全长 40.42 m，主机 1 台 6300ZC，功率为 441 kW。

（3）西沙群岛、中沙群岛海域

2003 年 5 ~ 6 月对西沙群岛、中沙群岛海域进行调查使用的调查船为"粤阳东 19001"和"粤阳东 19008"。"粤阳东 19001"总吨位为 75 t，主机功率为 201 kW，长 35 m，宽 5.2 m；"粤阳东 19008"总吨位为 75 t，主机功率为 204 kW，长 26 m，宽 5.2 m。

（4）西沙群岛、中沙群岛和南沙群岛北部海域

1974 年 12 月至 1976 年 8 月对西沙群岛、中沙群岛和南沙群岛北部海域进行调查使用的调查船为"远渔 702"和"南渔 501"，主要开展金枪鱼延绳钓和底层延绳钓。

"远渔 702"：钢质 320 t 远洋延绳钓船，船长 44 m，功率为 700 hp，航速 10 kn，金枪鱼延绳钓放钓航速 5 kn，起钓航速 4 kn，用六分仪和罗兰定位。1974 年 12 月至 1976 年 5 月执行调查任务。

"南渔 501"：钢质 700 t 远洋延绳钓船，船长 47 m，功率为 950 hp，航速 11 kn，装有可变螺距，放钓航速 5 kn，起钓航速 4 kn，用六分仪和罗兰定位。1976 年 5 ~ 8 月执行调查任务。

金枪鱼延绳钓：主要由母绳、支绳及浮标三部分组成，其中支绳包括上支绳、下支绳、钓钩，浮标包括浮子、小旗及渔灯。放钓时需 9 ~ 12 人操作。

底层延绳钓：将金枪鱼延绳钓按鲨鱼延绳钓具结构改装成底层延绳钓，这种渔具操作简便，收钓 3 ~ 5 人可操作，一次可放钓 200 ~ 2000 个。

1.1.4 珠江口

1. 调查时间和站位

1963 年 8 月至 2016 年 10 月，中国水产科学研究院南海水产研究所在 20° ~ 23°N、112.5° ~ 115°E 的珠江口开展了 137 个航次、3299 站次的渔业资源调查，调查站位布设情况如图 1-23 ~ 图 1-37 所示。

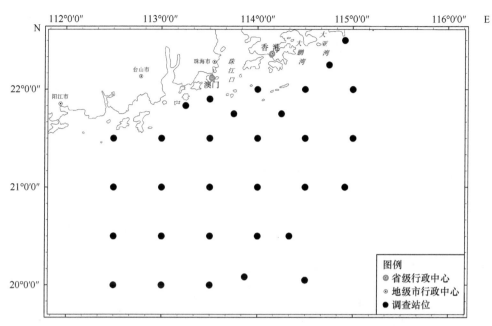

图 1-23　1963 年 8 月至 1965 年 2 月珠江口渔业资源调查站位布设图

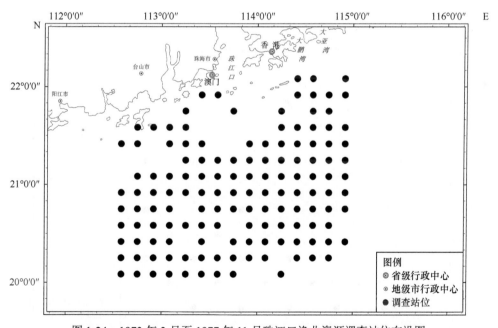

图 1-24　1973 年 3 月至 1977 年 11 月珠江口渔业资源调查站位布设图

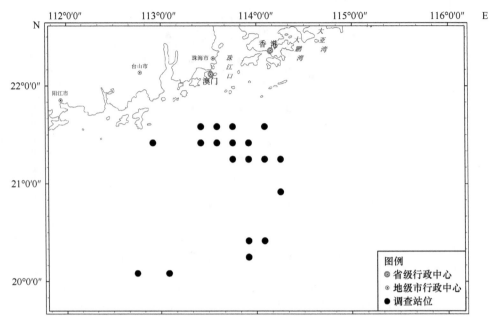

图 1-25　1976 年 3～6 月珠江口渔业资源调查站位布设图

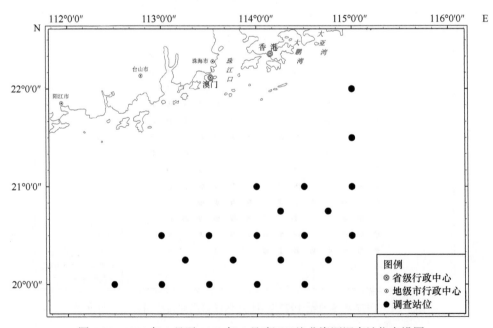

图 1-26　1978 年 2 月至 1979 年 1 月珠江口渔业资源调查站位布设图

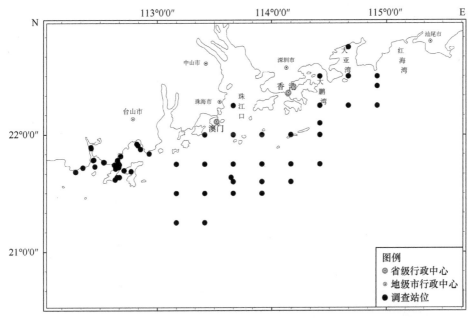

图 1-27　1979 年 10 月至 1981 年 9 月珠江口渔业资源调查站位布设图

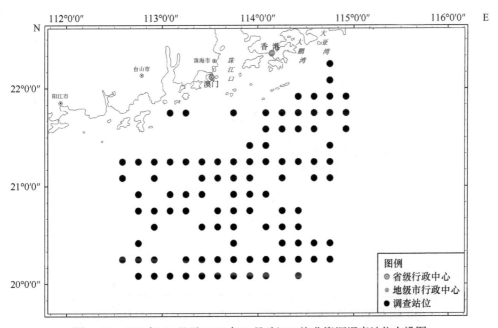

图 1-28　1981 年 12 月至 1984 年 8 月珠江口渔业资源调查站位布设图

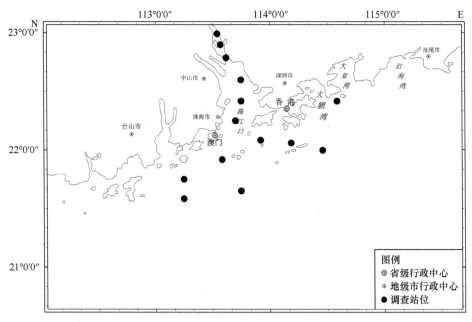

图 1-29　1985 年 7 月至 1988 年 7 月珠江口渔业资源调查站位布设图

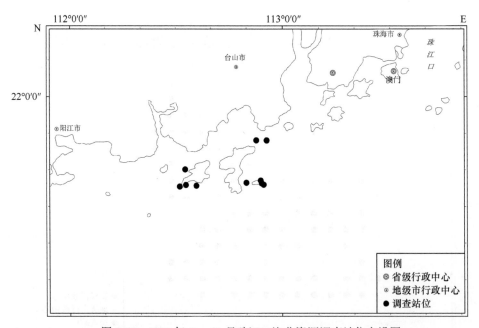

图 1-30　1991 年 4 ～ 11 月珠江口渔业资源调查站位布设图

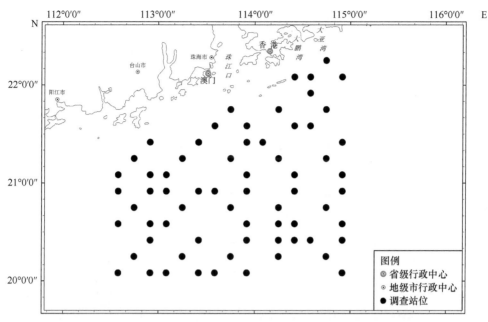

图 1-31　1997 年 12 月至 1998 年 2 月珠江口渔业资源调查站位布设图

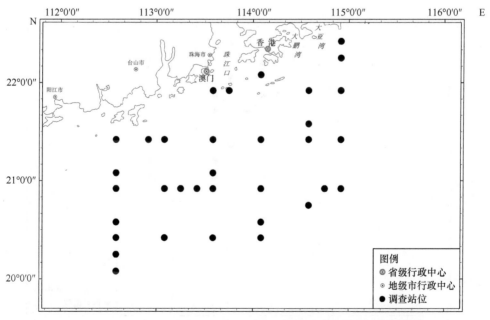

图 1-32　2000 年 11 月至 2002 年 3 月珠江口渔业资源调查站位布设图

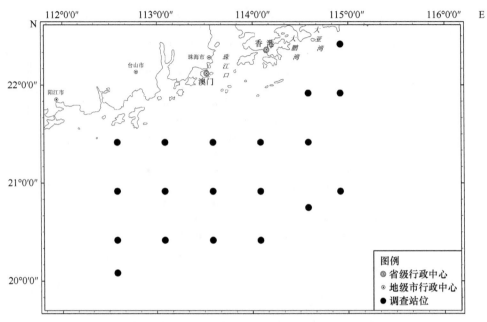

图1-33 2002年2～3月珠江口渔业资源调查站位布设图

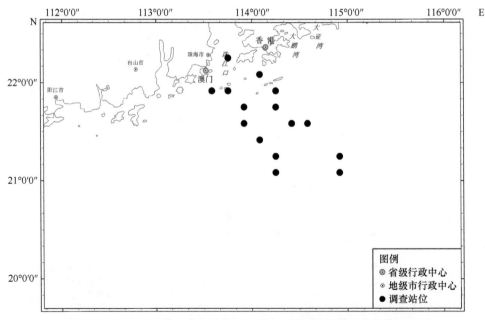

图1-34 2006年8月至2007年11月珠江口渔业资源调查站位布设图

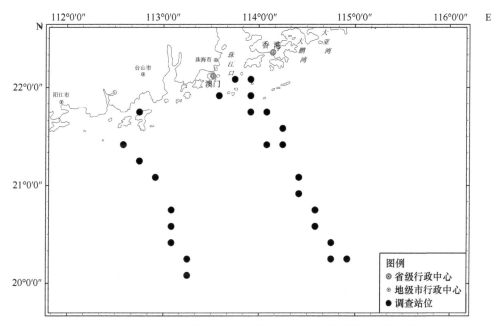

图 1-35　2006 年 10 月至 2007 年 8 月珠江口渔业资源调查站位布设图

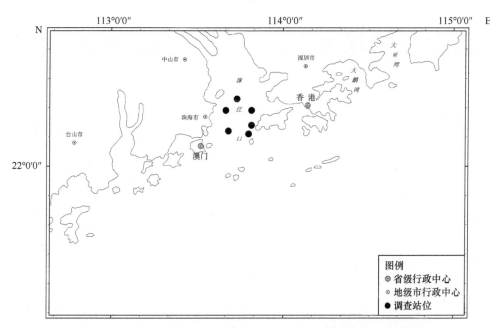

图 1-36　2015 年 9 月至 2016 年 3 月珠江口渔业资源调查站位布设图

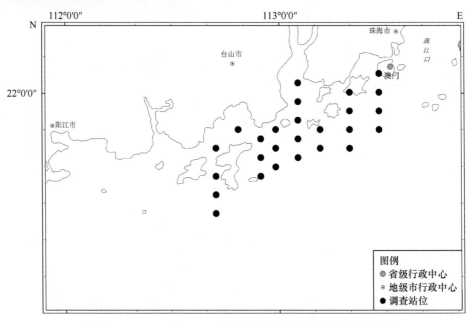

图1-37　2016年1～10月珠江口渔业资源调查站位布设图

2. 调查船

1963年8月至2016年10月珠江口渔业资源调查期间，共计使用渔业生产船和渔业科考船34艘，开展了137个航次、3299站次的渔业资源调查（表1-4）。

表1-4　珠江口渔业资源历次调查信息汇总表

调查时间（年-月）	航次数	站次数	调查船船号	调查船类型
1963-8～1965-2	19	700	南渔117	单拖渔船
			双鹰	
			长征	
1973-3～1977-11	26	733	远渔603	单拖渔船
			南渔405/406/412/418	
			远渔611	
			海丰1128/1129	
1976-3～1976-6	4	25	远渔601	单拖渔船
			南渔0312/0313	
1978-2～1979-1	12	547	汕渔304	单拖渔船
			南渔411/421	
			远渔609/613	
			前哨	渔业科考船
			雄鹰	
1979-10～1981-9	7	271	3215	单拖渔船
			惠渔796	

调查时间（年 - 月）	航次数	站次数	调查船船号	调查船类型
1981-12 ～ 1984-8	23	364	雄鹰	单拖渔船
			南渔 411/421	
			远渔 609	
			汕渔 304	
			南锋 704	
1985-7 ～ 1988-7	12	184	1007/1009	单拖渔船
1991-4 ～ 1991-11	2	22	汕尾 10017	单拖渔船
			番渔科 07001	双拖渔船
1997-12 ～ 1998-2	10	125	北斗	渔业科考船
2000-11 ～ 2002-3	6	78	北渔 412	单拖渔船
2002-2 ～ 2002-3	2	19	北渔 412	单拖渔船
2006-8 ～ 2007-11	4	60	北渔 60010	单拖渔船
2006-10 ～ 2007-8	4	61	桂合渔 80151	单拖渔船
			北渔 60013	
2015-9 ～ 2016-3	2	12	粤珠渔 31085	单拖渔船
2016-1 ～ 2016-10	4	98	粤珠渔 31085	单拖渔船
合计	137	3299		

（1）1963 年 8 月至 1965 年 2 月

调查使用的"南渔 117""双鹰""长征"均为单拖渔船。其中，"南渔 117"渔船总吨位为 127 t，主机功率为 400 hp；"双鹰"渔船总吨位为 148.9 t，主机功率为 400 hp；"长征"渔船总吨位为 330 t，主机功率为 600 hp。

（2）1973 年 3 月至 1977 年 11 月

调查使用的"远渔 603""南渔 405""南渔 406""南渔 412""南渔 418""远渔 611""海丰 1128""海丰 1129"均为主机功率 600 hp、总吨位 330 t 的单拖渔船。

（3）1976 年 3 ～ 6 月

使用"远渔 601""南渔 0312""南渔 0313"进行拖网调查，均为单拖渔船。

（4）1978 年 2 月至 1979 年 1 月

使用单拖渔船"汕渔 304""南渔 411""南渔 421""远渔 609""远渔 613"，以及渔业科考船"前哨"和"雄鹰"进行了底拖网采样调查。使用的单拖渔船均为主机功率 600 hp、总吨位 300 t 的钢制渔船，渔业科考船均为主机功率 400 hp、总吨位 15 t 的调查船。

（5）1979 年 10 月至 1981 年 9 月

使用"3215"和"惠渔 796"进行了拖网采样调查。

（6）1981年12月至1984年8月

使用"雄鹰""南渔411""南渔421""远渔609""汕渔304""南锋704"进行调查。其中，"雄鹰"为主机功率400 hp、总吨位150 t的拖网渔船，上纲长度为30.2 m，平均拖速为3 kn/h；其余渔船均为主机功率600 hp、总吨位300 t的单拖渔船。季度代表月的拖网调查使用"南锋704"。

（7）1985年7月至1988年7月

使用渔船"1007"和"1009"进行底拖网采样调查。渔船为主机功率108 hp、总吨位43 t级的木质单拖渔船。

（8）1991年4～11月

调查船为"番渔科07001"和"汕尾10017"。"番渔科07001"为单船主机功率110.3 kW、总吨位78 t的双拖渔船；"汕尾10017"为主机功率220.6 kW、总吨位100 t的单拖渔船。

（9）1997年12月至1998年2月

调查船为"北斗"，主机功率为1654 kW，总吨位为1160 t。

（10）2000年11月至2002年3月

调查船为"北渔412"，主机功率为441 kW，总吨位为235 t。

（11）2002年2～3月

调查船为"北渔412"，主机功率为441 kW，总吨位为235 t。

（12）2006年8月至2007年11月

调查船为"北渔60010"，总吨位为242 t，主机功率为441 kW。

（13）2006年10月至2007年8月

调查船为"桂合渔80151"和"北渔60013"，两船总吨位均为242 t，主机功率均为441 kW。

（14）2015年9月至2016年3月

调查船为"粤珠渔31085"，主机功率为162 kW，总吨位为76 t。

（15）2016年1～10月

调查船为"粤珠渔31085"，主机功率为162 kW，总吨位为76 t。

1.1.5 大亚湾

1. 调查时间和站位

1988年（7月）、1989年（9月、10月、11月、12月）、1990年（1月、2月和3月）、1992年（1月和8月）、2004年（3月、5月、9月、12月）、2005年（3月和5月）、2009年（12月），中国水产科学研究院南海水产研究所在22°29.9′～22°46.8′N、

114°31′ ～ 114°47′E 大亚湾水深 4 ～ 28 m 的范围内，开展了 19 个航次、134 站次的渔业资源调查（表 1-5）。

表 1-5　大亚湾渔业资源历次调查信息汇总表

调查时间	航次数	站次数	调查船船号	调查船类型	数据来源
1988-7	1	11	—	虾拖渔船	大亚湾近海经济开发对生态系统环境的研究
1989-9 ～ 1990-3	9	29	—	双拖渔船	大亚湾生态渔业研究
1992-1、1992-8	2	30	—	双拖渔船	大亚湾增殖与养殖生态环境的研究
2004-3 ～ 2005-5	6	54	粤东莞 00019/00020	双拖渔船	大亚湾石油化学工业区区域环境影响评价
2009-12	1	10	粤东莞 00019/00020	双拖渔船	惠州港荃湾港区航道扩建工程渔业生态环境检测及对大亚湾水产资源自然保护区的影响评价
合计	19	134			

2. 调查船

1988 年 7 月渔业资源调查使用虾拖渔船。

1989 年 9 月至 1990 年 3 月渔业资源调查使用双拖渔船，单船总吨位为 60 t 级，木质。

1992 年 1 月和 8 月渔业资源调查使用双拖渔船。

2004 年 3 月至 2005 年 5 月、2009 年 12 月渔业资源调查使用 2 艘双拖渔船，即"粤东莞 00019"和"粤东莞 00020"，每艘船均有 2 部主机，总功率为 254 kW，总吨位分别为 108 t 和 117 t，均装备有 ROYALRV-680GP GPS 定位系统和 JKC Radar 系统。

1.2　分析方法

1.2.1　资源密度

资源密度是指单位面积的渔获量（catch per unit area，CPUA），计算公式为

$$CPUA = \frac{C}{v \times t \times L \times 0.67 \times (1-0.5)} \tag{1-1}$$

式中，CPUA 为每站次的资源密度（kg/km²）；C 为渔获量（kg）；v 为拖速（km/h）；L 为上纲长度（km）；t 为拖曳时间（h）。

1.2.2　变化趋势分析

由于不同年代的调查所用网具不同，文中游泳动物的数量统一换算为资源密度来表示。用非线性回归模型模拟游泳动物数量的变化趋势，对各年度各站次的渔业资源密度均进行对数转换，以满足正态分布要求：

$$Y_i = a + b \times t_i + c \times \cos\left[\frac{2\pi}{T} \times (t_i + d)\right] \tag{1-2}$$

式中，Y_i 为渔业资源密度的对数值；t_i 为时间（用天数表示）；T 为一年的天数，取 365.25 d；a、d 为常数项，b、c 为对应于 t_i 的偏回归系数，a、b、c 和 d 通过非线性回归迭代求算。该回归模型由两部分组成，其中，$a+b \times t_i$ 反映游泳动物数量的线性年际变动趋势，$c \times \cos\left[\dfrac{2\pi}{T} \times (t_i + d)\right]$ 反映游泳动物数量的周期性（季节）变动情况。

数据的处理和分析、图件绘制通过 SPSS 18.0、Suffer 8.0 和 R 语言完成。

1.2.3 相对重要性指数

游泳动物的优势种采用相对重要性指数表征，计算公式为

$$\text{IRI} = (W + N) \times F \tag{1-3}$$

式中，N 为某一种类的尾数占总尾数的比例；W 为某一种类的质量占总质量的比例；F 为某一种类出现的站数占调查总站数的比例。

第2章 南海北部渔业资源

2.1 概述

本章所述的南海北部是指海南岛以东 500 m 以浅的海域。该海域细分为琼东、粤西、粤中（珠江口）、粤东 4 个近岸海域与北部陆架 1 个外海海域（图 2-1）。

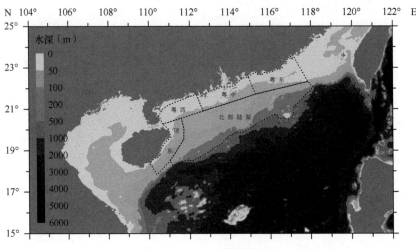

图 2-1 南海北部研究区域

1963 ～ 2007 年，南海北部渔业资源大面调查共有 4752 站次（表 2-1），除东沙群岛附近海域调查站位稀疏外，基本覆盖了全部研究海域（图 2-2）。1973 ～ 1984 年调查活动最为活跃，调查站位占总数的 67.7%；随着改革开放深入推进，南海北部大范围渔业资源调查进入了沉寂期，在 2000 年前后，才逐步重启。

表 2-1 南海北部渔业资源调查站位年际分布

时 期	春季	夏季	秋季	冬季
1963 ～ 1965 年	70	86	62	56
1973 ～ 1977 年	361	358	239	174
1978 ～ 1979 年	268	281	200	275
1979 ～ 1980 年	114	182	155	17
1981 ～ 1984 年	187	175	129	104
1989 ～ 1991 年	43	0	44	0
1997 ～ 1999 年	159	96	190	133
2000 ～ 2002 年	69	73	56	104
2006 ～ 2007 年	73	73	73	73

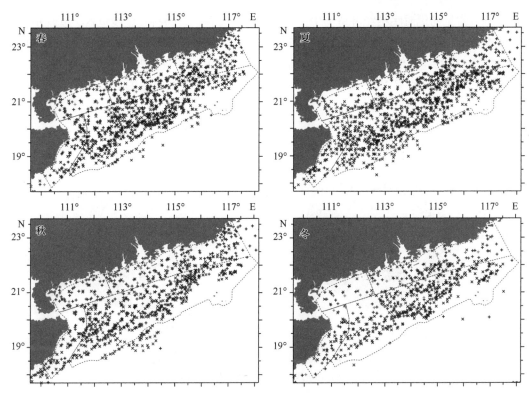

图 2-2 南海北部渔业资源调查站位季节分布图

× 1963～1965年 × 1973～1977年 × 1978～1979年 × 1979～1980年 + 1981～1984年
+ 1989～1991年 + 1997～1999年 + 2000～2002年 + 2006～2007年

2.2 种类组成及其变化

2.2.1 鱼类

1963 ～ 2007 年，南海北部共鉴定海洋鱼类 2 纲 52 目 183 科 991 种。其中，软骨鱼纲有 29 科 107 种，约占鱼类总物种数的 11%，包括鲨类 57 种、鳐鲼类 45 种与银鲛类 5 种，常见种类有橙黄鲨 *Cirrhoscyllium expolitum*、长吻角鲨 *Squalus mitsukurii*、短吻角鲨 *Squalus brevirostris*、条纹斑竹鲨 *Chiloscyllium plagiosum*、梅花鲨 *Halaelurus burgeri*、灰星鲨 *Mustelus griseus*、黑斑双鳍电鳐 *Narcine maculata*、何氏鳐 *Raja hollandi*、广东鳐 *Raja kwangtungensis*、古氏𫚉 *Dasyatis kuhli* 和黑线银鲛 *Chimaera phantasma*。辐鳍鱼纲有 154 科 884 种，约占鱼类总物种数的 89%。鲈形目鱼类最多，有 305 种，占辐鳍鱼纲物种数的 35%；鲽形目有 79 种，占辐鳍鱼纲物种数的 9%；鲀形目有 68 种，占辐鳍鱼纲物种数的 8%；鳗鲡目有 54 种，占辐鳍鱼纲物种数的 6%；紧随其后的是鲉形目、鲭形目、鲱形目和刺尾鱼目等上层鱼类，分别约占辐鳍鱼纲物种数的 4% ～ 6%，共占辐鳍鱼纲物种数的 18%；鰕虎鱼目和钩头鱼目、仙女鱼目有 19 种或 20 种，各占辐鳍鱼纲物种数的 2%；其他目的鱼类物种数为 1 ～ 14 种。就各科而言，鲹科物种最多，有 48 种；其次是鲾科，有 38 种；常见的优质底栖经济鱼类中的笛鲷科、石首鱼科、鲷科、金线鱼科、眶棘鲈科、裸颊鲷科、大眼鲷科和银鲈科等分别有 7 ～ 23 种，与鲐科一同共有 130 种，占辐鳍鱼纲物种数的 14.7%；其他鱼类中的鲀科、鲉科、鲆科、天竺鲷科、鰕虎鱼科、海鳝科和舌鳎科物种较多，分别有 18 ～ 28 种。南海北部海洋鱼类种类组成见图 2-3。

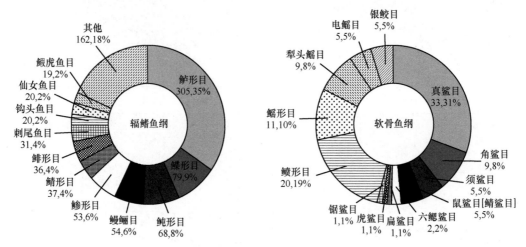

图 2-3 南海北部海洋鱼类种类组成（种数，占比）
占比数据经过四舍五入，合计可能不是 100%

各调查时期鉴定出的海洋鱼类物种数分别为 105 ～ 596 种（图 2-4）。其中，2000 ～ 2002 年鉴定出的海洋鱼类物种最少，为 105 种；1997 ～ 1999 年最多，为 596 种，其次是 2006 ～ 2007 年，为 542 种；1963 ～ 1965 年居于第三，有 485 种；其他时期为 145 ～ 347 种。

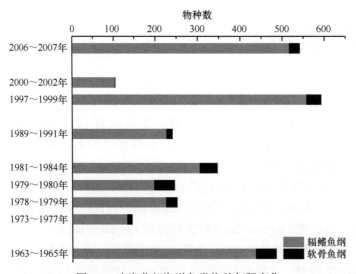

图 2-4 南海北部海洋鱼类物种年际变化

软骨鱼纲物种贡献率在 1984 年之前稳定在 10% 之上，1997 年后不超过 6%，其中 2000 ～ 2002 年仅鉴定出 2 种软骨鱼类。这表明南海北部海洋生态系统在 1997 年后明显受损。

辐鳍鱼纲物种贡献率为 80%～98%。其中，上层鱼类（刺尾鱼目、鲻形目、鲭形目和鲹形目）物种贡献率为 16%～32%，2000～2002 年物种贡献率最高，1973～1976 年物种贡献率次之，为 28%，2006～2007 年物种贡献率最低，其他时期物种贡献率为 17%～25%；主要经济鱼类物种贡献率为 20%～50%，2000～2002 年物种贡献率最高，其次是 1973～1979 年，物种贡献率为 34.0%，1981～1984 年物种贡献率紧随其后，为 27%，其他时期物种贡献率相当，为 20%～23%；以石斑鱼为代表的鲐科鱼类物种贡献率为 2.0%～5.2%，时间分布上，1978～1991 年的低物种贡献期将 1963～1977 年和 1997～2007 年的高物种贡献期隔开，前者物种贡献率为 2.1%～3.2%，后者为 3.8%～5.2%。虽然优质渔业种质资源存在明显年际波动，但总体稳定。

2.2.2　甲壳类

1963～2007 年，南海北部共鉴定出甲壳类 39 科 218 种，分属短尾次目、歪尾次目、螯虾次目、龙虾次目、真虾次目、对虾总科、樱虾总科和口足目 8 类（图 2-5）。各类群中，短尾次目物种多样性最丰富，有 13 科 79 种；随后是对虾总科和真虾次目，分别有 4 科 59 种和 11 科 40 种；口足目有 4 科 24 种，居于第四位；其他类群（歪尾次目、龙虾次目、樱虾总科和螯虾次目）物种数为 1～9 种。就各科而言，对虾科和梭子蟹科明显多于其他科，分别有 37 种和 30 种；物种超过 10 种的科还有虾蛄科、长额虾科和管鞭虾科。

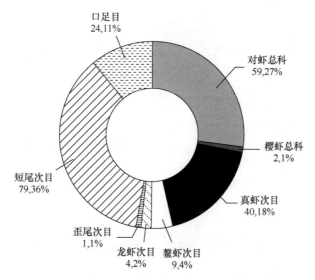

图 2-5　南海北部海洋甲壳类种类组成（种数，占比）

各调查时期鉴定出的海洋甲壳类物种数为 30～140 种，以 1997～1999 年最为丰富，1979～1980 年最少（图 2-6）。其中，九齿扇虾 *Ibacus novemdentatus*、红斑后海螯虾 *Metanephrops thomsoni*、假长缝拟对虾 *Parapenaeus fissuroides*、尖直似对虾 *Penaeopsis rectacuta*、日本对虾 *Penaeus (Marsupenaeus) japonicus*、托罗赤虾 *Metapenaeopsis toloensis*、鹰爪虾 *Trachysalambria curvirostris*、中华管鞭虾 *Solenocera crassicornis*、东方深对虾 *Benthesicymus investigatoris*、短肢近对虾 *Plesiopenaeus coruscans*、东方异腕虾 *Heterocarpus sibogae*、滑异腕虾 *Heterocarpus lavigatus*、驼背异腕虾 *Heterocarpus gibbosus*、印度红虾 *Plesionika indica* 等物种出现频次较高。

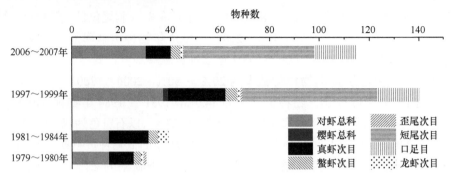

图 2-6　南海北部海洋甲壳类年际变化

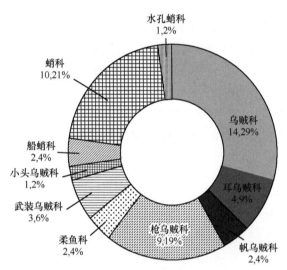

图 2-7　南海北部头足类种类组成（种数，占比）

2.2.3　头足类

1963 ～ 2007 年，南海北部共鉴定出头足类 48 种，分属枪乌贼科、柔鱼科、帆乌贼科、武装乌贼科、小头乌贼科、乌贼科、耳乌贼科、蛸科、船蛸科和水孔蛸科 10 科（图 2-7）。各调查时期鉴定出的头足类物种数分别为 7 ～ 39 种，以 1997 ～ 1999 年最为丰富，2000 ～ 2002 年最少（图 2-8）。其中，中国枪乌贼 *Loligo chinensis*、杜氏枪乌贼 *Loligo duvaucelii*、剑尖枪乌贼 *Loligo edulis*、田乡枪乌贼 *Loligo tagoi*、火枪乌贼 *Loligo beka*、莱氏拟乌贼 *Sepioteuthis lessoniana*、柏氏四盘耳乌贼 *Euprymna berryi*、曼氏无针乌贼 *Sepiella maindroni*、白斑乌贼 *Sepia latimanus*、虎斑乌贼 *Sepia pharaonis*、拟目乌贼 *Sepia lycidas*、长蛸 *Octopus variabilis* 等物种为常见种。

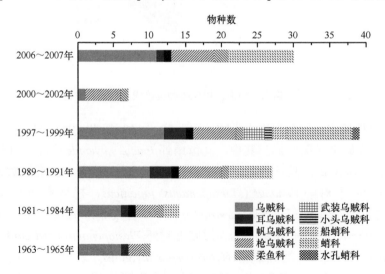

图 2-8　南海北部头足类物种年际变化

2.2.4　小结

1963 ～ 2007 年，南海北部共鉴定出海洋渔业物种 3 门 5 纲 57 目 232 科 1257 种，其中鱼类有 2 纲 52 目 183 科 991 种，占总物种数的 79%；甲壳类有 2 纲 2 目 39 科 218 种，占总物种数的 17%；头足类有 1 纲 3 目 10 科 48 种，占总物种数的 4%。

2.3　资源密度及其变化

2.3.1　总资源密度

1. 南海北部

1979 年之前南海北部渔业资源密度不低于 1726 kg/km^2，在 1979 年后明显下降至不到 970 kg/km^2（图 2-9）。

春季（3 ～ 5 月），1963 ～ 1965 年与 1978 ～ 1979 年南海北部渔业资源密度超过 2800 kg/km^2，明显高于其他时期；1978 ～ 1999 年，渔业资源密度明显呈现持续减小趋势，从 1978 ～ 1979 年的 2848 kg/km^2，降至 1997 ～ 1999 年的 472 kg/km^2，2006 ～ 2007 年渔业资源密度与 1979 ～ 1980 年相当。夏季（6 ～ 8 月），渔业资源密度年际变化与总年际变化相似；1963 ～ 1979 年，渔业资源密度为 1720 ～ 2847 kg/km^2；1979 ～ 2007 年，渔业资源密度为 73 ～ 700 kg/km^2。秋季（9 ～ 11 月），1973 ～ 1977 年渔业资源最为丰富，密度为 3747 kg/km^2，此后振荡式下降；1997 ～ 1999 年渔业资源密度最低，为 234 kg/km^2；2006 ～ 2007 年渔业资源密度与 1981 ～ 1984 年相当。冬季（12 月至翌年 2 月），1997 ～ 2002 年渔业资源密度明显偏低，仅为 384 kg/km^2；其他时期渔业资源密度为 1312 ～ 2370 kg/km^2，相对其他季节，渔业资源衰退趋势较为缓慢。

2. 琼东海域

琼东海域渔业资源密度年际变化与南海北部相似。1979 年以前，渔业资源密度不低于 2223 kg/km^2，而 1979 年后降低至不足 1074 kg/km^2（图 2-9）。

春季，渔业资源密度呈现振荡式下降，1963 ～ 1965 年渔业资源最为丰富，密度为 3551 kg/km^2；1979 ～ 1980 年渔业资源最为匮乏，密度仅 558 kg/km^2。夏季，渔业资源密度年际变化与总年际变化相似，但资源衰退情况更为明显，1979 年以前，渔业资源密度高于 3150 kg/km^2，1979 年后渔业资源密度降至低于 1330 kg/km^2。秋季，1963 ～ 1965 年渔业资源最为丰富，密度高达 4464 kg/km^2，此后振荡式下降，1997 ～ 1999 年渔业资源密度降至最低 402 kg/km^2。冬季，1997 ～ 2002 年渔业资源密度明显偏低，为 419 kg/km^2，其他时期渔业资源密度为 1307 ～ 3035 kg/km^2，相对其他季节，渔业资源衰退趋势较为缓慢。

3. 粤西海域

粤西海域渔业资源密度年际变化与南海北部相似。1980 年以前渔业资源密度呈锯齿状波动，渔业资源密度不低于 1340 kg/km²，而 1980 年后呈 "V" 形变化，渔业资源密度最高不到 670 kg/km²（图 2-9）。

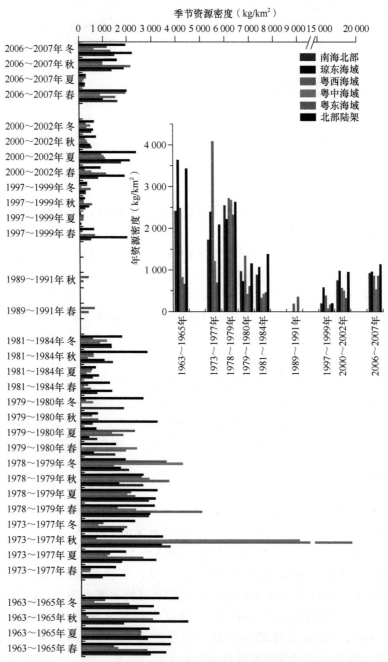

图 2-9　南海北部渔业资源密度年际变化

图中未显示资源密度的海域为当期未调查

　　春季，1978 ～ 2007 年渔业资源密度呈 "V" 形变化，1978 ～ 1979 年渔业资源最为丰富，密度为 5053 kg/km²；1989 ～ 1991 年渔业资源最为匮乏，密度仅 352 kg/km²；1963 ～ 1965 年渔业资源丰富程度仅次于 1978 ～ 1979 年，密度为 2761 kg/km²。夏季，渔业资源密度年际变化与总年际变化相似，但资源衰减表现更为明显；1980 年以前，渔业资源密度为 1788 ～ 2606 kg/km²；1980 年后，除 2000 ～ 2002 年外，渔业资源密度不超过 250 kg/km²。秋季，渔业资源密度变化趋势与年际变化趋势一致，1973 ～ 1977 年渔业资源最为丰富，密度达 19 272 kg/km²；1989 ～ 1991 年渔业资源密度最低，为 145 kg/km²。冬季，1963 ～ 2002 年渔业资源密度持续降低，变化范围为 291 ～ 2007 kg/km²；2006 ～ 2007 年渔业资源密度恢复到 1978 ～ 1979 年的水平，为 1311 kg/km²。

4. 粤中海域

粤中海域渔业资源密度年际变化呈"过山车"式，1978 ～ 1979 年最高，为 2684 kg/km²；1997 ～ 1999 年最低，为 86 kg/km²（图 2-9）。

春季，渔业资源密度呈现振荡式下降，1978 ～ 1980 年渔业资源最为丰富，密度为 2333 kg/km²；1997 ～ 1999 年渔业资源最为匮乏，密度仅 30 kg/km²。夏季，渔业资源密度年际变化与总年际变化相似，但资源衰退表现更为明显；1980 年以前，渔业资源密度在 1100 kg/km² 之上；1980 年后，除 2000 ～ 2002 年外，渔业资源密度不超过 453 kg/km²。秋季，渔业资源密度呈振荡式波动；1973 ～ 1977 年最高，达 9052 kg/km²；1979 ～ 1980 年最低，为 23 kg/km²。冬季，1997 ～ 1999 年渔业资源密度明显偏低，仅 68 kg/km²；1978 ～ 1979 年渔业资源密度最高，为 4256 kg/km²；其他时期渔业资源密度相当，为 464 ～ 719 kg/km²。

5. 粤东海域

粤东海域渔业资源密度除 1978 ～ 1979 年（2325 kg/km²）明显较高外，其他时期为 173 ～ 867 kg/km²（图 2-9）。

春季，渔业资源密度呈锯齿状波动，2006 ～ 2007 年渔业资源密度最高，为 1945 kg/km²；1997 ～ 1999 年渔业资源密度最低，为 116 kg/km²。夏季，渔业资源密度呈振荡式下降，变化范围为 168 ～ 2490 kg/km²。秋季，1978 ～ 1979 年渔业资源密度明显高于其他时期，达 2549 kg/km²，其他时期渔业资源密度为 163 ～ 974 kg/km²。冬季，渔业资源密度变化与秋季相似，1978 ～ 1979 年渔业资源密度最高，为 3588 kg/km²；其他时期渔业资源密度为 271 ～ 1166 kg/km²。

6. 北部陆架

1963 ～ 2007 年，北部陆架渔业资源密度呈振荡式下降。1963 ～ 1965 年渔业资源密度最高，为 3437 kg/km²；1978 ～ 1979 年渔业资源密度次之，为 2634 kg/km²；1997 ～ 1999 年渔业资源密度最低，为 207 kg/km²；其他时期渔业资源密度为 958 ～ 2087 kg/km²（图 2-9）。

春季，渔业资源密度呈锯齿状下降，1963 ～ 1965 年渔业资源最为丰富，密度为 3738 kg/km²；1997 ～ 1999 年最为匮乏，密度仅 605 kg/km²。夏季，1963 ～ 1979 年和 2000 ～ 2002 年的渔业资源密度明显高于 1979 ～ 1999 年和 2006 ～ 2007 年，前者在 1873 kg/km² 之上，后者不超过 661 kg/km²，前者至少是后者的 2.8 倍。秋季，渔业资源密度变化趋势与春季类似，呈锯齿状下降；1963 ～ 1965 年渔业资源最为丰富，密度达

$3067\ kg/km^2$，此后振荡式下降，$1997 \sim 1999$ 年渔业资源密度最低，为 $223\ kg/km^2$。冬季，渔业资源密度变化趋势与春季类似，呈锯齿状下降；$1963 \sim 1965$ 年渔业资源最为丰富，密度达 $4057\ kg/km^2$，此后振荡式下降，$1997 \sim 1999$ 年渔业资源密度最低，为 $324\ kg/km^2$。

7. 空间变化趋势

南海北部渔业资源空间分布上，$1963 \sim 1965$ 年琼东海域与北部陆架渔业资源密度较高，均超过 $3400\ kg/km^2$；粤中与粤东海域的渔业资源密度明显低于其他区域，不足资源丰富区的 25%。$1973 \sim 1977$ 年粤西海域渔业资源最为丰富，密度达 $4088\ kg/km^2$；琼东海域与北部陆架渔业资源密度次之，分别为 $2394\ kg/km^2$ 与 $2086\ kg/km^2$；粤中海域渔业资源密度也超过了 $1200\ kg/km^2$；而粤东海域渔业资源密度仅为 $700\ kg/km^2$，是粤西海域的 17%。$1978 \sim 1979$ 年，各海域渔业资源密度无明显差异，为 $2223 \sim 2684\ kg/km^2$。$1979 \sim 1980$ 年，粤西海域与北部陆架渔业资源密度超过 $1100\ kg/km^2$，高于其他海域。$1981 \sim 1984$ 年，琼东海域与北部陆架渔业资源密度超过 $1000\ kg/km^2$，高于其他海域。$1989 \sim 1991$ 年，粤东海域渔业资源密度高于粤西海域，与历史分布状况相左。$1997 \sim 2002$ 年，南海北部渔业资源密度从珠江口向周边逐渐升高，其中位于珠江口西部的海域高于东部和南部海域。$2006 \sim 2007$ 年，南海北部渔业资源密度依然延续了 $1997 \sim 2002$ 年的分布特点，但处于珠江口外的北部陆架渔业资源密度最高，超过 $1100\ kg/km^2$。南海北部渔业资源密度空间分布整体呈现从珠江口向周边逐渐升高的趋势，1980 年之前低值中心区位于珠江口偏东，$1981 \sim 1991$ 年移至珠江口偏西，1997 年后移至珠江口正中，北部陆架与粤东海域资源衰减程度弱于其他海域。

2.3.2 鱼类资源密度

1. 南海北部

南海北部鱼类资源密度 1979 年后明显下降；1979 年以前鱼类资源密度不低于 $1600\ kg/km^2$，而 1979 年后不到 $900\ kg/km^2$（图 2-10）。

春季，$1963 \sim 1965$ 年与 $1978 \sim 1979$ 年的鱼类资源密度超过 $2700\ kg/km^2$，明显高于其他时期；$1978 \sim 1999$ 年，鱼类资源密度明显持续减小，从 $1978 \sim 1979$ 年的 $2762\ kg/km^2$ 降至 $1997 \sim 1999$ 年的 $342\ kg/km^2$，之后开始上升；$2006 \sim 2007$ 年鱼类资源密度与 $1979 \sim 1980$ 年相当。夏季，鱼类资源密度年际变化与年均鱼类资源密度年际变化相似；$1963 \sim 1979$ 年，鱼类资源密度为 $1434 \sim 2667\ kg/km^2$；$1979 \sim 2007$ 年，为 $66.9 \sim 1230\ kg/km^2$。秋季，$1973 \sim 1977$ 年鱼类资源最为丰富，密度为 $3287\ kg/km^2$，此后振荡式下降；$1997 \sim 1999$ 年鱼类资源密度最低，为 $226\ kg/km^2$；$2006 \sim 2007$ 年鱼类资源密度与 $1981 \sim 1984$ 年相当。冬季（12 月至翌年 2 月），$1997 \sim 2002$ 年鱼类资源密度明显偏低，仅 $299\ kg/km^2$；其他时期鱼类资源密度为 $1216 \sim 2165\ kg/km^2$，相对其他季节，鱼类资源衰退趋势较为缓慢。

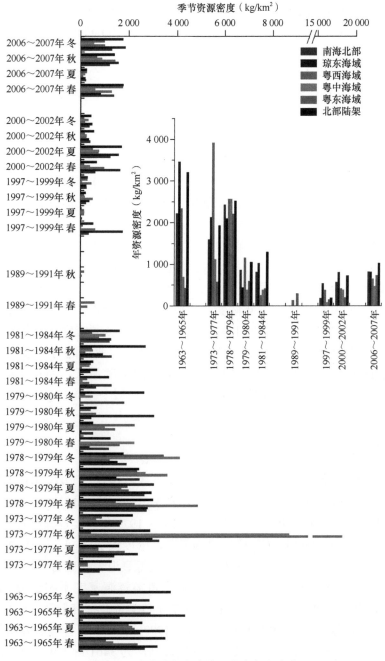

图 2-10 南海北部鱼类资源密度年际变化
图中未显示资源密度的海域为当期未调查

2. 琼东海域

琼东海域鱼类资源密度年际变化与南海北部相似；1979 年以前鱼类资源密度不低于 2096 kg/km² ，而 1979 年后最高不到 1023 kg/km² （图 2-10）。

春季，鱼类资源密度呈振荡式下降，1963 ～ 1965 年鱼类资源密度最高，为 3230 kg/km² ；1979 ～ 1980 年鱼类资源密度最低，仅 406 kg/km² 。夏季，鱼类资源密度年际变化与年均鱼类资源密度年际变化相似，但资源衰退表现更为明显；1979 年以前鱼类资源密度在 2400 kg/km² 之上，1979 年后鱼类资源密度不超过 1570 kg/km²。秋季，1963～1965 年鱼类资源最为丰富，密度达 4373 kg/km²，此后振荡式下降，1997～1999 年鱼类资源最为匮乏，密度仅为 364 kg/km²。冬季，1997～2002 年鱼类资源密度明显偏低，为 344 kg/km²；其他时期鱼类资源密度为 1269～2887 kg/km²，相对其他季节，鱼类资源衰退趋势较为缓慢。

3. 粤西海域

粤西海域鱼类资源密度年际变化与南海北部相似；1980 年以前鱼类资源密度不低于 1159 kg/km²，呈锯齿状波动，而 1980 年后最高不到 650 kg/km²，呈 "V" 形变化（图 2-10）。

春季，1978～2007 年鱼类资源密度呈 "V" 形变化，1978～1979 年鱼类资源最为丰富，密度为 4890 kg/km²；1989～1991 年鱼类资源最为匮乏，密度仅 297 kg/km²；1963～1965 年鱼类资源丰富程度仅次于 1978～1979 年，密度为 2404 kg/km²。夏季，鱼类资源密度年际变化与总年际变化相似，但资源衰退表现更为明显；1980 年以前鱼类资源密度为 1449～2274 kg/km²，1980 年后鱼类资源密度呈断崖式下降，不超过 745 kg/km²。秋季，鱼类资源密度变化趋势与总年际变化趋势一致；1973～1977 年最高，达 18 314 kg/km²；1989～1991 年鱼类资源密度最低，为 65 kg/km²。冬季，1963～2002 年鱼类资源密度持续降低，变化范围为 182～2887 kg/km²；2006～2007 年鱼类资源密度仅次于 1963～1965 年，为 1842 kg/km²。

4. 粤中海域

粤中海域鱼类资源密度年际变化呈 "过山车" 式，1978～1979 年鱼类资源密度最高，为 2570 kg/km²；1997～1999 年最低，为 82 kg/km²（图 2-10）。

春季，鱼类资源密度呈现振荡式下降，1978～1979 年鱼类资源最为丰富，密度为 2265 kg/km²；1997～1999 年鱼类资源最为匮乏，密度仅 28 kg/km²。夏季，鱼类资源密度年际变化与年均资源密度年际变化相似，但资源衰退表现更为明显；1980 年以前，鱼类资源密度在 1021 kg/km² 之上；1980 年后，鱼类资源密度不超过 761 kg/km²。秋季，鱼类资源密度呈振荡式波动；1973～1977 年鱼类资源密度最高，达 8702 kg/km²；1979～1980 年最低，仅为 19 kg/km²。冬季，1997～1999 年鱼类资源明显匮乏，密度仅 59 kg/km²；1978～1979 年鱼类资源密度最高，为 3461 kg/km²；其他时期鱼类资源密度相当，为 436～686 kg/km²。

5. 粤东海域

粤东海域鱼类资源密度除 1978～1979 年（2207 kg/km²）明显较高外，其他时期为 154～731 kg/km²（图 2-10）。

春季，鱼类资源密度呈锯齿状上下波动；2006～2007 年鱼类资源最为丰富，密度为 1743 kg/km²；1997～1999 年鱼类资源密度最低，为 99 kg/km²。夏季，鱼类资源密度呈振荡式下降，资源密度变化范围为 146～2255 kg/km²。秋季，1978～1979 年鱼类资源密度达 2355 kg/km^2，明显高于其他时期，其他时期鱼类资源密度为 138 ～ 672 kg/km^2。冬季，鱼类资源密度变化与秋季相似，1978 ～ 1979 年鱼类资源密度最高，为 3461 kg/km^2，其他时期鱼类资源密度为 140 ～ 987 kg/km^2。

6. 北部陆架

1963 ～ 2007 年，北部陆架鱼类资源密度呈振荡式下降；1963 ～ 1965 年鱼类资源最为丰富，密度为 3213 kg/km^2；1978 ～ 1979 年鱼类资源密度次之，为 2520 kg/km^2；1997 ～ 1999 年鱼类资源密度最低，为 193 kg/km^2；其他时期鱼类资源密度为 1024 ～ 1931 kg/km^2（图 2-10）。

春季，鱼类资源密度呈锯齿状下降；1963 ～ 1965 年鱼类资源最为丰富，密度为 3552 kg/km^2；1997 ～ 1999 年鱼类资源最为匮乏，密度仅 535 kg/km^2。夏季，1963 ～ 1979 年鱼类资源密度明显高于 1979 ～ 2007 年，前者约是后者的 4 倍；1979 年以前，鱼类资源密度在 1629 kg/km^2 之上；1979 年以后，除 2000 ～ 2002 年达到 1979 年以前的水平，其他时期不超过 550 kg/km^2。秋季，鱼类资源密度变化趋势与春季类似，呈锯齿状下降；1963 ～ 1965 年鱼类资源最为丰富，密度达 3067 kg/km^2，此后振荡式下降；1997 ～ 1999 年鱼类资源密度最低，为 218 kg/km^2。冬季，鱼类资源密度变化趋势与春季类似，呈锯齿状下降；1963 ～ 1965 年鱼类资源最为丰富，密度达 3778 kg/km^2，此后振荡式下降；1997 ～ 1999 年鱼类资源最为匮乏，密度仅 299 kg/km^2。

7. 空间变化趋势

南海北部鱼类资源空间分布上，1963 ～ 1965 年，琼东海域与北部陆架鱼类资源密度较高，均超过 3000 kg/km^2；粤中海域与粤东海域鱼类资源密度明显低于其他区域，不足资源丰富区的 20%。1973 ～ 1977 年，粤西海域鱼类资源最为丰富，密度达 3918 kg/km^2；琼东海域与北部陆架鱼类资源密度次之，分别为 2135 kg/km^2 与 1931 kg/km^2；粤中海域鱼类资源密度也超过了 1000 kg/km^2；而粤东海域鱼类资源密度仅为 582 kg/km^2，约是粤西海域的 15%。1978 ～ 1979 年，各海域鱼类资源密度为 2207 ～ 2569 kg/km^2，无明显差异。1979 ～ 1980 年，粤西海域与北部陆架鱼类资源密度超过 1000 kg/km^2，明显高于其他海域。1981 ～ 1984 年，琼东海域与北部陆架鱼类资源密度超过 1000 kg/km^2，明显高于其他海域。1989 ～ 1991 年，粤东海域鱼类资源密度高于粤西海域，与历史分布状况相左。1997 ～ 2002 年，南海北部鱼类资源密度从珠江口向周边逐渐升高，其中珠江口西部海域的鱼类资源密度高于东部和南部海域。2006 ～ 2007 年，鱼类资源密度依然延续了 1997 ～ 2002 年的分布特点，但处于珠江口外的北部陆架鱼类资源密度最高，超过 1000 kg/km^2。南海北部鱼类资源密度空间分布整体上从珠江口向周边逐渐升高，低值中心区位置从 1980 年之前的珠江口偏东，变成 1980 ～ 1991 年的珠江口偏西，再到 1997 年后的珠江口正中，北部陆架与粤东海域鱼类资源衰退程度弱于其他海域。

2.3.3 头足类资源密度

1. 南海北部

南海北部头足类资源密度从 1963 ～ 1965 年的 141 kg/km²，逐渐降低至 1997 ～ 1999 年的 11 kg/km²，2000 ～ 2002 年又恢复到 1963 ～ 1965 年的水平（图 2-11）。

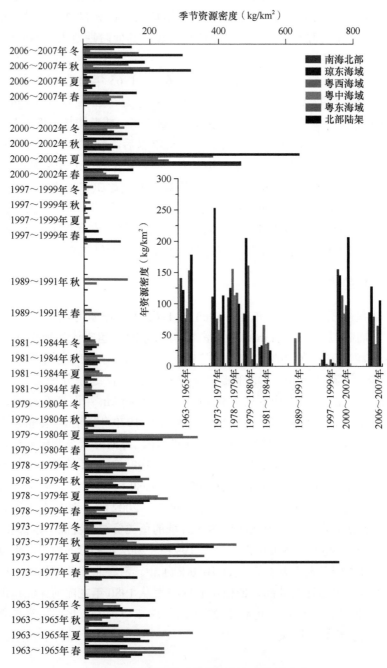

图 2-11 南海北部头足类资源密度年际变化

图中未显示资源密度的海域为当期未调查

春季，头足类资源密度年际变化呈"W"形，1973～1977 年和 1981～1984 年的资源密度较低，分别是 51 kg/km² 和 24 kg/km²；1963～1965 年、1979～1980 年和 2006～2007 年资源密度较高，分别是 138 kg/km²、148 kg/km² 和 123 kg/km²。夏季，头足类资源密度 2000～2002 年最高，为 466 kg/km²，1963～1980 年资源密度差异不大，为 139～193 kg/km²；其他时期的资源密度明显偏低，均不超过 1963～1980 年的 28%。秋季，头足类资源密度从 1963～1965 年的 101 kg/km²，增至 1973～1977 年的 272 kg/km²，随后开始下降；到 1997～1999 年资源密度仅为 4 kg/km²，2006～2007 年反弹至 1978～1979 年的水平，为 150 kg/km²。冬季，1981～1999 年头足类资源密度明显偏低，为 11～24 kg/km²；1976～1979 年资源密度居中，为 65～85 kg/km²，1963～1965 年、2000～2002 年和 2006～2007 年的资源密度相对较高，为 117～147 kg/km²。1963～2007 年，南海北部头足类资源无明显的衰减趋势，但年际波动显著。

2. 琼东海域

1963～2007 年，琼东海域头足类资源密度除 1981～1999 年异常偏低外，其他时期为 120～254 kg/km²（图 2-11）。

春季，头足类资源密度整体呈现降低的趋势，1963～1965 年资源密度为 172 kg/km²，2006～2007 年资源密度不到 1963～1965 年的一半。夏季，头足类资源密度年际变化与南海北部相似，1963～1980 年和 2000～2002 年的资源密度（166～756 kg/km²）明显高于 1981～1999 年和 2006～2007 年（21～69 kg/km²），前者至少是后者的 2.4 倍。秋季，头足类资源密度年际分布呈"N"形，从 1963～1965 年的 69 kg/km²，增至 1973～1977 年的 384 kg/km²，随后开始下降，到 1997～1999 年仅为 22 kg/km²，2006～2007 年反弹至 1973～1977 年的水平，为 319 kg/km²。冬季，头足类资源密度年际分布呈现锯齿状变化，2006～2007 年资源密度最高，为 295 kg/km²；1997～1999 年资源密度最低，仅 8 kg/km²。1963～2007 年，琼东海域头足类资源未呈现衰减趋势，但具有显著的年际波动。

3. 粤西海域

粤西海域头足类资源密度年际分布呈"N"形，从 1963～1965 年的 77 kg/km²，逐渐增至 1979～1980 年的 161 kg/km²，之后逐渐降低至 1997～1999 年的 4 kg/km²，2000～2002 年则恢复到 114 kg/km² 的水平（图 2-11）。

春季，头足类资源密度呈现明显大小年现象，1973～1977 年和 1997～1999 年的资源密度低于 10 kg/km²；1963～1965 年超过 200 kg/km²，其他时期为 50～160 kg/km²。夏季，头足类资源密度年际变化与琼东海域相似，1989～1999 年和 2006～2007 年的资源密度（5～15 kg/km²）明显低于其他时期（81～337 kg/km²），这两个时期资源密度不到其他时期的 1/5。秋季，头足类资源密度年际分布呈现高低交错分布，1963～1965 年和 1989～1999 年资源密度较低，不超过 50 kg/km²；其间资源密度较高，1973～1984 年和 2006～2007 年为 77～450 kg/km²。冬季，1981～1999 年头足类资源密度明显偏低，为 1～44 kg/km²；其他时期资源密度无明显差异，为 106～173 kg/km²。1963～2007 年，粤西海域头足类资源未呈现衰减趋势，但具有较强的年际波动。

4. 粤中海域

粤中海域头足类资源呈现贫富两个阶段，1963～1979年与2000～2002年为富资源期，资源密度为58～114 kg/km^2；1980～1999年和2006～2007年为贫资源期，资源密度为2～36 kg/km^2（图2-11）。

春季，头足类资源密度年际变化呈"U"形，1963～1965年和2006～2007年的资源较丰富，资源密度超过100 kg/km^2；其他时期资源密度不超过67 kg/km^2。夏季，头足类资源密度年际变化与南海北部相似，1963～1980年和2000～2002年的资源密度（220～294 kg/km^2）明显高于1981～1999年和2006～2007年（5～56 kg/km^2），前者至少是后者的5倍。秋季，头足类资源密度年际分布呈倒"V"形变化，从1963～1965年的51 kg/km^2，增至1978～1979年的175 kg/km^2，随后下降到40 kg/km^{2}以下。冬季，头足类资源密度年际分布呈锯齿状变化，1973～1977年资源最为丰富，资源密度为124 kg/km^2；1997～1999年资源密度最低，为9 kg/km^2。1963～2007年，粤中海域头足类资源呈现一定程度的衰退趋势，1979年前资源量明显高于1979年之后。

5. 粤东海域

粤东海域头足类资源密度呈现锯齿状下降趋势，从1963～1965年的153 kg/km^2，降至2006～2007年的65 kg/km^2（图2-11）。

春季，头足类资源密度1963～1965年明显高于其他时期，为238 kg/km^2，其他时期为2～77 kg/km^2。夏季，头足类资源年际分布呈现贫富两个阶段，1963～1979年和2000～2002年为富资源期，资源密度为128～383 kg/km^2；1980～1999年和2006～2007年为贫资源期，资源密度为17～46 kg/km^2。秋季，头足类资源密度年际分布呈锯齿状变化，1978～1979年的资源密度最高，为194 kg/km^2；1979～1980年资源密度最低，为5 kg/km^2。冬季，头足类资源密度年际变化呈"W"形，1963～1965年、1978～1979年和2000～2007年为资源丰富期，资源密度为93～127 kg/km^2；1973～1977年、1981～1984年和1997～1999年为资源贫乏期，资源密度为27～34 kg/km^2。1963～2007年，粤东海域头足类资源表现出衰退倾向。

6. 北部陆架

北部陆架头足类资源密度年际分布呈反"V"形，从1963～1965年的179 kg/km^2，逐渐降低至1997～1999年的6 kg/km^2，2000～2002年资源最为丰富，超过1963～1965年的水平（图2-11）。

春季，头足类资源密度年际变化呈"W"形，1978～1979年、1981～1984年和1997～1999年的资源密度较低，为21～63 kg/km^2；1963～1965年、1979～1980年和2000～2007年的资源密度较高，为128～160 kg/km^2。夏季，2000～2002年头足类资源最为丰富，资源密度达639 kg/km^2；其他时期资源密度年际分布呈现锯齿状下降趋势，从1963～1965年的194 kg/km^2，降至2006～2007年的29 kg/km^2。秋季，头足类资源密度年际变化呈"N"形,从 1963 ～ 1965 年的 194 kg/km^2 升至 1973 ～ 1977 年的 306 kg/km^2,之后一路降低,在 1997 ～ 1999 年达到最低值(2 kg/km^2)后开始回升,在 2006 ～ 2007 年达到 184 kg/km^2,恢复到 1979 年之前的水平。冬季,头足类资源密度年际变化呈"U"形,1963 ～ 1965 年和 2000 ～ 2007 年资源较丰富,资源密度超过 140 kg/km^2,其他时期资源密度不超过 65 kg/km^2。1963 ～ 2007 年,北部陆架头足类资源无明显的衰减趋势,但经历了 1981 ～ 1999 年的贫乏期。

7. 空间变化趋势

南海北部头足类资源空间分布上,1963 ～ 1965 年,粤西海域和粤中海域头足类资源密度偏低,不超过 95 kg/km^2;北部陆架和粤东海域头足类资源密度较高,均超过了 150 kg/km^2;琼东海域头足类资源密度居中,为 122 kg/km^2。1973 ～ 1977 年与 2006 ～ 2007 年,头足类资源密度空间分布均呈现从珠江口向周边升高的趋势,琼东海域最高,北部陆架次之。2000 ～ 2002 年,头足类资源密度空间分布同样呈现从珠江口向周边升高的趋势,北部陆架最高,琼东海域次之。1978 ～ 1979 年、1981 ～ 1984 年和 1997 ～ 1999 年这三个时期,南海北部各海域头足类资源密度空间分布上均无明显差异。1979 ～ 1980 年,粤东海域头足类资源密度最低,向西向南升高;琼东海域最高,粤西海域次之,两海域头足类资源密度均超过 150 kg/km^2。南海北部头足类资源密度空间分布整体上从珠江口向周边逐渐升高,低值区位置从 1977 年之前的珠江口偏西,变成 1978 年后的珠江口偏东,再到 1997 年后的珠江口正中,粤中和粤东海域表现出头足类资源衰退倾向,其他海域头足类资源密度处于正常波动范围。

2.3.4　甲壳类资源密度

1. 南海北部

南海北部甲壳类资源密度年际变化呈"W"形,1978 ～ 1979 年和 1997 ～ 1999 年资源密度较低,不超过 7 kg/km^2;1963 ～ 1965 年、1981 ～ 1984 年和 2000 ～ 2007 年资源密度较高,但从 51 kg/km^2 降至 27 kg/km^2(图 2-12)。

春季和冬季甲壳类资源密度与全年的甲壳类资源密度分布相似,呈"W"形变化;春季,富资源期为 1963 ～ 1965 年、1979 ～ 1980 年和 2006 ～ 2007 年,贫资源期为 1973 ～ 1979 年与 1981 ～ 1999 年,资源密度为 0.4 ～ 101 kg/km^2;冬季,富资源期为 1963 ～ 1965 年、1981 ～ 1984 年和 2006 ～ 2007 年,贫资源期为 1973 ～ 1979 年与 1997 ～ 1999 年,资源密度为 7 ～ 72 kg/km^2。夏季和秋季甲壳类资源密度与全年的甲壳类资源密度分布趋势相左,呈"M"形变化,1973 ～ 1977 年资源最为丰富,资源密度超过 100 kg/km^2,其次是 1963 ～ 1965 年、1981 ～ 1984 年与 2000 ～ 2002 年,资源密度为 22 ～ 77 kg/km^2,其他时期资源密度不超过 13 kg/km^2。1963 ～ 2007 年,南海北部甲壳类资源无明显的衰减趋势,但具有明显的年际波动。

2. 琼东海域

琼东海域甲壳类资源以 1979 ～ 1980 年最为丰富,资源密度为 83 kg/km^2;其次是

1963～1965年，资源密度为57 kg/km²；1973～1979年甲壳类资源最为匮乏，资源密度不超过5 kg/km²；1981～2007年，资源密度为18～29 kg/km²（图2-12）。

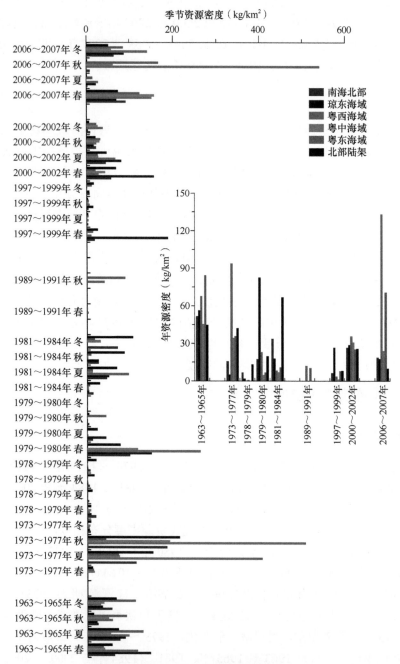

图2-12　南海北部甲壳类资源密度年际变化
图中未显示资源密度的海域为当期未调查

春季，甲壳类资源密度年际分布呈锯齿状变化，1963～1965年、1979～1980年与1997～2002年为富资源期，资源密度为149～189 kg/km²；1978～1979年与1981～1984年为贫资源期，资源密度低于10 kg/km²；2006～2007年资源密度处于中等水平，为 70 kg/km^2。夏季，甲壳类资源 1963～1965 年与 2000～2002 年最为丰富，资源密度为 81～89 kg/km^2；1979～1984 年次之，资源密度为 45～52 kg/km^2；2006～2007 年资源密度为 22 kg/km^2；1978～1979 年资源最为匮乏，资源密度不到 1 kg/km^2。秋季，甲壳类资源 1963～1965 年和 1981～1984 年较为丰富，资源密度为 22～27 kg/km^2；1997～2002 年资源密度为 16～17 kg/km^2；1978～1979 年与 2006～2007 年资源最贫乏，资源密度为 1 kg/km^2。冬季，甲壳类资源 2006～2007 年最为丰富，资源密度为 88 kg/km^2；1963～1965 年次之，资源密度为 35 kg/km^2；其他时期资源都较为贫乏，资源密度不超过 5 kg/km^2。1963～2007 年，琼东海域甲壳类资源无明显的衰减趋势，但具有明显的年际波动。

3. 粤西海域

粤西海域甲壳类资源密度年际变化呈"U"形，1963～1977 年与 2006～2007 年为富资源期，资源密度为 68～133 kg/km^2，其他时期为贫资源期，资源密度为 0.3～36 kg/km^2（图 2-12）。

春季，甲壳类资源密度年际变化呈"W"形，1963～1965 年、1979～1980 年与 2006～2007 年为富资源期，资源密度为 118～264 kg/km^2，1978～1979 年与 1981～2002 年为贫资源期，资源密度为 3～28 kg/km^2。夏季，甲壳类资源密度 1973～1977 年最高，达 407 kg/km^2；1963～1965 年与 1981～1984 年次之，为 98 kg/km^2；2000～2002 年和 2006～2007 年资源密度为 22～67 kg/km^2，其他时期资源密度不超过 5 kg/km^2。秋季，甲壳类资源 1973～1977 年与 2006～2007 年明显较其他时期丰富，资源密度均超过 500 g/km^2；1963～1965 年与 1989～1991 年次之，资源密度为 41～59 kg/km^2；其他时期资源密度小于 23 kg/km^2。冬季，甲壳类资源密度 2006～2007 年最高，达 142 kg/km^2；1963～1965 年和 2000～2002 年次之，为 31～38 kg/km^2；其他时期资源密度不超过 4 kg/km^2。1963～2007 年，粤西海域与琼东海域相似，甲壳类资源无明显的衰减趋势，但具有明显的年际波动。

4. 粤中海域

粤中海域甲壳类资源密度年际变化呈"U"形，1963～1977 年和 2000～2002 年的资源密度较高，为 31～46 kg/km^2，2006～2007 年为 24 kg/km^2，其他时期资源密度不超过 7 kg/km^2（图 2-12）。

春季，甲壳类资源密度年际变化呈"M"形，1963～1965 年、1979～1980 年、2000～2002 年和 2006～2007 年为富资源期，其中，1963～1965 年和 2000～2002 年的资源密度为 40～43 kg/km^2，另两个时期的资源密度为 119～158 kg/km^2；1973～1977 年的资源密度为 16 kg/km^2，其余时期的资源密度不超过 8 kg/km^2。夏季，甲壳类资源密度 1963～1977 年较高，为 55～76 kg/km^2；其余时期不超过 27 kg/km^2。秋季，甲壳类资源密度年际变化与年资源密度变化相似，呈"U"形；1963～1965 年、1973～1977 年与 2006～2007 年三个时期资源密度较高，其中，1973～1977 年为 194 kg/km^2，其他两个时期为 50～62 kg/km^2；2000～2002 年资源密度为 30 kg/km^2；其余时期的资源密度不超过 5 kg/km^2。冬季，甲壳类资源密度年际变化呈"W"形，1963 ～ 1965 年、1981 ～ 1984 年与 2006 ～ 2007 年资源密度较高，为 32 ～ 58 kg/km^2；2000 ～ 2002 年资源密度为 26 kg/km^2；其余时期的资源密度不超过 6 kg/km^2。1963 ～ 2007 年，粤中海域与琼东、粤西等海域相似，甲壳类资源无明显的衰减迹象，但具有明显的年际波动。

5. 粤东海域

粤东海域甲壳类资源密度年际变化与粤中海域相似，呈"U"形，1963 ～ 1979 年与 2000 ～ 2007 年为资源丰富期，资源密度为 25 ～ 84 kg/km^2，其他时期资源密度不超过 11 kg/km^2（图 2-12）。

春季，甲壳类资源密度与年资源密度变化相似，呈"U"形，2006 ～ 2007 年资源密度最高，为 125 kg/km^2；1963 ～ 1965 年次之，为 37 kg/km^2；1973 ～ 1977 年与 1997 ～ 2002 年资源密度偏低，为 14 ～ 21 kg/km^2；其他时期的资源密度不超过 6 kg/km^2。夏季，甲壳类资源密度从 1963 ～ 1965 年的 131 kg/km^2 振荡式下降，2006 ～ 2007 年仅为 14 kg/km^2。秋季，甲壳类资源密度分布呈锯齿状；1963 ～ 1965 年、1989 ～ 1991 年和 2006 ～ 2007 年为资源丰富期，资源密度为 90 ～ 167 kg/km^2；1981 ～ 1984 年和 1997 ～ 1999 年为资源贫乏期，资源密度低于 10 kg/km^2；其他时期资源密度为 32 ～ 45 kg/km^2。冬季，甲壳类资源密度年际变化同样呈"U"形；1963 ～ 1965 年资源密度最高，为 113 kg/km^2；2006 ～ 2007 年次之，为 86 kg/km^2；其他时期的资源密度为 12 ～ 23 kg/km^2。1963 ～ 2007 年，粤东海域与南海北部近岸的其他海域相似，甲壳类资源无明显的衰减迹象，但具有明显的年际波动。

6. 北部陆架

1963 ～ 2007 年，北部陆架甲壳类资源密度呈振荡式下降。1981 ～ 1984 年资源密度最高，为 67 kg/km^2；1963 ～ 1965 年和 1973 ～ 1977 年资源密度次之，为 42 ～ 45 kg/km^2；1997 ～ 1999 年资源密度最低，为 8 kg/km^2；其他时期的资源密度为 10 ～ 26 kg/km^2（图 2-12）。

春季，甲壳类资源密度年际变化呈"W"形，1963 ～ 1965 年、1979 ～ 1980 年和 2000 ～ 2006 年为资源丰富期，资源密度为 58 ～ 78 kg/km^2；其他时期为资源匮乏期，资源密度为 8 ～ 30 kg/km^2。夏季，甲壳类资源密度年际变化呈振荡式下降；1973 ～ 1977 年资源密度最高，为 155 kg/km^2；2006 ～ 2007 年则仅 1.2 kg/km^2，不到最丰富期的 1%。秋季，甲壳类资源密度年际变化呈"M"形；1973 ～ 1977 年和 1981 ～ 1984 年为资源丰富期，资源密度分别为 216 kg/km^2 和 88 kg/km^2；其他时期的资源密度均较低，为 2 ～ 21 kg/km^2。冬季，甲壳类资源密度年际变化与春季相似，呈"W"形；1981 ～ 1984 年资源最为丰富，资源密度为 108 kg/km^2；1963 ～ 1965 年和 2006 ～ 2007 年次之，资源密度为 51 ～ 68 kg/km^2；其他时期资源较为匮乏，资源密度为 6.5 ～ 21 kg/km^2。1963 ～ 2007 年，北部陆架海域甲壳类资源呈现一定程度的衰退迹象。

7. 空间变化趋势

南海北部甲壳类资源空间分布上，1963 ～ 1965 年，粤中海域和北部陆架的甲壳类资源密度偏低，不超过 50 kg/km^2；粤东海域的甲壳类资源密度较高，为 84 kg/km^2；粤西和琼东海域居中，甲壳类资源密度分别为 68 kg/km^2 和 57 kg/km^2。1973 ～ 1977 年和 2000 ～ 2002 年，甲壳类资源密度空间分布均呈现从粤西海域向周边降低的趋势。1978 ～ 1979 年和 1981 ～ 1984 年，北部陆架甲壳类资源密度相对高于近岸海域。1979 ～ 1980 年，甲壳类资源密度从琼东海域向西降低，其中粤中海域最低，为 5.0 kg/km^2。1997 ～ 1999 年，南海北部各海域甲壳类资源密度除了琼东海域较高，为 27 kg/km^2，其他海域无明显差异，为 1.3 ～ 8.0 kg/km^2。2006 ～ 2007 年，南海北部甲壳类资源形成粤西与粤东两个丰富区，资源密度向周边降低。1963 ～ 2007 年，甲壳类资源密度空间分布年际变化明显，无稳定的富资源区，整体上，粤西海域相对较高，粤中海域相对较低。

2.3.5　小结

1963 ～ 2007 年南海北部渔业资源密度为 206 ～ 2417 kg/km^2，渔业资源 1979 年前明显较 1979 年后丰富，存在一定程度的资源衰退现象。渔业资源组成上，以鱼类为主，占总资源量的 76% ～ 95%；头足类资源贡献率一般不超过 10%，但在 2000 ～ 2002 年明显高于其他时期，达 21%，在粤东海域高达 30%；甲壳类资源贡献率一般不超过 5%，但 2006 ～ 2007 年粤西海域的甲壳类资源量占总资源量的 16%，说明该海域渔获质量出现下降趋势。空间分布上，渔业资源整体上呈现从珠江口向周边逐渐升高的趋势，低值中心区位置从 1980 年之前的珠江口偏东，变成 1980 ～ 1991 年的珠江口偏西，再到 1997 年后的珠江口正中，北部陆架与粤东海域资源衰减程度弱于其他海域。

第3章　北部湾渔业资源

3.1 概述

北部湾位于南海西北部，地处热带和亚热带，三面陆地环绕，东临雷州半岛，北靠广西，西临越南，为天然的月牙状海湾，水域面积大约为 13 万 km^2，湾内水深小于 90 m。北部湾物种多样，曾经资源丰富，是南海渔业资源生产力最高的海域之一，是中国和越南渔民的传统作业场所。本章以 1960 ～ 2017 年中国水产科学研究院南海水产研究所在北部湾海域开展的 41 个航次累计 1857 站次的渔业资源调查资料为基础，对北部湾游泳动物的种类组成、数量分布状况及变化趋势进行分析。

3.2 种类组成及其变化

1992 ～ 2017 年的渔业资源调查共记录游泳动物 784 种（图 3-1），隶属于 43 目 157 科；未定种（类）为 61 种。在鉴定出的 784 种游泳动物中，鱼类有 37 目 115 科 599 种，甲壳类有 2 目 33 科 146 种，头足类有 4 目 9 科 39 种，详细的种类组成见附录。

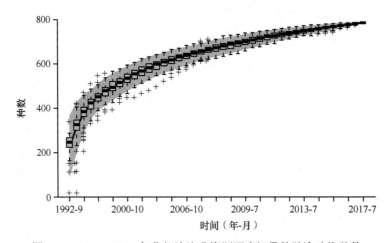

图 3-1　1992 ～ 2017 年北部湾渔业资源调查记录的游泳动物种数

北部湾游泳动物中鲈形目的种数最多，为 37 科 220 种；十足目有 30 科 123 种；鲽形目为 7 科 45 种；扁鲨目、北梭鱼目、鼠鱚目、灯笼鱼目和银汉鱼目均只有 1 科 1 种，详见表 3-1。

表 3-1　1992 ～ 2017 年北部湾游泳动物组成

序号	类别	目名		科数	种数
1	鱼类	鲈形目	Perciformes	37	220
2		鲽形目	Pleuronectiformes	7	45
3		鲹形目	Carangiformes	3	43
4		鳗鲡目	Anguilliformes	6	38
5		鲀形目	Tetraodontiformes	5	29
6		鲱形目	Clupeiformes	3	28

续表

序号	类别	目名		科数	种数
7		刺尾鱼目	Acanthuriformes	5	21
8		鰕虎鱼目	Gobiiformes	2	20
9		钩头鱼目	Kurtiformes	1	17
10		鲭形目	Scombriformes	5	17
11		鲼形目	Myliobatiformes	4	14
12		仙女鱼目	Aulopiformes	1	13
13		羊鱼目	Mulliformes	1	13
14		鳉形目	Callionymiformes	1	8
15		鼬鳚目	Ophidiiformes	1	7
16		发光鲷目	Acropomatiformes	3	7
17		海龙鱼目	Syngnathiformes	3	6
18		鲇形目	Siluriformes	2	5
19		鮟鱇目	Lophiiformes	4	5
20		真鲨目	Carcharhiniformes	2	4
21		犁头鳐目	Rhinopristiformes	1	4
22		鲻形目	Mugiliformes	1	4
23		颌针鱼目	Beloniformes	2	4
24		鳐形目	Rajiformes	1	3
25		鳂形目	Holocentriformes	1	3
26		豹鲂鮄目	Dactylopteriformes	1	3
27		棘臀鱼目	Centrarchiformes	1	3
28		须鲨目	Orectolobiformes	2	2
29		电鳐目	Torpediniformes	1	2
30		水珍鱼目	Argentiniformes	1	2
31		鳕形目	Gadiformes	1	2
32		鳚形目	Blenniiformes	1	2
33		扁鲨目	Squatiniromes	1	1
34		北棱鱼目	Albuliformes	1	1
35		鼠䱇目	Gonorynchiformes	1	1
36		灯笼鱼目	Myctophiformes	1	1
37		银汉鱼目	Atheriniformes	1	1
38	甲壳类	十足目	Decapoda	30	123
39		口足目	Stomatopoda	3	23
40	头足类	乌贼目	Sepiida	2	15
41		八腕目	Octopoda	2	11
42		闭眼目	Myopsida	1	9
43		开眼目	Oegopsida	4	4
	总计			157	784

北部湾地处热带和亚热带，水质优良，饵料充足，为鱼类提供了良好的产卵、育肥和栖息场所。因此，栖息于该海域的鱼类具有种类繁多的特征。不同时期由于调查频率和区域的差异，鱼类种数变化较大（图3-2）。

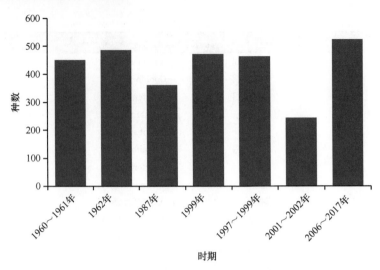

图 3-2　北部湾不同时期渔业资源调查渔获鱼类的种数

　　1960～1961 年在北部湾进行的渔业科考中，记录鱼类 450 种；1962 年进行的中越北部湾联合调查中，记录鱼类多达 487 种；李显森等（1987）调查了北部湾沿岸鱼类的区系，记录鱼类 361 种；罗春业等（1999）结合文献较为系统地统计了北部湾的鱼类，共有 472 种；1997～1999 年开展的国家海洋勘测专项调查中，在北部湾海域共捕获鱼类 463 种；2001～2002 年进行的国家海洋勘测北部湾补充调查中，记录鱼类 244 种；2006～2017 年开展的中越北部湾共同渔区联合调查中，记录鱼类 524 种。

3.3　渔获率及其变化

3.3.1　空间分布

　　根据北部湾的生境特点，将调查海域划分为东部沿海（东北部、原过渡性水域、海南岛西岸）和原共同渔区（原共同渔区北部、原共同渔区中部、原共同渔区南部），分析不同区域渔获率的分布特征。

1. 东部沿海渔获率的区域变化

　　2007 年调查中，东部沿海的平均总渔获率为 81.99 kg/h。其中，海南岛西岸的渔获率最高（102.70 kg/h），其次为东北部（71.38 kg/h），原过渡性水域的渔获率最低（67.96 kg/h）。在东北部，底层经济鱼类（二长棘鲷、斑鳍白姑鱼、鯻和黄带绯鲤等）和其他底层鱼类（鹿斑鲾、短吻鲾、细纹鲾、黄斑鲾、尖头斜齿鲨、棕腹刺鲀和月腹刺鲀）的渔获率分别居于第一位和第二位，分别为 30.18 kg/h 和 24.09 kg/h，其次是中上层经济鱼类，渔获率为 6.48 kg/h，其他类群的渔获率相对较低。在原过渡性水域，底层经济鱼类（二长棘鲷、带鱼、黄带绯鲤、花斑蛇鲻和刺鲳等）和其他底层鱼类（发光鲷、黄斑鲾）的渔获率占优势，分别为 26.32 kg/h 和 24.12 kg/h，中上层经济鱼类的渔获率居于第三位，为 7.73 kg/h，其他类群的渔获率较低。在海南岛西岸，渔获组成与东北部和原过渡性水域一样，底层经济鱼类（大头白姑鱼、鯻、叫姑鱼、带鱼和绯鲤等）和其他底层鱼类（发光鲷、黄斑鳋和𫚭类）的渔获率较高，分别为 51.75 kg/h 和 40.74 kg/h，其他类群的渔获率较低，均在 5.00 kg/h 以下。

2. 原共同渔区渔获率的区域变化

2007 年调查中，原共同渔区的平均总渔获率为 141.50 kg/h。其中，南部的渔获率最高（195.56 kg/h），其次为中部（169.04 kg/h），北部的渔获率最低（62.54 kg/h）。在原共同渔区北部，渔获组成以底层鱼类占优势，其中底层经济鱼类（二长棘鲷、多齿蛇鲻、花斑蛇鲻、鯻、圆额金线鱼、带鱼和短带鱼等）和其他底层鱼类（发光鲷、棕腹刺鲀和鳋类）的渔获率分别为 33.04 kg/h 和 14.51 kg/h；中上层经济鱼类和头足类的渔获率也相对较高，分别为 7.52 kg/h 和 6.55 kg/h；其他中上层鱼类和甲壳类的渔获率均相对较低。在原共同渔区中部，其他底层鱼类（发光鲷、黄斑鳋、斑鳍天竺鱼、棕腹刺鲀和黑边天竺鱼等）的渔获率最高，达 76.13 kg/h，底层经济鱼类（大头白姑鱼、油䰲、二长棘鲷和蛇鲻）和中上层经济鱼类（竹荚鱼和蓝圆鲹）的渔获率也相对较高，分别为 57.67 kg/h 和 28.73 kg/h；其他中上层鱼类、头足类和甲壳类的渔获率均在 5.00 kg/h 以下。在原共同渔区南部，其他底层鱼类占绝对优势，渔获率高达 114.17 kg/h，主要是渔获大量的发光鲷引起的；渔获率相对较高的有底层经济鱼类（大头白姑鱼、二长棘鲷和单角革鲀）和中上层经济鱼类（竹荚鱼和蓝圆鲹），渔获率分别为 40.00 kg/h 和 30.89 kg/h；其他中上层鱼类、头足类和甲壳类的渔获率均较低。在原共同渔区的东部，只有底层经济鱼类的渔获率比西部的略高，其他类群的渔获率均比西部低。

3.3.2　垂直分布

为了解北部湾渔获率的空间分布，统计北部湾不同水深的总渔获率及各类群的渔获率。2007 年采样的水深范围为 16 ～ 92 m，总渔获率随水深的变化明显，水深 60 m 是分界线，16 ～ 60 m 水深的总渔获率均在 100 kg/h 以下，60 ～ 92 m 水深的总渔获率均超过 130 kg/h，最高渔获率出现于水深 70 ～ 80 m 处，达到 202.90 kg/h。16 ～ 20 m 水深的渔获率为 79.32 kg/h，主要由二长棘鲷幼鱼等底层经济鱼类、鳋类等其他底层鱼类及竹荚鱼幼鱼等中上层经济鱼类组成。30 ～ 80 m 水深的渔获率基本上随水深的增大而增加（图 3-3）。

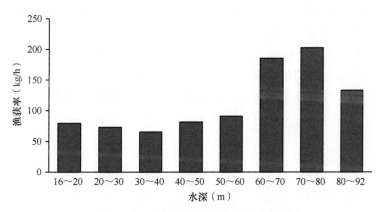

图 3-3　2007 年北部湾总渔获率随水深的变化

北部湾的中上层经济鱼类在 20 ～ 30 m 水深的渔获率为 11.74 kg/h，主要由中国鲳等鲳类及竹荚鱼等鲹科鱼类的幼鱼组成，30 ～ 80 m 水深的渔获率随水深的增大而增加，70 ～ 80 m 水深处渔获率达到最高，为 46.19 kg/h，80 ～ 92 m 水深的渔获率明显下降（图 3-4）；其他中上层鱼类的密集区比较集中，高密集区均出现在 40 m 以浅海域，其中 20 ～ 30 m 水深的渔获率最高，为 12.23 kg/h，16 ～ 20 m 水深的渔获率也相对较高，其他水深的渔获率均较低（图 3-5）。

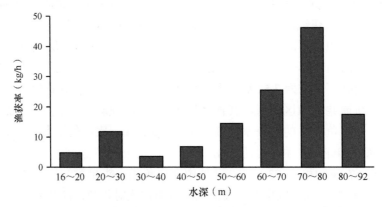

图 3-4　2007 年北部湾中上层经济鱼类渔获率随水深的变化

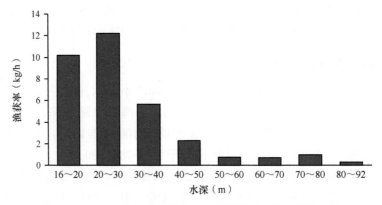

图 3-5　2007 年北部湾其他中上层鱼类渔获率随水深的变化

北部湾底层经济鱼类渔获率随水深的变化不是特别明显（图 3-6），仅在 40 ～ 50 m 和 60 ～ 70 m 水深出现两个密集区，渔获率分别为 43.01 kg/h 和 45.42 kg/h，16 ～ 30 m 水深的渔获率稍低，其他水深的渔获率为 25.89 ～ 37.21 kg/h；其他底层鱼类在 16 ～ 60 m 水深的渔获率相对较低，60 ～ 92 m 水深的渔获率均较高，特别是 60 ～ 80 m 水深的渔获率均在 100.00 kg/h 以上，主要是发光鲷的大量出现引起的（图 3-7）。

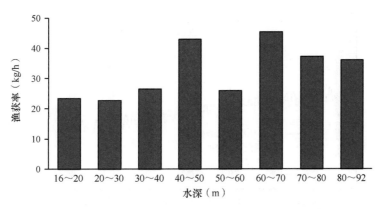

图 3-6 2007 年北部湾底层经济鱼类渔获率随水深的变化

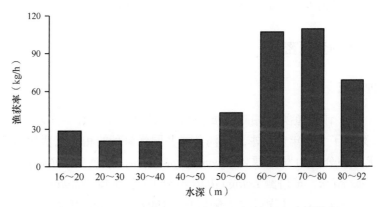

图 3-7 2007 年北部湾其他底层鱼类渔获率随水深的变化

3.4 资源密度及其变化

3.4.1 总资源密度

根据式（1-1）求算各站次的资源密度，以采样时间 t_i 为自变量，经对数转换后的鱼类资源密度为 Y_i，根据式（1-2）通过非线性迭代回归分析求算相关参数。

对非线性迭代回归分析结果进行方差检验后，得出其回归系数 R 为 0.474，表明模拟结果与实际情况没有显著性差异，即 Y_i 与 t_i 之间的密切程度较强。因此，1961～2007 年鱼类资源密度的年际和季节变化回归模型确定为

$$Y_{1961\sim2007}=3.792-3.010\times10^{-5}t_i+0.081\times\cos[0.0172\times(t_i-283.617)]$$

根据以上回归方程拟合的北部湾鱼类资源密度的变化趋势见图 3-8，可以看出，1961～2007 年北部湾鱼类资源密度总体呈下降趋势，经模型模拟，下降趋势斜率为 -3.010×10^{-5}。

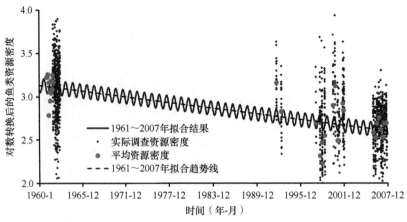

图 3-8　1961～2007 年北部湾鱼类资源密度变化趋势

3.4.2　优势种资源密度

1. 优势种组成

根据式（1-3）计算鱼类的相对重要性指数（IRI），以 IRI＞100 为划分优势种的标准，表 3-2 列出了 3 个年份秋季北部湾鱼类共同优势种的相对重要性指数。3 个年份出现的共同优势种分别为发光鲷 *Acropoma japonicum*、带鱼 *Trichiurus haumela*、二长棘鲷 *Parargyrops edita*、黄斑鲾 *Leiognathus bindus*、竹荚鱼 *Trachurus japonicus* 和黄带绯鲤 *Upeneus sulphureus*，且均以发光鲷居首，1992 年、2001 年和 2006 年分别占该年度鱼类渔获质量的 29.9%、10.8% 和 37.0%。

表 3-2　3 个年份秋季北部湾鱼类共同优势种的相对重要性指数（IRI）

种名	1992 年	2001 年	2006 年
发光鲷 *Acropoma japonicum*	6153.9	4552.7	3223.0
带鱼 *Trichiurus haumela*	370.1	509.3	344.2
二长棘鲷 *Parargyrops edita*	219.8	698.7	575.5
黄斑鲾 *Leiognathus bindus*	188.8	533.9	3223.0
竹荚鱼 *Trachurus japonicus*	140.0	744.1	1516.4
黄带绯鲤 *Upeneus sulphureus*	113.0	299.5	109.8

在 3 个年份鱼类的优势种中，1992 年经济鱼类（长尾大眼鲷 *Priacanthus tayenus*、花斑蛇鲻 *Saurida undosquamis*、白姑鱼 *Argyrosomus argentatus*、带鱼、条尾绯鲤 *Upeneus bensasi*、二长棘鲷、马六甲绯鲤 *Upeneus moluccensis*、蓝圆鲹 *Decapterus maruadsi*、竹荚鱼、羽鳃鲐 *Rastrelliger kanagurta* 和黄带绯鲤）的质量占比合计为 37.5%，而低值鱼类（发光鲷、粗纹鲾 *Leiognathus lineolatus*、黄斑鲾、何氏鳐 *Raja hollandi* 和斑鳍红娘鱼 *Lepidotrigla punctipectoralis*）的质量占比合计为 34.0%；2001 年经济鱼类（竹荚鱼、二长棘鲷、带鱼、短尾大眼鲷 *Priacanthus macracanthus*、黄带绯鲤、多齿蛇鲻 *Saurida tumbil*、金线鱼 *Nemipterus virgatus*、大头白姑鱼 *Argyrosomus macrocephalus*、

白姑鱼和花斑蛇鲻）和低值鱼类的质量分别占 34.2% 和 36.1%；2006 年经济鱼类（竹荚鱼、二长棘鲷、带鱼、大头白姑鱼、短尾大眼鲷和黄带绯鲤）和低值鱼类的质量则分别占 31.0% 和 49.8%。由此可见，在 1992 年、2001 年和 2006 年 3 个时段，北部湾秋季经济鱼类逐年减少，而低值鱼类则逐年增加。

2. 优势种数量的变化趋势

以采样时间 t_i 为自变量，经对数转化后的鱼类渔获率为 Y_i，根据式（1-2）通过非线性迭代回归分析求算各共同优势种（发光鲷、带鱼、二长棘鲷、黄斑鲾、竹荚鱼和黄带绯鲤）的相关参数（表 3-3）。

表 3-3　根据鱼类渔获率用非线性迭代回归分析估算的相关参数

种类	参数	估算值	标准差	95% 置信区间		相关系数
				下限	上限	
黄斑鲾 *Leiognathus bindus*	a	−12.187	2.710	−17.602	−6.771	0.591
	b	$5.000×10^{-4}$	0*	0*	0.001	
	c	−6.217	2.839	−11.890	−0.544	
	d	53.186	4.376	44.441	61.931	
发光鲷 *Acropoma japonicum*	a	−10.012	3.603	−17.214	−2.811	0.558
	b	$5.432×10^{-4}$	0*	$8.635×10^{-5}$	0.001	
	c	−6.669	3.822	−14.310	0.972	
	d	50.267	6.713	36.847	63.686	
带鱼 *Trichiurus haumela*	a	2.440	2.324	−2.198	7.078	0.152
	b	$−6.833×10^{-5}$	0*	0*	0*	
	c	0.619	2.347	−4.064	5.303	
	d	48.188	54.793	−61.150	157.525	
黄带绯鲤 *Upeneus sulphureus*	a	2.964	2.464	−1.955	7.883	0.327
	b	$−4.583×10^{-5}$	0*	0*	0*	
	c	1.311	2.538	−3.757	6.379	
	d	−113.151	17.477	−148.044	−78.257	
二长棘鲷 *Parargyrops edita*	a	−4.176	2.694	−9.543	1.191	0.330
	b	0*	0*	0*	0*	
	c	1.546	2.754	−3.941	7.032	
	d	−110.637	19.658	−149.798	−71.476	
竹荚鱼 *Trachurus japonicus*	a	−6.921	3.680	−14.260	0.418	0.377
	b	0*	0*	0*	0.001	
	c	−0.846	3.664	−8.155	6.462	
	d	45.422	76.695	−107.543	198.386	

* 数值并非 0，绝对值小于 $1×10^{-5}$

对非线性迭代回归分析结果进行方差检验后，得出其相关系数 R 为 0.152 ～ 0.591，

因此，3 个年份鱼类共同优势种渔获率的年际和季节变化回归模型确定为

$$Y_{黄斑鲾}=-12.187+5.000\times10^{-4}t_i-6.217\times\cos[0.0172\times(t_i+53.186)]$$
$$Y_{发光鲷}=-10.012+5.432\times10^{-4}t_i-6.669\times\cos[0.0172\times(t_i+50.267)]$$
$$Y_{带鱼}=2.440-6.833\times10^{-5}t_i+0.619\times\cos[0.0172\times(t_i+48.188)]$$
$$Y_{黄带绯鲤}=2.964-4.583\times10^{-5}t_i+1.311\times\cos[0.0172\times(t_i-113.151)]$$
$$Y_{二长棘鲷}=-4.176+1.546\times\cos[0.0172\times(t_i-110.637)]$$
$$Y_{竹筴鱼}=-6.921-0.846\times\cos[0.0172\times(t_i+45.422)]$$

根据以上回归方程拟合的北部湾主要优势种鱼类渔获率的变化趋势见图 3-9，可以看出，在 6 种共同优势种中，黄斑鲾和发光鲷的渔获率均呈上升趋势，其趋势线斜率分别为 5.000×10^{-4} 和 5.432×10^{-4}；带鱼和黄带绯鲤的渔获率呈下降趋势，其趋势线斜率分别为 -6.833×10^{-5} 和 -4.583×10^{-5}；而二长棘鲷和竹筴鱼的渔获率基本保持不变，趋势线斜率绝对值小于 1×10^{-5}。由此可见，北部湾鱼类的优势种逐渐由价值较高的鱼类（带鱼和黄带绯鲤）向低值鱼类和小型鱼类（鲾类和发光鲷）演替，而繁殖力较强和寿命较短的鱼类（竹筴鱼和二长棘鲷）没有明显的变化。

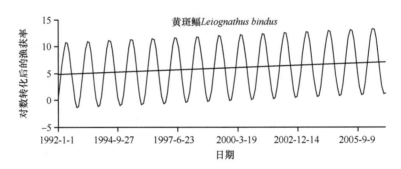

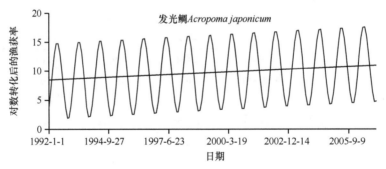

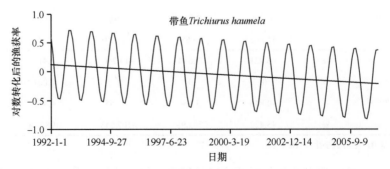

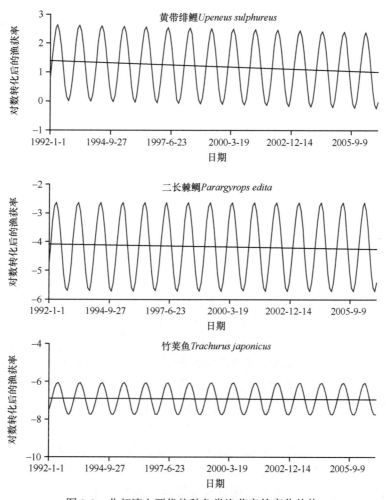

图 3-9　北部湾主要优势种鱼类渔获率的变化趋势

3.5　小结

3.5.1　资源密度变动原因

图 3-10 给出了 1960～2007 年南海三省（区）机动渔船数量与总功率的变化趋势，可以看出，1960 年以来，南海三省（区）的机动渔船发展很快，数量和总功率快速增长。1953 年南海的机动渔船仅有 4 艘，总功率约 595 kW。1960～1980 年，机动渔船数量平稳增长，到 1980 年机动渔船的数量约达 0.93 万艘，总功率约 0.55×10⁶ kW；1980～1990 年，机动渔船数量急剧增长，到 1990 年机动渔船的数量达 6.795 万艘，总功率约 1.86×10⁶ kW，与 1980 年相比，分别增长了 6.3 倍和 2.4 倍；1990～1995 年机动渔船数量保持稳定，1995 年以后又恢复增长势头，到 2007 年南海三省（区）机动渔船的数量已达 8.426 万艘，总功率达 3.73×10⁶ kW。

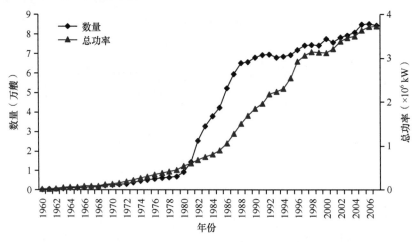

图 3-10 1960～2007 年南海三省（区）机动渔船数量与总功率的变化趋势

北部湾渔获率的变化除受自然环境的影响外，更重要的是捕捞效应的结果。从南海乃至全国海洋渔业的发展来看，20 世纪 50 年代后期机轮渔业开始发展，渔业劳动力自然增长，并且非渔业劳动力向捕捞业转移，因此我国的海洋捕捞能力持续增强。从20 世纪 80 年代初开始，随着渔业经营方式的变化，海洋捕捞能力再一次急剧增强。捕捞业的快速扩张和捕捞能力的增强导致渔业资源呈现快速下降趋势。袁蔚文等（1994）、邱永松（1995）分别对北部湾 1992～1993 年底拖网渔业资源状况、主要经济鱼类的评估和分析结果表明，与海洋渔业开发初期的 20 世纪 60 年代初相比，鱼类资源衰退十分明显，总资源量显著下降。自 20 世纪 80 年代以来，北部湾的海洋捕捞能力一直处于过剩状态，鱼类资源持续衰退。自 1999 年起，南海开始实施伏季休渔制度，严格控制捕捞业的发展，休渔使渔业资源下滑的趋势得到控制，资源基本稳定。此外，研究海域渔业资源量回升与过去几年国际原油价格一直攀升有关（图 3-11），原油价格升高使海上捕捞作业成本增加，从而导致捕捞力量减少。

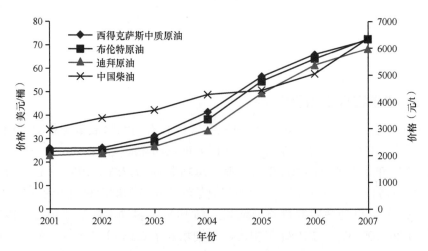

图 3-11 2001～2007 年国际原油价格的变化趋势

3.5.2　优势种数量变动原因

表 3-4 中为不同时期北部湾鱼类的优势种组成，可以看出，不同时期北部湾鱼类优势种组成的更替非常明显。红鳍笛鲷 *Lutjanus erythropterus* 曾是北部湾盛产的优质名鱼，1957～1960 年和 1961～1962 年红鳍笛鲷是北部湾渔获的重要组成部分，分别占渔获量的 10.7% 和 10.87%。此后，随着红鳍笛鲷子母钓和拖网的迅速发展，红鳍笛鲷的资源密度急剧下降。1961～1962 年红鳍笛鲷资源密度高达 229.5 kg/km^2，到了 1992～1993 年则只有 9.0 kg/km^2，1998～1999 年仅 0.48 kg/km^2。资源衰竭的鱼类还有长棘银鲈 *Gerres filamentosus*、黑印真鲨 *Carcharhinus menisorrah* 和灰裸顶鲷 *Gymnocranius griseus* 等优质鱼类。由于红鳍笛鲷等优质鱼类的个体大、寿命长和生长缓慢，其属于 *k* 选择类型，资源一旦被破坏，需要很长的时间才能逐步恢复。在近年的北部湾海洋调查中，只有较小的红鳍笛鲷幼鱼零星出现。2006 年，红鳍笛鲷仅占渔获组成的 0.02%。

表 3-4　不同时期北部湾鱼类的优势种组成

时期	优势种组成（%）
1957～1960 年	金线鱼属 *Nemipterus* 19.4%；红鳍笛鲷 10.7%；大眼鲷属 *Priacanthus* 9.6%；绯鲤属 *Upeneus* 8.1%；马拉巴裸胸鲹 *Caranx malabaricus* 4.0%；海鲇 *Arius thalassinus* 3.4%；二长棘鲷 2.4%；五棘银鲈 *Pentaprion longimanus* 1.5%；断斑石鲈 *Pomadasys hasta* 1.1%；白姑鱼属 *Argyrosomus* 0.9%
1961～1962 年	红鳍笛鲷 10.87%；马六甲绯鲤 *Upeneus moluccensis* 4.81%；黄带绯鲤 4.24%；波鳍金线鱼 *Nemipterus tolu* 3.84%；长棘银鲈 3.42%；鯻 *Terapon theraps* 3.25%；黑印真鲨 1.88%；马拉巴裸胸鲹 *Caranx malabaricus* 1.52%；短尾大眼鲷 1.51%；灰裸顶鲷 1.47%
1992 年	发光鲷 29.90%；白姑鱼 7.20%；长尾大眼鲷 5.80%；羽鳃鲐 4.66%；花斑蛇鲻 4.61%；带鱼 3.94%；马六甲绯鲤 2.54%；条尾绯鲤 2.41%；蓝圆鲹 2.28%；二长棘鲷 1.74%；何氏鳐 1.69%；竹荚鱼 1.42%；斑鳍红娘鱼 1.08%；黄带绯鲤 0.94%；粗纹鲾 0.83%；黄斑鲾 0.52%
2001 年	鳃斑石鲈 12.82%；发光鲷 10.76%；带鱼 5.71%；竹荚鱼 5.52%；二长棘鲷 5.10%；短尾大眼鲷 4.68%；大头白姑鱼 4.17%；尖嘴魟 *Dasyatis zugei* 4.12%；白姑鱼 2.77%；月腹刺鲀 *Gastrophysus lunaris* 2.65%；斑鳍天竺鱼 *Apogonichthys carinatus* 2.49%；金线鱼 2.27%；黄带绯鲤 2.08%；棕腹刺鲀 *Gastrophysus spadiceus* 2.02%；多齿蛇鲻 1.20%；黄斑鲾 1.18%；花斑蛇鲻 0.64%
2006 年	发光鲷 36.99%；竹荚鱼 14.85%；黄斑鲾 8.77%；二长棘鲷 5.34%；大头白姑鱼 4.64%；带鱼 3.82%；短尾大眼鲷 1.49%；棕腹刺鲀 1.44%；鹿斑鲾 *Leiognathus ruconius* 0.96%；斑鳍天竺鱼 0.90%；黄带绯鲤 0.85%；细纹鲾 *Leiognathus berbis* 0.70%

资料来源：胡建宇和杨圣云（2008）；袁蔚文等（1994）

从 2006 年北部湾鱼类的优势种可以看出，发光鲷的渔获量居于首位。发光鲷在 20 世纪 60 年代渔获比例很小，并未引起人们的注意。由于发光鲷、鲾等小型鱼类的生命短、生长快，其属于 *r* 选择类型，随着个体较大鱼类的减少，发光鲷和鲾等小型鱼类的渔获比例逐渐增大。在近年的调查中，发光鲷所占比例逐渐增大，如 1992 年秋季占 29.90%，2001 年秋季占 10.76%，2006 年秋季高达 36.99%。

二长棘鲷、白姑鱼属（白姑鱼、大头白姑鱼和斑鳍白姑鱼 *Argyrosomus pawak*）、蛇鲻（多齿蛇鲻和花斑蛇鲻）、蓝圆鲹和竹荚鱼是北部湾较为稳定的资源种类，尽管这些鱼在不同时期的渔获有所差别，但是基本都为各次调查的优势种类，属于正常的波动。

可见，北部湾鱼类优势种更替的总体趋势为 *k* 选择类型被 *r* 选择类型替代，即寿命长、个体大和营养级高的鱼类减少（以红鳍笛鲷、黑印真鲨和灰裸顶鲷等为代表），寿命短、个体小和营养级较低的鱼类增多（以发光鲷、鲾类和天竺鱼等为代表）。

北部湾鱼类优势种的更替是海洋食物网控制机制中"下行控制（top-down control）"的具体表现，较高营养级的肉食性鱼类（红鳍笛鲷、黑印真鲨和灰裸顶鲷等）减少，势必使被捕食者（发光鲷、鲾类和天竺鱼等）增加。研究表明，北部湾海洋生态系统的营养结构发生了明显的变化，游泳动物食性鱼类和底栖生物食性鱼类的种数日益减少，而浮游生物食性鱼类的种数及其渔获比例明显增加。

3.5.3　空间分布差异原因

从空间分布分析可看出，北部湾渔获率的分布特征为原共同渔区（原共同渔区北部、原共同渔区中部、原共同渔区南部）明显高于东部沿海（东北部、原过渡性水域、海南岛西岸），即沿岸海域渔获率低于近海海域。渔获率的水深分布也表明，北部湾的捕捞作业主要集中在沿岸和东北部浅海，各区域的资源利用并不平衡，沿岸浅海捕捞过度是北部湾渔业资源衰退的主要原因。

据报道，南海海洋捕捞机动渔船从1953年的4艘，发展到1997年的73 997艘，其中90%以上的渔船集中在南海北部沿岸和近海捕捞。迅速扩张的沿岸工程、严重的水体环境污染及过度的渔业捕捞等，导致沿岸鱼类的产卵场和育肥场萎缩及栖息环境恶化。为保护经济鱼类幼鱼和幼虾，1980年国务院批准划定了南海机动渔船底拖网禁渔区线，广东、广西和海南三省（区）分别设立了幼鱼幼虾保护区、禁渔区和禁渔期。但由于执法力量薄弱和管理力度不够，沿海地区的许多渔民在禁渔区和禁渔期内进行违规捕捞的情况屡禁不止，且渔获物以幼鱼为主，导致沿岸渔业资源的衰退和鱼类的小型化。

3.5.4　结论

本章根据1961～1962年、1992～1993年、1997～1999年、2000～2001年、2001～2002年和2006～2007年在北部湾进行的底拖网渔业资源调查数据，分析北部湾鱼类数量的空间分布，并通过建立非线性回归模型对北部湾鱼类数量和优势种数量的变化趋势进行了分析，初步得出了以下结论。

1）北部湾鱼类优势种更替明显。在北部湾3个年份（1992年、2001年和2006年）秋季出现的共同优势种（发光鲷、带鱼、二长棘鲷、黄斑鲾、竹䇲鱼和黄带绯鲤）中，其优势地位发生了明显的更替，具体表现为：优势种逐渐由价值较高的鱼类（带鱼和黄带绯鲤）向低值和小型的鱼类（黄斑鲾和发光鲷）演替，而繁殖力较强和寿命较短的鱼类（竹䇲鱼和二长棘鲷）变动较小。

2）北部湾渔获率存在明显的区域差异。原共同渔区的渔获率总体高于东部沿海，其中东部沿海的平均总渔获率为81.99 kg/h，海南岛西岸的渔获率最高（102.70 kg/h），其次为东北部（71.38 kg/h），原过渡性水域的渔获率最低（67.96 kg/h）；原共同渔区的平均总渔获率为141.50 kg/h，南部的渔获率最高（195.56 kg/h），其次为中部（169.04 kg/h），北部的渔获率最低（62.54 kg/h）。

3）北部湾渔获率垂直变化较为明显。2007年采样的水深范围为16～92 m，总渔获率随水深的变化不是特别明显，但水深60 m为分界线，60 m以浅的平均渔获率均在100 kg/h以下，60 m以深的平均渔获率均超过130 kg/h，最高渔获率出现于水深70～80 m处，渔获率达到202.90 kg/h。

第4章 南海诸岛海域渔业资源

4.1 概述

南海诸岛海域主要是指东沙群岛、西沙群岛、中沙群岛和南沙群岛海域。由于受远离大陆、海况恶劣、主权争议等种种条件的限制，南海诸岛海域渔业资源调查较少开展。其中，东沙群岛仅有福建省水产研究所于 1986 ～ 1987 年在其北部开展的一次以探捕为目的的渔业资源科学考察。本章基于 1974 ～ 2003 年中国水产科学研究院南海水产研究所在西沙群岛、中沙群岛和南沙群岛海域开展的 15 个航次、362 站次的渔业资源科学考察数据，并结合福建省水产研究所的调查报告，对南海诸岛海域的渔业资源状况进行分析。

南沙群岛西南陆架区渔业资源调查包括 5 个航次，1990 年调查了 60 个站位，1992 年调查了 88 个站位，1993 年调查了 145 个站位，2000 年调查了 15 个站位，2003 年调查了 105 个站位。为便于分析，将南沙群岛西南陆架区调查范围划分为北部海域、中部海域和南部海域 3 个区域，见图 4-1。

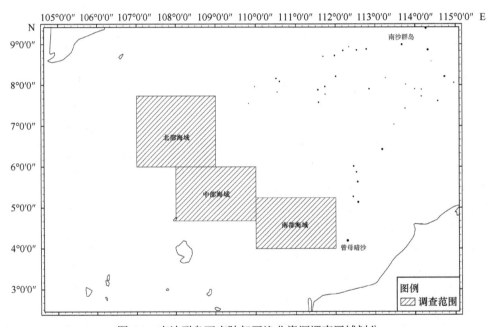

图 4-1　南沙群岛西南陆架区渔业资源调查区域划分

4.2 东沙群岛北部海域底层鱼类资源

4.2.1 种类组成

根据 1986 ～ 1987 年采获的标本，东沙群岛北部海域共鉴定鱼类 228 种，隶属于 21 目 88 科 173 属，详细的种类组成见附录。硬骨鱼类共记录 16 目 77 科 162 属 214 种，占渔获种类的 93.9%。其中，鲈形目鱼类最多，有 37 科 82 属 112 种，占硬骨鱼类的

52.3%；其次是鲉形目和鲀形目。软骨鱼类共记录 5 目 11 科 11 属 14 种，占渔获种类的 6.1%（表 4-1）。

表 4-1　1986～1987 年东沙群岛北部海域鱼类组成

序号	目名		科数	属数	种数
1	鲱形目	Clupeiformes	2	2	2
2	灯笼鱼目	Myctophiformes	1	3	6
3	鲤形目	Cypriniformes	1	1	1
4	鳗鲡目	Anguilliformes	4	7	11
5	颌针鱼目	Beloniformes	1	1	1
6	海龙鱼目	Syngnathiformes	4	4	5
7	月鱼目	Lampridiformes	1	1	1
8	金眼鲷目	Beryciformes	3	4	4
9	海鲂目	Zeiformes	2	2	2
10	鲻形目	Mugiliformes	1	1	1
11	鲈形目	Perciformes	37	82	112
12	鲉形目	Scorpaeniformes	8	25	31
13	鲽形目	Pleuronectiformes	3	9	12
14	鲀形目	Tetraodontiformes	5	16	20
15	海蛾鱼目	Pegasiformes	1	1	1
16	鮟鱇目	Lophiiformes	3	3	4
17	虎鲨目	Heterodontiformes	1	1	1
18	鼠鲨目	Lamniformes	4	4	4
19	鳐形目	Rajiformes	3	3	4
20	鲼形目	Myliobatiformes	2	2	4
21	电鳐目	Torpediniformes	1	1	1
合计			88	173	228

4.2.2　渔获物组成

东沙群岛北部海域底层拖网渔获组成复杂，种类繁多，一般网次渔获种类有 30～40 种，最多达 100 多种，但构成主要渔获的种类却不多，据统计，在总渔获物中占据较高渔获比例的种类有：红鳍裸颊鲷（13.5%）、细鳞三棱鲈（9.7%）、真鲷（7.3%）、花斑蛇鲻（6.9%）、大头狗母鱼（6%）和叶鲷（5.9%）等。此外，石斑鱼、多板盾尾鱼、蓝圆鲹、灰裸顶鲷、黄带副绯鲤、条尾绯鲤、二长棘鲷、瑞氏红鲂鮄、斑条舒、竹荚鱼、短尾大眼鲷、画眉笛鲷、长蛇鲻、日本海鲂、胡椒鲷、头足类、鲨类和缸鳐类在渔获物中也占一定的比例。

4.2.3　渔获率与资源密度

1. 区域变化

东沙群岛北部海域底层鱼类资源调查采用底层拖网作业形式，分别于 1986 年 6～8

月、1987 年 2～3 月和 6～9 月对 21°30′～22°15′N、115°30′～118°E 海域的 6 个区域进行了 9 个航次的调查，选用每个区域的中心位置作为各区域的代表站位，进行数量分布分析。渔获率和资源密度最高的是位于调查海域中部的 S4 站，分别为 299.1 kg/h 和 4523.9 kg/km²。其他站位的渔获率和资源密度依次为：S6 站 166.5 kg/h 和 2518.3 kg/km²；S1 站 117.8 kg/h 和 1781.7 kg/km²；S5 站 108.5 kg/h 和 1641.1 kg/km²；S2 站 103.7 kg/h 和 1568.9 kg/km²；S3 站 45.5 kg/h 和 688.2 kg/km²（表 4-2）。

表 4-2   东沙群岛北部海域各区域渔获率与资源密度

站位	纬度	经度	渔获率（kg/h）			资源密度（kg/km²）		
			1986 年	1987 年	平均	1986 年	1987 年	平均
S1	22°15′N	117°15′E	116.1	119.0	117.8	1756.0	1799.9	1781.7
S2	22°15′N	117°45′E	100.5	105.9	103.7	1520.1	1601.7	1568.9
S3	21°45′N	115°45′E	45.5	/	45.5	688.2	/	688.2
S4	21°45′N	116°15′E	299.1	/	299.1	4523.9	/	4523.9
S5	21°45′N	116°45′E	110.0	100.0	108.5	1663.7	1512.5	1641.1
S6	21°45′N	117°15′E	179.9	139.8	166.5	2721.0	2114.5	2518.3

2. 时间变化

1986～1987 年调查期间，有效作业共 237 网次，总渔获量达 80 334 kg，平均渔获率为 134.0 kg/h，平均资源密度为 2026.7 kg/km²。1986 年 6～8 月，平均渔获率和平均资源密度分别为 155.5 kg/h 和 2351.9 kg/km²；1987 年 2～3 月和 6～9 月，平均渔获率和平均资源密度分别为 120.4 kg/h 和 1820.5 kg/km²。其中，1986 年 8 月平均渔获率和平均资源密度最高，分别为 200.0 kg/h 和 3025.0 kg/km²；1987 年 7 月平均渔获率和平均资源密度最低，分别为 50.2 kg/h 和 759.3 kg/km²（表 4-3）。

表 4-3   东沙群岛北部海域各月渔获率与资源密度

时间（年 - 月）	总渔获量	渔获率（kg/h）	资源密度（kg/km²）
1986-6	10 605	84.5	1 278.1
1986-7	23 985	182.0	2 752.7
1986-8	11 500	200.0	3 025.0
1986 年小计	46 090	155.5	2 351.9
1987-2	7 583	96.6	1 461.1
1987-3	9 010	151.7	2 294.5
1987-6	6 180	108.9	1 647.1
1987-7	515	50.2	759.3
1987-8	7 456	120.4	1 821.0
1987-9	3 500	194.4	2 940.3
1987 年小计	34 244	120.4	1 820.5
合计	80 334	134.0	2 026.7

3. 垂直变化

在整个调查海区 60 ～ 100 m 的水深范围内，共划分 3 个水深级分析渔获量的分布（表 4-4）。可以看出，东沙群岛北部海域不同水深级的渔获量有显著差别，呈现出水深越大，渔获量越高的趋势，其中 60 ～ 80 m 水深投网 78 网次，渔获 21 072 kg，平均网产和平均每小时渔获量仅分别为 270.2 kg/ 网次和 106.6 kg/h；80 ～ 90 m 水深投网 147 网次，渔获 51 531 kg，平均网产和平均每小时渔获量分别为 350.6 kg/ 网次和 138.6 kg/h；90 ～ 100 m 水深投网 10 网次，渔获 7596 kg，平均网产和平均每小时渔获量分别达 759.6 kg/ 网次和 281.9 kg/h。

表 4-4　东沙群岛北部海域不同水深级的渔获量分布

项目	水深（m）		
	60 ～ 80	80 ～ 90	90 ～ 100
作业网次	78	147	10
渔获量（kg）	21 072	51 531	7 596
平均网产（kg/ 网次）	270.2	350.6	759.6
平均每小时渔获量（kg/h）	106.6	138.6	281.9

4. 渔业资源特点

东沙群岛北部海域鱼类种类繁多，组成复杂，已鉴定的有 228 种，隶属于 21 目 88 科 173 属。其中，硬骨鱼类占 93.9%，软骨鱼类占 6.1%；近底层、底层及珊瑚礁性鱼类占 91.9%，中上层鱼类占 8.1%；暖水性种类占 84.5%，暖温性种类占 15.5%。渔获种类组成既有近海鱼种，又有外海深水鱼类，如瑞氏红鲂鮄、海蛾鱼等。此外，还有属外海、大洋性鱼类，如东方狐鲣、扁舵鲣等。群体数量除部分中上层鱼类相对较大外，一般底层鱼类的种群数量较小。

由于东沙群岛北部海域渔场环境复杂，鱼类组成和数量分布呈现出很大的差异性，不同的捕捞作业方式渔获物组成存在很大差异，即使是同一种捕捞作业方式，在不同海区或不同时间的渔获种类和主要渔获物种类组成也有所变化，其变化有时很大，呈现出多样性和复杂性。就底拖网作业方式而言，如在底质复杂的海区采用拖礁边作业方式时，其渔获种类多，组成也比较复杂，渔获对象以底层、近底层和珊瑚礁鱼类占绝对优势，很少捕获中上层鱼类，种类组成几乎为成鱼，主要种类为红鳍裸颊鲷、细鳞三棱鲈、真鲷、叶鲷和石斑鱼等，鱼体普遍较大，而且具有较高的经济价值；而在底质较为平坦的深海区采用疏目快拖作业方式时，其渔获种类较少，组成也比较简单，花斑蛇鲻、大头狗母鱼、条尾绯鲤和二长棘鲷等在渔获物中所占比例较高。底拖网在调查海域 60 ～ 100 m 水深的调查结果还存在着作业水深越深，渔获量越高的趋势。

4.3　南沙群岛西南陆架区底层鱼类资源

4.3.1　种类组成

1990 ～ 2003 年，在南沙群岛西南陆架区海域共鉴定鱼类 340 种，隶属于 37 目

126 科 235 属（表 4-5）。硬骨鱼类共记录 30 目 111 科 212 属 308 种，占渔获种类的 90.6%。其中，鲈形目鱼类最多，有 40 科 74 属 114 种，占硬骨鱼类的 37%；其次是鲀形目和鲹形目。软骨鱼类共记录 7 目 15 科 23 属 32 种，占渔获种类的 9.4%。此外，还有头足类 3 目，甲壳类 2 目。

表 4-5　1990～2003 年南沙群岛西南陆架区海域鱼类组成

序号	目名		科数	属数	种数
1	鮟鱇目	Lophiiformes	4	4	6
2	刺尾鱼目	Acanthuriformes	6	10	10
3	电鳐目	Torpediniformes	1	1	1
4	鲽形目	Pleuronectiformes	7	17	24
5	鲱形目	Clupeiformes	1	2	2
6	钩头鱼目	Kurtiformes	1	3	12
7	鲑形目	Salmoniformes	1	1	1
8	海鲂目	Zeiformes	1	1	1
9	海鲢目	Elopiformes	1	1	1
10	海龙鱼目	Syngnathiformes	8	12	17
11	胡瓜鱼目	Osmeriformes	1	1	1
12	鳂形目	Holocentriformes	1	2	3
13	金眼鲷目	Beryciformes	2	2	2
14	鲈形目	Perciformes	40	74	114
15	鳗鲡目	Anguilliformes	5	7	8
16	发光鲷目	Acropomatiformes	1	1	2
17	鲇形目	Siluriformes	2	2	4
18	鲭形目	Scombriformes	5	13	15
19	棘臀鱼目	Centrarchiformes	1	1	2
20	鲹形目	Carangiformes	3	17	26
21	鼠鳝目	Gonorynchiformes	1	1	1
22	水珍鱼目	Argentiniformes	1	1	1
23	燧鲷目	Trachichthyiformes	1	1	1
24	鲀形目	Tetraodontiformes	8	25	34
25	鳚形目	Blenniiformes	1	1	1
26	仙女鱼目	Aulopiformes	1	4	9
27	鳕形目	Gadiformes	1	1	2
28	鳐形目	Rajiformes	1	1	2
29	鼬鳚目	Ophidiiformes	1	2	2
30	月鱼目	Lampridiformes	3	3	3
31	扁鲨目	Squatiniformes	1	1	1
32	虎鲨目	Heterodontiformes	1	1	1
33	犁头鳐目	Rhinopristiformes	2	3	4
34	鼠鲨目	Lamniformes	1	1	2
35	须鲨目	Orectolobiformes	3	3	6
36	鲼形目	Myliobatiformes	4	6	7
37	真鲨目	Carcharhiniformes	3	8	11
	合计		126	235	340

4.3.2　渔获率与资源密度

1. 1990 年渔获率与资源密度

1990 年南沙群岛西南陆架区游泳动物的平均渔获率和平均资源密度分别为 121.44 kg/h 和 1078.48 kg/km²，中部海域最高，分别为 177.34 kg/h 和 1574.94 kg/km²；北部海域最低，分别为 80.54 kg/h 和 715.24 kg/km²。各类群中，鱼类的平均渔获率和平均资源密度分别为 116.34 kg/h 和 1033.22 kg/km²，中部海域最高，分别为 172.42 kg/h、1531.27 kg/km²，北部海域最低，分别为 75.39 kg/h、669.55 kg/km²。头足类的平均渔获率和平均资源密度分别为 4.94 kg/h 和 43.87 kg/km²，东部海域最高，分别为 5.04 kg/h、44.72 kg/km²，中部海域最低，分别为 4.87 kg/h、43.28 kg/km²。甲壳类的平均渔获率和平均资源密度分别为 0.53 kg/h 和 4.71 kg/km²，北部海域最高，分别为 0.63 kg/h、5.58 kg/km²，中部海域最低，分别为 0.48 kg/h、4.25 kg/km²，见表 4-6。

表 4-6　1990 年南沙群岛西南陆架区渔业资源渔获率与资源密度

区域	纬度	经度	鱼类		头足类		甲壳类		游泳动物	
			渔获率 (kg/h)	资源密度 (kg/km²)	渔获率 (kg/h)	资源密度 (kg/km²)	渔获率 (kg/h)	资源密度 (kg/km²)	渔获率 (kg/h)	资源密度 (kg/km²)
北部	6°～9°N	106°15′～110°E	75.39	669.55	4.91	43.60	0.63	5.58	80.54	715.24
中部	4°～6°N	106°15′～110°E	172.42	1531.27	4.87	43.28	0.48	4.25	177.34	1574.94
东部	4°～6°N	110°～112°35′E	101.21	898.82	5.04	44.72	0.48	4.29	106.44	945.25
平均			116.34	1033.22	4.94	43.87	0.53	4.71	121.44	1078.48

2. 1992 年渔获率与资源密度

1992 年南沙群岛西南陆架区游泳动物平均渔获率和平均资源密度分别为 229.19 kg/h 和 2066.07 kg/km²，东部海域最高，分别为 238.10 kg/h、2164.62 kg/km²，北部海域最低，分别为 216.88 kg/h、1900.46 kg/km²。各类群中，鱼类的平均渔获率和平均资源密度分别为 220.55 kg/h 和 1988.34 kg/km²，东部海域最高，分别为 232.32 kg/h、2111.01 kg/km²，北部海域最低，分别为 204.52 kg/h、1793.63 kg/km²。头足类平均渔获率和平均资源密度分别为 7.57 kg/h 和 67.92 kg/km²，北部海域最高，分别为 10.7 kg/h、92.41 kg/km²，东部海域最低，分别为 5.15 kg/h、47.79 kg/km²。甲壳类平均渔获率和平均资源密度分别为 1.74 kg/h 和 15.72 kg/km²，北部海域最高，分别为 2.83 kg/h、24.70 kg/km²，东部海域最低，分别为 0.91 kg/h、8.47 kg/km²，见表 4-7。

表 4-7　1992 年南沙群岛西南陆架区渔业资源渔获率与资源密度

区域	纬度	经度	鱼类		头足类		甲壳类		游泳动物	
			渔获率 (kg/h)	资源密度 (kg/km²)	渔获率 (kg/h)	资源密度 (kg/km²)	渔获率 (kg/h)	资源密度 (kg/km²)	渔获率 (kg/h)	资源密度 (kg/km²)
北部	6°～9°N	106°15′～110°E	204.52	1793.63	10.70	92.41	2.83	24.70	216.88	1900.46

区域	纬度	经度	鱼类		头足类		甲壳类		游泳动物	
			渔获率 (kg/h)	资源密度 (kg/km²)	渔获率 (kg/h)	资源密度 (kg/km²)	渔获率 (kg/h)	资源密度 (kg/km²)	渔获率 (kg/h)	资源密度 (kg/km²)
中部	4°～6°N	106°15′～110°E	224.80	2060.38	6.84	63.57	1.47	13.98	232.60	2133.12
东部	4°～6°N	110°～112°35′E	232.32	2111.01	5.15	47.79	0.91	8.47	238.10	2164.62
平均			220.55	1988.34	7.57	67.92	1.74	15.72	229.19	2066.07

3. 1993 年渔获率与资源密度

1993 年南沙群岛西南陆架区游泳动物平均渔获率和平均资源密度分别为 243.92 kg/h 和 2276.83 kg/km²，中部海域渔获率和资源密度最高，分别为 249.32 kg/h、2326.05 kg/km²，东部海域渔获率和资源密度最低，分别为 238.56 kg/h、2228.06 kg/km²。各类群中，鱼类平均渔获率和平均资源密度分别为 235.44 kg/h 和 2199.01 kg/km²，中部海域渔获率和资源密度最高，分别为 241.30 kg/h、2251.95 kg/km²，东部海域渔获率和资源密度最低，分别为 231.61 kg/h、2163.25 kg/km²。头足类平均渔获率和平均资源密度分别为 7.96 kg/h 和 73.06 kg/km²，北部海域渔获率和资源密度最高，分别为 9.92 kg/h、89.72 kg/km²，东部海域渔获率和资源密度最低，分别为 6.42 kg/h、59.82 kg/km²。甲壳类平均渔获率和平均资源密度分别为 1.20 kg/h 和 11.05 kg/km²，北部海域渔获率和资源密度最高，分别为 1.23 kg/h、11.28 kg/km²，中部海域渔获率和资源密度最低，分别为 1.16 kg/h、10.75 kg/km²，见表 4-8。

表 4-8　1993 年南沙群岛西南陆架区渔业资源渔获率与资源密度

区域	纬度	经度	鱼类		头足类		甲壳类		游泳动物	
			渔获率 (kg/h)	资源密度 (kg/km²)	渔获率 (kg/h)	资源密度 (kg/km²)	渔获率 (kg/h)	资源密度 (kg/km²)	渔获率 (kg/h)	资源密度 (kg/km²)
北部	6°～9°N	106°15′～110°E	233.42	2181.82	9.92	89.72	1.23	11.28	243.87	2276.38
中部	4°～6°N	106°15′～110°E	241.30	2251.95	7.53	69.63	1.16	10.75	249.32	2326.05
东部	4°～6°N	110°～112°35′E	231.61	2163.25	6.42	59.82	1.19	11.12	238.56	2228.06
平均			235.44	2199.01	7.96	73.06	1.20	11.05	243.92	2276.83

4. 2000 年渔获率与资源密度

2000 年南沙群岛西南陆架区游泳动物的平均渔获率和平均资源密度分别为 8.32 kg/h 和 65.46 kg/km²，东部海域最高，分别为 10.95 kg/h、84.77 kg/km²，中部海域最低，分别为 3.84 kg/h 和 32.07 kg/km²。各类群中，鱼类平均渔获率和平均资源密度分别为 7.42 kg/h 和 58.51 kg/km²，北部海域最高，分别为 9.53 kg/h、74.58 kg/km²，中部海域最低，分别为 3.50 kg/h、29.30 kg/km²。头足类平均渔获率和平均资源密度分别为 0.46 kg/h 和 3.59 kg/km²，北部海域最高，分别为 0.71 kg/h、5.59 kg/km²，中部海域最低，分别为

0.24 kg/h、1.99 kg/km²。甲壳类平均渔获率和平均资源密度分别为 1.65 kg/h 和 12.64 kg/km²，东部海域最高，分别为 4.74 kg/h、36.21 kg/km²，中部海域最低，分别为 0.10 kg/h、0.78 kg/km²，见表 4-9。

表 4-9　2000 年南沙群岛西南陆架区渔业资源渔获率与资源密度

区域	纬度	经度	鱼类		头足类		甲壳类		游泳动物	
			渔获率(kg/h)	资源密度(kg/km²)	渔获率(kg/h)	资源密度(kg/km²)	渔获率(kg/h)	资源密度(kg/km²)	渔获率(kg/h)	资源密度(kg/km²)
北部	6°～9°N	106°15′～110°E	9.53	74.58	0.71	5.59	0.12	0.94	10.16	79.55
中部	4°～6°N	106°15′～110°E	3.50	29.30	0.24	1.99	0.10	0.78	3.84	32.07
东部	4°～6°N	110°～112°35′E	9.23	71.64	0.42	3.20	4.74	36.21	10.95	84.77
平均			7.42	58.51	0.46	3.59	1.65	12.64	8.32	65.46

5. 2003 年渔获率与资源密度

2003 年南沙群岛西南陆架区游泳动物的平均渔获率和平均资源密度分别为 120.35 kg/h 和 1100.77 kg/km²，中部海域最高，分别为 155.74 kg/h、1405.80 kg/km²，北部海域最低，分别为 89.90 kg/h、806.60 kg/km²。各类群中，鱼类平均渔获率和平均资源密度分别为 117.07 kg/h 和 1069.84 kg/km²，中部海域最高，分别为 153.37 kg/h、1383.45 kg/km²，北部海域最低，分别为 86.49 kg/h、775.39 kg/km²。头足类平均渔获率和平均资源密度分别为 6.54 kg/h 和 61.25 kg/km²，北部海域最高，分别为 8.75 kg/h、80.18 kg/km²，东部海域最低，分别为 5.10 kg/h、49.66 kg/km²。甲壳类平均渔获率和平均资源密度分别为 0.75 kg/h 和 6.73 kg/km²，东部海域最高，分别为 0.93 kg/h、8.60 kg/km²，北部海域最低，分别为 0.63 kg/h、5.58 kg/km²，见表 4-10。

表 4-10　2003 年南沙群岛西南陆架区渔业资源渔获率与资源密度

区域	纬度	经度	鱼类		头足类		甲壳类		游泳动物	
			渔获率(kg/h)	资源密度(kg/km²)	渔获率(kg/h)	资源密度(kg/km²)	渔获率(kg/h)	资源密度(kg/km²)	渔获率(kg/h)	资源密度(kg/km²)
北部	6°～9°N	106°15′～110°E	86.49	775.39	8.75	80.18	0.63	5.58	89.90	806.60
中部	4°～6°N	106°15′～110°E	153.37	1383.45	5.78	53.91	0.68	6.00	155.74	1405.80
东部	4°～6°N	110°～112°35′E	111.36	1050.69	5.10	49.66	0.93	8.60	115.41	1089.90
平均			117.07	1069.84	6.54	61.25	0.75	6.73	120.35	1100.77

6. 资源密度年际变化

1990～2003 年南沙群岛西南陆架区北部、中部及东部海域的资源密度变化趋势相同，均呈现先上升后下降再回升的趋势（图 4-2）。其中，1990～1993 年资源密度呈上升趋势，而 1993～2000 年资源密度急剧下降，2000 年资源密度降至最低，2003 年资源密度又呈现较明显的上升趋势。2003 年南沙群岛西南陆架区北部和东部海域资源密度均超过 1990 年水平,中部海域资源密度也接近 1993 年水平。

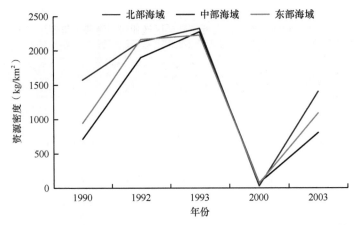

图 4-2　1990 ～ 2003 年南沙群岛西南陆架区游泳动物资源密度变化趋势

4.4　西沙群岛、中沙群岛海域底层鱼类资源

4.4.1　种类组成

西沙群岛、中沙群岛海域共采获鱼类 602 种,隶属于 25 目 115 科 281 属。硬骨鱼类共记录 17 目 95 科 252 属 562 种,占渔获种类的 93.4%。其中,鲈形目鱼类最多,有 51 科 167 属 414 种,占硬骨鱼类的 73.7%;其次是鲉形目。软骨鱼类共记录 8 目 20 科 29 属 40 种,占渔获种类的 6.6%(表 4-11)。

表 4-11　西沙群岛、中沙群岛海域鱼类组成

序号	目名		科数	属数	种数
1	鮟鱇目	Lophiiformes	3	4	4
2	刺尾鱼目	Acanthuriformes	2	3	4
3	灯笼鱼目	Myctophiformes	3	4	6
4	鲽形目	Pleuronectiformes	2	2	3
5	颌针鱼目	Beloniformes	3	8	17
6	鲱形目	Clupeiformes	4	4	4
7	海蛾鱼目	Pegasiformes	1	1	1
8	海龙鱼目	Syngnathiformes	5	7	7
9	鳂形目	Holocentriformes	1	1	1
10	金眼鲷目	Beryciformes	2	3	19
11	鲈形目	Perciformes	51	167	414
12	鳗鲡目	Anguilliformes	3	5	18
13	鲭形目	Scombriformes	1	3	3

序号	目名		科数	属数	种数
14	鲹形目	Carangiformes	4	10	12
15	鲀形目	Tetraodontiformes	6	24	39
16	仙女鱼目	Aulopiformes	1	1	1
17	鲻形目	Mugiliformes	3	5	9
18	角鲨目	Squaliformes	1	1	2
19	犁头鳐目	Rhinopristiformes	2	2	2
20	六鳃鲨目	Hexanchiformes	1	1	2
21	鼠鲨目	Lamniformes	8	13	19
22	鲼形目	Myliobatiformes	2	2	2
23	鳐形目	Rajiformes	2	4	4
24	银鲛目	Chimaeriformes	1	1	1
25	真鲨目	Carcharhiniformes	3	5	8
	合计		115	281	602

4.4.2 数量变化

由于作业方式不同，根据每种作业方式分别将数据标准化。按捕捞努力量计算渔获质量和渔获尾数，即计算单位捕捞努力量渔获量（CPUE）。流刺网和延绳钓两种作业方式每进行一次作业投入的捕捞努力量的单位分别取 1000 m 和 100 钩。为了将按尾数和按质量计算的 CPUE 区别开来，把按质量计算的单位捕捞努力量渔获量称作 CPUE，流刺网和延绳钓两种作业方式 CPUE 的单位分别为 kg/1000 m 和 kg/100 钩；把按尾数计算的单位捕捞努力量渔获量按流刺网和延绳钓分别称为渔获率和上钩率，单位分别为尾 /1000 m 和尾 /100 钩。

1. 延绳钓渔获率和 CPUE

延绳钓作业方式共调查 31 个站位，平均渔获率和 CPUE 分别为 14.35 尾 /100 钩和 308.21 kg/100 钩。位于调查海域最东部的 S3 站的渔获率最高，达到 77.50 尾 /100 钩，CPUE 为 3013.00 kg/100 钩。渔获率最低的是 S15 站和 S28 站，均为 2.50 尾 /100 钩（表 4-12）。

表 4-12 西沙群岛、中沙群岛海域延绳钓渔获率和 CPUE

站位	纬度	经度	渔获量（kg）	尾数（尾）	CPUE（kg/100 钩）	渔获率（尾/100 钩）
S1	15°50′15″N	114°5′10″E	60.80	6.00	152.00	15.00
S2	16°10′37″N	114°41′44″E	43.05	4.00	107.63	10.00
S3	16°3′19″N	114°51′05″E	1205.20	31.00	3013.00	77.50
S4	15°42′12″N	114°39′18″E	134.70	4.00	336.75	10.00
S5	15°27′04″N	114°12′04″E	15.90	4.00	39.75	10.00
S6	15°29′51″N	113°50′38″E	270.65	21.00	676.63	52.50
S7	15°37′54″N	113°41′00″E	7.37	4.00	18.43	10.00
S8	15°58′40″N	114°21′58″E	188.50	4.00	471.25	10.00

续表

站位	纬度	经度	渔获量（kg）	尾数（尾）	CPUE（kg/100 钩）	渔获率（尾/100钩）
S9	16°3′11″N	114°29′52″E	46.45	7.00	116.13	17.50
S10	15°59′29″N	114°39′07″E	33.70	2.00	84.25	5.00
S11	15°55′07″N	114°29′10″E	21.85	4.00	54.63	10.00
S12	15°43′22″N	114°22′17″E	58.90	5.00	147.25	12.50
S13	15°49′25″N	113°55′04″E	23.10	5.00	57.75	12.50
S14	16°48′09″N	112°21′12″E	47.40	3.00	118.50	7.50
S15	16°13′38″N	111°48′25″E	100.00	1.00	250.00	2.50
S16	16°12′10″N	111°45′28″E	201.05	2.00	502.63	5.00
S17	16°26′36″N	111°33′05″E	24.95	3.00	62.38	7.50
S18	16°26′43″N	111°31′11″E	23.80	4.00	59.50	10.00
S19	16°19′59″N	112°1′28″E	102.35	3.00	255.88	7.50
S20	17°4′57″N	111°32′14″E	237.72	8.00	594.30	20.00
S21	17°4′23″N	111°30′26″E	4.03	2.00	10.08	5.00
S22	16°4′45″N	112°36′05″E	67.90	7.00	169.75	17.50
S23	16°5′24″N	112°35′39″E	24.10	8.00	60.25	20.00
S24	16°36′27″N	112°43′05″E	70.30	4.00	175.75	10.00
S25	16°16′25″N	111°39′35″E	50.78	2.00	126.96	5.00
S26	16°28′06″N	111°31′05″E	194.20	4.00	485.50	10.00
S27	16°27′13″N	111°30′22″E	120.47	8.00	301.18	20.00
S28	16°20′35″N	111°58′36″E	5.00	1.00	12.50	2.50
S29	16°22′31″N	112°0′56″E	164.00	8.00	410.00	20.00
S30	17°4′00″N	111°27′57″E	257.30	6.00	643.25	15.00
S31	17°6′07″N	111°28′24″E	16.20	3.00	40.50	7.50
平均			123.28	5.74	308.21	14.35

2. 流刺网渔获率和 CPUE

流刺网作业方式共调查 42 个站位，平均渔获率和 CPUE 分别为 103.61 尾 /1000 m 和 269.05 kg/1000 m。位于调查海域西北部的 S38 站的渔获率最高，达到 2143.71 尾 /1000 m，CPUE 为 2402.25 kg/1000 m。调查海域东部的 S5 站渔获率最低，为 1.15 尾 /1000 m，CPUE 为 4.73 kg/1000 m（表 4-13）。

表 4-13 西沙群岛、中沙群岛海域流刺网渔获率和 CPUE

站位	纬度	经度	渔获量（kg）	尾数（尾）	渔获率（尾 /1000 m）	CPUE（kg/1000 m）
S1	15°51′02″N	114°5′16″E	17.68	28.00	16.60	26.29
S2	15°38′32″N	113°42′16″E	13.40	65.00	10.70	51.89
S3	15°40′14″N	114°35′29″E	7.95	21.00	13.40	35.37
S4	16°3′51″N	114°51′43″E	6.21	20.00	5.43	17.48
S5	16°10′50″N	114°42′20″E	1.46	6.00	1.15	4.73
S6	15°28′04″N	114°12′34″E	17.16	12.00	8.94	6.25
S7	15°36′32″N	113°41′22″E	3.70	22.00	7.91	47.10
S8	15°30′15″N	113°50′01″E	4.23	23.00	38.40	208.83

续表

站位	纬度	经度	渔获量（kg）	尾数（尾）	渔获率（尾/1000 m）	CPUE（kg/1000 m）
S9	15°27′56″N	114°10′18″E	20.82	89.00	18.20	77.81
S10	15°47′58″N	113°55′30″E	8.49	23.00	8.48	22.98
S11	15°49′58″N	113°55′22″E	24.77	83.00	32.45	108.74
S12	15°37′31″N	114°5′15″E	3.10	6.00	17.66	34.24
S13	15°43′23″N	114°22′34″E	1.56	3.00	2.56	4.93
S14	15°51′07″N	114°28′30″E	2.88	14.00	1.70	8.27
S15	15°55′09″N	114°38′12″E	2.93	9.00	3.42	10.50
S16	15°58′48″N	114°30′42″E	3.16	14.00	2.98	13.21
S17	15°54′16″N	114°22′09″E	19.02	17.00	9.42	8.42
S18	16°3′14″N	112°34′11″E	31.07	151.00	55.45	269.53
S19	16°2′59″N	112°28′30″E	6.24	39.00	29.12	182.08
S20	16°2′08″N	112°26′25″E	6.81	31.00	11.66	53.08
S21	16°37′07″N	112°45′21″E	19.41	76.00	26.10	102.17
S22	16°41′14″N	112°42′30″E	6.69	43.00	9.54	61.33
S23	16°49′22″N	112°21′32″E	7.21	37.00	8.86	45.48
S24	16°47′27″N	112°20′16″E	19.51	19.00	30.28	29.49
S25	16°14′19″N	111°49′31″E	25.22	89.00	26.86	94.81
S26	16°12′17″N	111°45′50″E	10.94	38.00	22.86	79.40
S27	16°27′20″N	111°33′13″E	22.42	105.00	31.16	145.90
S28	16°26′35″N	111°31′13″E	14.29	75.00	44.30	232.50
S29	16°19′47″N	112°0′47″E	33.29	140.00	45.29	190.44
S30	16°20′13″N	112°2′18″E	111.95	885.00	93.92	742.43
S31	17°4′53″N	111°31′33″E	45.71	241.00	54.15	285.46
S32	16°5′00″N	112°32′03″E	48.91	126.00	192.46	495.81
S33	16°40′33″N	112°45′25″E	29.49	75.00	81.19	206.45
S34	16°48′39″N	112°19′24″E	6.76	38.00	8.48	47.71
S35	16°50′24″N	112°19′32″E	34.08	185.00	350.33	1902.04
S36	16°16′26″N	111°41′06″E	9.84	45.00	331.84	1517.70
S37	16°12′20″N	111°34′46″E	19.62	60.00	53.67	164.16
S38	16°27′29″N	111°30′06″E	286.45	321.00	2143.71	2402.25
S39	16°20′04″N	111°58′17″E	42.97	210.00	44.45	217.2
S40	16°22′17″N	112°0′12″E	38.48	135.00	220.18	772.47
S41	17°4′05″N	111°28′01″E	8.04	31.00	28.97	111.67
S42	17°6′22″N	111°27′54″E	106.21	134.00	207.22	261.43
平均			27.38	90.10	103.61	269.05

4.5 西沙群岛、中沙群岛和南沙群岛北部海域大洋性鱼类资源

　　岛礁海域渔获种类组成与南海北部陆架迥异，鱼类的生态类群、洄游习性、集群方式及有效的渔捞方法均有所不同，本节仅就金枪鱼延绳钓和底层延绳钓两种主要作

业方式的渔获结果进行分析。

4.5.1 金枪鱼延绳钓

1. 渔获组成

1974 ～ 1976 年调查期间,"远渔 702"(1974 年 12 月至 1976 年 5 月)和"南渔 501"(1976 年 5 月、6 月、8 月),以金枪鱼延绳钓作业方式共捕获鱼类 32 种,隶属于 6 目 14 科(表 4-14)。其中,软骨鱼类共 14 种(隶属于 3 目 6 科),以真鲨目中的真鲨 科为主,共 8 种;硬骨鱼类共 18 种(隶属于 3 目 8 科),以鲈形目的鲭科与旗鱼科为主, 共 8 种。

表 4-14 金枪鱼延绳钓渔获物名录

中文名	拉丁学名	中文名	拉丁学名
鼠鲨目	Lamniformes	鲻形目	Mugiliformes
鼠鲨科	Lamnidae	魣科	Sphyraenidae
灰鲭鲨	*Isurus glaucus*	斑条魣	*Sphyraena jello*
长尾鲨科	Alopiidae	朗萨魣	*Sphyraena langsar*
浅海长尾鲨	*Alopias pelagicus*	大魣	*Sphyraena barracuda*
长尾鲨	*Alopias* sp.	鲈形目	Perciformes
真鲨目	Carcharhiniformes	鲯鳅科	Coryphaenidae
真鲨科	Carcharhinidae	鲯鳅	*Coryphaena hippurus*
鼬鲨	*Galeocerdo cuvier*	䲟科	Echeneidae
恒河真鲨	*Glyphis gangeticus*	䲟	*Echeneis naucrates*
侧条真鲨	*Carcharhinus pleurotaenia*	短臂短䲟	*Remora brachyptera*
乌翅真鲨	*Carcharhinus melanopterus*	短䲟	*Remora remora*
沙拉真鲨	*Carcharhinus sorrah*	蛇鲭科	Gempylidae
真鲨	*Carcharhinus* sp.	异鳞蛇鲭	*Lepidocybium flavobrunneum*
大青鲨	*Prionace glauca*	鲭科	Scombridae
真鲨科一种	Carcharhinidae sp.	沙氏刺鲅	*Acanthocybium solandri*
双髻鲨科	Sphyrnidae	黄鳍金枪鱼	*Thunnus albacares*
路氏双髻鲨	*Sphyrna lewini*	大眼金枪鱼	*Thunnus obesus*
鲼形目	Myliobatiformes	鲣	*Katsuwonus pelamis*
魟科	Dasyatidae	旗鱼科	Istiophoridae
魟	*Dasyatis* sp.	东方旗鱼	*Istiophorus orientalis*
蝠鲼科	Mobulidae	印度枪鱼	*Istiompax indica*
日本蝠鲼	*Mobula japonica*	箕作氏枪鱼	*Makaira mitsukurii*
灯笼鱼目	Myctophiformes	蓝枪鱼	*Makaira mazara*
帆蜥鱼科	Alepisauridae	剑鱼科	Xiphiidae
帆蜥鱼	*Alepisaurus ferox*	剑鱼	*Xiphias gladius*

这些种类中，大部分为大洋性鱼类，出现于水深 1000 m 以上的深水区上层，如鲭科、旗鱼科及真鲨科的大部分；少数非大洋性鱼类，只出现于浅水区及较浅海区，如浅海长尾鲨（水深小于 100 m）、路氏双髻鲨（100 m 左右）、鼬鲨（200 m 左右）、日本蝠鲼（小于 1000 m）等。

2. 渔获量

上述 28 种鱼类（除去鲕科 3 种和斑条鲬），主要经济鱼类有黄鳍金枪鱼、大眼金枪鱼、沙氏刺鲅、剑鱼、东方旗鱼、印度枪鱼、大青鲨、灰鲭鲨 8 种。各种渔获物的尾数与质量见表 4-15。

表 4-15　金枪鱼延绳钓渔获组成

种类	尾数（尾）	质量（kg）	种类	尾数（尾）	质量（kg）
黄鳍金枪鱼	117	5 317	乌翅真鲨	3	107
大眼金枪鱼	12	671	沙拉真鲨	5	155
鲣	6	16.5	真鲨	1	40
沙氏刺鲅	23	242.5	鼬鲨	5	300
东方旗鱼	6	350	真鲨科一种	1	40
印度枪鱼	3	460	路氏双髻鲨	1	50
箕作氏枪鱼	1	60	魟	54	137
蓝枪鱼	2	96	日本蝠鲼	1	80
剑鱼	6	475	朗萨鲬	3	23
灰鲭鲨	7	410	大鲬	2	35
浅海长尾鲨	1	75	鲯鳅	4	18
长尾鲨	2	135	异鳞蛇鲭	6	61
大青鲨	41	2 030	帆蜥鱼	174	527
侧条真鲨	6	135	总计	495	12 111
恒河真鲨	2	65			

4.5.2　底层延绳钓

1. 渔获组成

西沙群岛、中沙群岛礁盘区底层延绳钓调查从 1975 年 2 月至 1976 年 4 月共进行了 8 个月，捕获鱼类 38 种，隶属于 7 目 17 科。其中，软骨鱼类共 14 种（3 目 8 科），占种类组成的 36.8%，以真鲨目为主（共 9 种），占软骨鱼类的 64.3%；硬骨鱼类共 24 种（共 4 目 9 科），占种类组成的 63.2%，其中鲈形目共 19 种，占硬骨鱼类的 79.2%，以鲔科、笛鲷科为主。底层延绳钓的主要经济鱼类有鼬鲨、白边真鲨、侧条真鲨、红鳍笛鲷、千年笛鲷、紫红笛鲷、绿短鳍笛鲷、高体石斑鱼 8 种（表 4-16）。

表 4-16　西沙群岛、中沙群岛礁盘区底层延绳钓渔获物名录

中文名	拉丁学名	中文名	拉丁学名
真鲨目	Carcharhiniformes	鲈形目	Perciformes
猫鲨科	Scyliorhinidae	鮨科	Serranidae
斑鲨	*Atelomycterus marmoratus*	宽额鲈	*Promicrops lanceolatus*
须鲨科	Orectolobidae	侧牙鲈	*Variola louti*
长尾光鳞鲨	*Nebrius macrurus*	红九棘鲈	*Cephalopholis sonnerati*
真鲨科	Carcharhinidae	斑点九棘鲈	*Cephalopholis argus*
鼬鲨	*Galeocerdo cuvier*	蜂巢石斑鱼	*Epinephelus merra*
尖头斜齿鲨	*Scoliodon sorrakowah*	高体石斑鱼	*Epinephelus hoedtii*
白边真鲨	*Carcharhinus albimarginatus*	石斑鱼	*Epinephelus* sp.
侧条真鲨	*Carcharhinus pleurotaenia*	鲹科	Carangidae
乌翅真鲨	*Carcharhinus melanopterus*	珍鲹	*Caranx ignobilis*
双髻鲨科	Sphyrnidae	鲹	*Caranx* sp.
路氏双髻鲨	*Sphyrna lewini*	鰤	*Seriola* sp.
无沟双髻鲨	*Sphyrna mokarran*	笛鲷科	Lutjanidae
犁头鳐目	Rhinopristiformes	红鳍笛鲷	*Lutjanus erythropterus*
尖犁头鳐科	Rhynchobatidae	紫红笛鲷	*Lutjanus argentimaculatus*
及达尖犁头鳐	*Rhynchobatus djiddensis*	千年笛鲷	*Lutjanus sebae*
犁头鳐科	Rhinobatidae	紫鱼	*Pristipomoides* sp.
颗粒犁头鳐	*Rhinobatos granulatus*	绿短鳍笛鲷	*Aprion virescens*
鲼形目	Myliobatiformes	裸颊鲷科	Lethrinidae
魟科	Dasyatidae	灰裸颊鲷	*Gymnocranius griseus*
黑斑条尾魟	*Taeniura melanospilos*	蓝线裸顶鲷	*Gymnocranius grandoculis*
魟	*Dasyatis* sp.	裸颊鲷	*Lethrinus* sp.
鲼科	Myliobatidae	鲭科	Scombridae
鲼科一种	Myliobatidae sp.	扁舵鲣	*Auxis thazard*
鳗鲡目	Anguilliformes	鲀形目	Tetraodontiformes
海鳝科	Muraenidae	鳞鲀科	Balistidae
裸胸鳝	*Gymnothorax* sp.	宽尾鳞鲀	*Abalistes stellatus*
鲻形目	Mugiliformes	鳞鲀	*Balistes* sp.
舒科	Sphyraenidae	鲀科	Tetraodontidae
大舒	*Sphyraena barracuda*	圆斑兔头鲀	*Lagocephalus sceleratus*

2. 渔获量

底层延绳钓的渔获物明显分为四大类：软骨鱼类（包括侧孔总目及下孔总目各科，即鲨类和鳐类）、红鱼类（笛鲷科）、石斑鱼类（鮨科）及其他。在四大类中，软骨鱼类占第一位，为总质量的 73.4%，其次为红鱼类，占总质量的 19.4%，石斑鱼类占 5.8%，其他鱼类仅占 1.4%，可见底层延绳钓的渔获物主要是软骨鱼类及红鱼类，两类共占总

质量的 92.8%（表 4-17）。

表 4-17 西沙群岛、中沙群岛底层延绳钓主要渔获组成

种类	尾数（尾）	占总尾数的比例（%）	质量（kg）	占总质量的比例（%）
鼬鲨	38	6.0	3265	31.8
白边真鲨	88	13.8	2606	25.4
侧条真鲨	20	3.1	710	6.9
尖头斜齿鲨	43	6.7	113.5	1.1
路氏双髻鲨	1	0.2	110	1.1
颗粒犁头鳐	1	0.2	110	1.1
黑斑条尾魟	4	0.6	190	1.8
红鳍笛鲷	114	17.9	906	8.8
紫红笛鲷	68	10.7	320.3	3.1
千年笛鲷	75	11.8	526.5	5.1
绿短鳍笛鲷	48	7.5	235.5	2.3
高体石斑鱼	52	8.1	259.3	2.5
宽额鲈	4	0.6	180	1.8

第5章　珠江口渔业资源

5.1 概述

本章基于中国水产科学研究院南海水产研究所 1963 年 8 月至 2016 年 10 月在珠江口范围内（包括珠江口门内的珠江感潮河段、珠江口门及其沿岸水域、珠江口门外南海北部陆架水深 200 m 以浅海域）开展的 137 个航次、3299 站次的渔业资源科学考察数据，对珠江口渔业资源状况及其变化趋势进行分析。游泳动物种类组成分河道、珠江口门及其邻近海域和珠江口门外陆架区 3 个区域进行描述，游泳动物数量以 22°N、21°N 和 113°20′E、114°10′E 分为河口区、东北部、西部、中部、东部、西南部、南部和东南部 8 个区域进行描述，如图 5-1 所示。

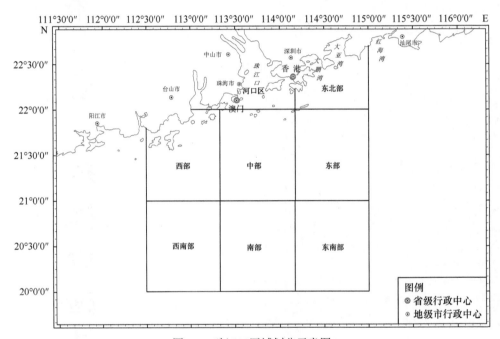

图 5-1 珠江口区域划分示意图

5.2 种类组成及其变化

5.2.1 种类组成

1963 年 8 月至 2016 年 10 月在珠江口共采获游泳动物 912 种，依据 2022 年更新的世界海洋物种目录（World Register of Marine Species，www.marinespecies.org）及其分类系统，采获种类隶属于 54 目 187 科 472 属，详见附录。鱼类有 48 目 152 科 398 属 752 种，占总渔获种数的 82.46%；其中，鲈形目种类最多，为 40 科 117 属 247 种；其次是鲽形目，有 7 科 28 属 64 种；鲀形目居第三位，有 7 科 28 属 52 种。头足类有 4 目 6 科 15 属 34 种，占总渔获种数的 3.73%。甲壳类有 2 目 29 科 59 属 126 种，占总渔获种数的 13.82%（表 5-1）。

表 5-1 珠江口渔业种类组成数量统计

类别	目名		科数	属数	种数
鱼类	鮟鱇目	Lophiiformes	4	7	11
	豹鲂鱼甲目	Dactylopteriformes	1	2	3
	北梭鱼目	Albuliformes	1	1	1
	扁鲨目	Squatiniformes	1	1	1
	辫鱼目	Ateleopodiformes	1	1	1
	刺尾鱼目	Acanthuriformes	7	11	23
	灯笼鱼目	Myctophiformes	1	3	6
	电鳐目	Torpediniformes	2	2	2
	鲽形目	Pleuronectiformes	7	28	64
	发光鲷目	Acropomatiformes	5	6	9
	鲱形目	Clupeiformes	3	15	35
	鲼形目	Myliobatiformes	3	6	12
	钩头鱼目	Kurtiformes	1	2	14
	海鲂目	Zeiformes	1	2	3
	海龙鱼目	Syngnathiformes	3	6	8
	颌针鱼目	Beloniformes	2	2	2
	胡瓜鱼目	Osmeriformes	1	2	2
	虎鲨目	Heterodontiformes	1	1	1
	棘臀鱼目	Centrarchiformes	3	5	7
	角鲨目	Squaliformes	1	1	1
	金眼鲷目	Beryciformes	2	2	2
	犁头鳐目	Rhinopristiformes	2	4	6
	鲤形目	Cypriniformes	1	8	9
	丽鱼目	Cichliformes	1	1	1
	鲈形目	Perciformes	40	117	247
	鳗鲡目	Anguilliformes	7	22	40
	鲇形目	Siluriformes	2	2	5
	鲭形目	Scombriformes	7	21	29
	鲹形目	Carangiformes	4	20	42
	鼠鳝目	Gonorynchiformes	1	1	1
	水珍鱼目	Argentiniformes	1	1	1
	燧鲷目	Trachichthyiformes	1	1	1
	鲀形目	Tetraodontiformes	7	28	52
	鳂形目	Holocentriformes	1	2	2
	鳚形目	Blenniiformes	1	2	2

续表

类别		目名	科数	属数	种数
	鰕虎鱼目	Gobiiformes	2	18	19
	仙女鱼目	Aulopiformes	2	5	17
	鮨形目	Callionymiformes	1	2	7
	须鲨目	Orectolobiformes	4	4	5
	鳕形目	Gadiformes	3	4	5
	羊鱼目	Mulliformes	1	3	14
	鳐形目	Rajiformes	1	1	5
	银汉鱼目	Atheriniformes	1	1	1
	银鲛目	Chimaeriformes	1	2	2
	鲉形目	Scorpaeniformes	2	2	2
	鼬鳚目	Ophidiiformes	1	3	4
	真鲨目	Carcharhiniformes	5	13	19
	鲻形目	Mugiliformes	1	4	6
头足类	八腕目	Octopoda	1	2	9
	闭眼目	Myopsida	1	2	7
	乌贼目	Sepioidea	2	6	13
	开眼目	Oegopsida	2	5	5
甲壳类	口足目	Stomatopoda	3	7	13
	十足目	Decapoda	26	52	113
	总计		187	472	912

5.2.2 时间变化

统计调查项目的时间跨度为 54 年（1963～2016 年），各时期珠江口游泳动物的种类组成如表 5-2 所示。鱼类种数呈现大幅减少—逐渐增加—减少的变化趋势，头足类和甲壳类的种数大致呈现增加—稳定—减少的变化趋势。1963～1969 年，采获鱼类 442 种、头足类 2 种，甲壳类未进行详细的种类记录。1970～1979 年，采获的鱼类种数明显减少，仅 143 种；采获头足类 3 种、甲壳类 15 种。1980～1989 年，采获的鱼类种数明显增加，为 317 种；头足类和甲壳类种数略有增加，分别为 7 种和 22 种。1990～1999 年，鱼类、头足类和甲壳类种数均明显增加，鱼类为 380 种，头足类为 29 种，甲壳类为 62 种。2000～2009 年，各类群种数总体稳定，鱼类为 397 种，头足类为 26 种，甲壳类为 67 种。2010～2016 年，各类群种数明显下降，鱼类为 143 种，头足类为 8 种，甲壳类为 56 种。

表 5-2 珠江口游泳动物种类组成

时期	类别	科数	属数	种数
1963～1969 年	头足类	2	2	2
	鱼类	128	266	442

续表

时期	类别	科数	属数	种数
1970～1979年	甲壳类	3	6	15
	头足类	2	3	3
	鱼类	64	101	143
1980～1989年	甲壳类	4	10	22
	头足类	3	3	7
	鱼类	112	215	317
1990～1999年	甲壳类	21	32	62
	头足类	7	13	29
	鱼类	114	232	380
2000～2009年	甲壳类	18	33	67
	头足类	5	9	26
	鱼类	116	234	397
2010～2016年	甲壳类	16	28	56
	头足类	4	4	8
	鱼类	63	105	143

1963～2016年中国水产科学研究院南海水产研究所在珠江口开展了大量的渔业资源科学考察，为便于简述不同调查时期渔业资源的数量分布情况，分为1963～1981年，1981～1999年和2000～2016年三个时段，对调查结果进行描述。

1. 1963～1981年

1963～1981年在珠江口共计开展了68个航次、2276站次的调查，各次调查结果如下。

1963年8月至1965年2月，对珠江口开展了19个航次、700站次的底拖网渔业资源调查。平均总体渔获率和平均总体资源密度分别为59.96 kg/h和2023.59 kg/km^2，渔获率和资源密度的分布情况基本一致。总体渔获率和总体资源密度均以南部为最高，分别为94.01 kg/h和3172.76 kg/km^2；西南部次之，分别为76.68 kg/h和2587.69 kg/km^2；东部列第三位，分别为63.74 kg/h和2150.84 kg/km^2。鱼类平均渔获率和平均资源密度分别为55.92 kg/h和1887.20 kg/km^2；鱼类渔获率和资源密度的变化与总体的变化一致，南部、西南部和东部分列前三位，渔获率分别为90.35 kg/h、72.70 kg/h和60.11 kg/h，资源密度分别为3049.19 kg/km^2、2453.32 kg/km^{2}和2028.46 kg/km^2。头足类平均渔获率和平均资源密度分别为3.01 kg/h和101.62 kg/km^2；均以东北部为最高，分别为5.45 kg/h和183.88 kg/km^2；西南部次之，分别为3.46 kg/h和116.85 kg/km^2；东部再次之，分别为3.10 kg/h和104.55 kg/km^2。甲壳类平均渔获率和平均资源密度分别为0.96 kg/h和32.49 kg/km^2；均以河口区为最高，分别为1.84 kg/h和62.05 kg/km^2；中部居第二位，分别为1.66 kg/h和55.97 kg/km^2；西部居第三位，分别为1.34 kg/h和45.21 kg/km^2（表5-3）。

表 5-3 1963 年 8 月至 1965 年 2 月珠江口渔业资源数量

区域	渔获率（kg/h）					资源密度（kg/km²）				
	鱼类	头足类	甲壳类	其他类	总体	鱼类	头足类	甲壳类	其他类	总体
东北部	42.53	5.45	1.07	0.07	49.12	1435.20	183.88	36.02	2.36	1657.46
东部	60.11	3.10	0.49	0.04	63.74	2028.46	104.55	16.39	1.44	2150.84
东南部	47.99	1.73	0.37	0.02	50.11	1619.50	58.49	12.36	0.63	1690.98
河口区	28.51	2.54	1.84	0.04	32.93	962.02	85.71	62.05	1.51	1111.29
南部	90.35	3.05	0.45	0.16	94.01	3049.19	102.99	15.05	5.53	3172.76
西部	50.33	2.21	1.34	0.09	53.97	1698.61	74.74	45.21	3.08	1821.64
西南部	72.70	3.46	0.50	0.02	76.68	2453.32	116.85	16.84	0.68	2587.69
中部	54.86	2.54	1.66	0.09	59.15	1851.53	85.76	55.97	2.98	1996.03
平均值	55.92	3.01	0.96	0.07	59.96	1887.20	101.62	32.49	2.28	2023.59

注：表中数据经过数值修约，存在舍入误差，下文同

1973 ～ 1977 年，对珠江口外海 142 个区域进行了 26 个航次、733 站次的底拖网渔业资源调查。平均渔获率和平均资源密度分别为 149.16 kg/h 和 2272.04 kg/km²；总体渔获率以东南部为最高，为 256.35 kg/h，南部和西南部次之，分别为 191.62 kg/h 和 184.24 kg/h；总体资源密度以东南部为最高，为 3904.00 kg/km²，西南部和南部分列第二位、第三位，分别为 2976.21 kg/km² 和 2881.59 kg/km²。鱼类平均渔获率为 112.16 kg/h，平均资源密度为 1733.29 kg/km²；渔获率和资源密度以东南部、西南部和南部分列前三位，渔获率分别为 222.49 kg/h、159.36 kg/h 和 156.26 kg/h，资源密度分别为 3380.11 kg/km²、2594.19 kg/km² 和 2357.63 kg/km²。头足类平均渔获率和平均资源密度分别为 13.75 kg/h 和 181.54 kg/km²；渔获率和资源密度的区域差异明显，均以东北部为最高，东南部和东部分列第二位、第三位，渔获率分别为 75.56 kg/h、5.58 kg/h 和 5.22 kg/h，资源密度分别为 981.67 kg/km²、79.72 kg/km² 和 70.97 kg/km²。甲壳类的捕获量均较少，仅在东南部、东部和西南部有捕获，且数量较少（表 5-4）。

表 5-4 1973 ～ 1977 年珠江口渔业资源数量

区域	渔获率（kg/h）					资源密度（kg/km²）				
	鱼类	头足类	甲壳类	其他类	总体	鱼类	头足类	甲壳类	其他类	总体
东北部	48.23	75.56	0	14.83	138.62	698.32	981.67	0	203.56	1883.55
东部	92.24	5.22	0.01	32.68	130.15	1384.90	70.97	0.10	516.79	1972.76
东南部	222.49	5.58	0.01	28.27	256.35	3380.11	79.72	0.18	443.99	3904.00
南部	156.26	4.60	0	30.76	191.62	2357.63	62.68	0	461.28	2881.59
西部	49.42	2.14	0	12.28	63.84	844.76	29.06	0	187.57	1061.39
西南部	159.36	2.38	0.01	22.49	184.24	2594.19	34.53	0.03	347.46	2976.21
中部	57.10	0.79	0	21.42	79.31	873.09	12.17	0	339.54	1224.80
平均值	112.16	13.75	0	23.25	149.16	1733.29	181.54	0.04	357.17	2272.04

1976 年 3 ～ 6 月逐月对珠江口外海 19 个区域进行了渔业资源底拖网调查，仅记

录了鱼类和其他类的渔获组成。平均总体渔获率和平均总体资源密度分别为 216.07 kg/h 和 3845.51 kg/km²；总体渔获率以东南部为最高，西南部和中部次之，分别为 272.72 kg/h、272.22 kg/h 和 259.82 kg/h；总体资源密度以中部为最高，东南部和西南部次之，分别为 5071.63 kg/km²、4480.56 kg/km² 和 3762.48 kg/km²。鱼类平均渔获率为 200.78 kg/h，平均资源密度为 3541.98 kg/km²；渔获率以西南部为最高，为 272.22 kg/h，东南部和中部次之，分别为 245.45 kg/h 和 240.31 kg/h；资源密度以中部、东南部和西南部分列前三位，分别为 4722.58 kg/km²、4032.50 kg/km² 和 3762.48 kg/km²。其他类渔获量以东南部为最高，为 27.27 kg/h；西部次之，为 25.00 kg/h；南部再次之，为 20.00 kg/h；资源密度以南部、西部和东南部分列前三位，分别为 558.58 kg/km²、465.48 kg/km² 和 448.06 kg/km²（表 5-5）。

表 5-5 1976 年 3 ~ 6 月珠江口渔业资源数量

区域	渔获率（kg/h）			资源密度（kg/km²）		
	鱼类	其他类	总体	鱼类	其他类	总体
东部	200.00	0	200.00	3603.72	0	3603.72
东南部	245.45	27.27	272.72	4032.50	448.06	4480.56
南部	96.67	20.00	116.67	2337.74	558.58	2896.32
西部	150.00	25.00	175.00	2792.88	465.48	3258.36
西南部	272.22	0	272.22	3762.48	0	3762.48
中部	240.31	19.51	259.82	4722.58	349.05	5071.63
平均值	200.78	15.30	216.07	3541.98	303.53	3845.51

1978 ~ 1979 年对珠江口外海 109 个区域进行了 12 个航次、547 站次的渔业资源底拖网调查。平均总体渔获率和平均总体资源密度分别为 130.89 kg/h 和 1800.33 kg/km²；总体渔获率和总体资源密度均以东南部为最高，分别为 171.55 kg/h 和 2319.23 kg/km²；南部列第二位，分别为 154.33 kg/h 和 2107.29 kg/km²；中部列第三位，分别为 127.07 kg/h 和 1760.02 kg/km²。鱼类平均渔获率和平均资源密度分别为 107.48 kg/h 和 1471.34 kg/km²；渔获率和资源密度最高的 3 个区域均分别为东南部、南部和中部，渔获率分别为 146.06 kg/h、136.78 kg/h 和 109.23 kg/h，资源密度分别为 1953.09 kg/km²、1859.23 kg/km² 和 1506.14 kg/km²。头足类平均渔获率和平均资源密度分别为 4.96 kg/h 和 66.51 kg/km²；渔获率和资源密度均以西南部、南部和中部分列前三位，渔获率分别为 7.79 kg/h、5.48 kg/h 和 5.34 kg/h，资源密度分别为 101.02 kg/km²、74.29 kg/km² 和 73.14 kg/km²。甲壳类平均渔获率和平均资源密度分别为 0.06 kg/h 和 0.77 kg/km²；渔获率和资源密度均以东南部为最高，分别为 0.13 kg/h 和 1.82 kg/km²；南部次之，分别为 0.11 kg/h 和 1.45 kg/km²；中部列第三位，分别为 0.05 kg/h 和 0.62 kg/km²。其他类平均渔获率和平均资源密度分别为 18.38 kg/h 和 261.71 kg/km²，渔获率和资源密度均以东北部、东南部和东部分列前三位，渔获率分别为 34.35 kg/h、21.21 kg/h 和 19.43 kg/h，资源密度分别为 480.82 kg/km²、308.45 kg/km² 和 270.32 kg/km²（表 5-6）。

表 5-6　1978 ～ 1979 年珠江口渔业资源数量

区域	渔获率（kg/h）					资源密度（kg/km²）				
	鱼类	头足类	甲壳类	其他类	总体	鱼类	头足类	甲壳类	其他类	总体
东北部	55.85	2.09	0	34.35	92.29	786.05	29.18	0	480.82	1296.05
东部	89.19	4.93	0.03	19.43	113.58	1233.73	65.58	0.32	270.32	1569.95
东南部	146.06	4.15	0.13	21.21	171.55	1953.09	55.87	1.82	308.45	2319.23
南部	136.78	5.48	0.11	11.96	154.33	1859.23	74.29	1.45	172.32	2107.29
西南部	107.78	7.79	0.04	10.90	126.51	1489.80	101.02	0.43	158.22	1749.47
中部	109.23	5.34	0.05	12.45	127.07	1506.14	73.14	0.62	180.12	1760.02
平均值	107.48	4.96	0.06	18.38	130.89	1471.34	66.51	0.77	261.71	1800.33

　　1979 ～ 1981 年使用虾拖网对珠江口近海进行了 7 个航次、271 站次的渔业资源调查。平均总体渔获率和平均总体资源密度分别为 1.28 kg/h 和 13.97 kg/km²；渔获率和资源密度区域变化一致，均以东北部为最高，西部次之，中部列第三位，渔获率分别为 1.51 kg/h、1.44 kg/h 和 1.34 kg/h，资源密度分别为 16.46 kg/km²、15.63 kg/km² 和 14.62 kg/km²。鱼类平均渔获率和平均资源密度分别为 0.61 kg/h、6.66 kg/km²；渔获率和资源密度均以西部、中部和河口区分列前三位，渔获率依次为 0.99 kg/h、0.64 kg/h 和 0.55 kg/h，资源密度依次为 10.78 kg/km²、6.98 kg/km² 和 5.94 kg/km²。甲壳类平均渔获率和平均资源密度分别为 0.67 kg/h 和 7.31 kg/km²；渔获率和资源密度均以东北部为最高，分别为 0.97 kg/h 和 10.54 kg/km²；中部次之，分别为 0.70 kg/h 和 7.64 kg/km²；东部和河口区平均渔获率和平均资源密度均分别为 0.62 kg/h 和 6.77 kg/km²（表 5-7）。

表 5-7　1979 ～ 1981 年珠江口渔业资源数量

区域	渔获率（kg/h）			资源密度（kg/km²）		
	鱼类	甲壳类	总体	鱼类	甲壳类	总体
东北部	0.54	0.97	1.51	5.92	10.54	16.46
东部	0.34	0.62	0.96	3.68	6.77	10.45
河口区	0.55	0.62	1.17	5.94	6.77	12.71
西部	0.99	0.45	1.44	10.78	4.85	15.63
中部	0.64	0.70	1.34	6.98	7.64	14.62
平均值	0.61	0.67	1.28	6.66	7.31	13.97

2. 1981 ～ 1999 年

　　1981 ～ 1999 年，在珠江口开展了 47 个航次、695 站次的渔业资源科学考察，历次调查结果如下。

　　1981 ～ 1984 年开展了 23 个航次、364 站次的调查。平均总体渔获率和平均总体资源密度分别为 140.13 kg/h 和 1269.49 kg/km²；总体渔获率和总体资源密度均以东南部、南部和中部分列前三位，渔获率分别为 303.41 kg/h、195.63 kg/h 和 139.97 kg/h，资源密度分别为 2682.54 kg/km²、1778.47 kg/km² 和 1312.66 kg/km²。鱼类平均渔获率和平均资源密度分别为 135.67 kg/h 和 1228.01 kg/km²；渔获率和资源密度均以东南部为最高，南部和中部分列第二位、第三位，渔获率依次为 301.24 kg/h、192.90 kg/h 和 132.95 kg/h，资源密度依次为 2663.32 kg/km²、1753.98 kg/km² 和 1247.26 kg/km²。头足类平均渔获率和平均资源密度分别为 2.77 kg/h 和 25.13 kg/km²；渔获率以东部、中部和西部分列前三位，分别为 3.68 kg/h、3.60 kg/h 和 3.14 kg/h；资源密度则以中部、东部和西部分列前三位，资源密度分别为 33.92 kg/km²、33.65 kg/km² 和 28.65 kg/km²。甲壳类平均渔获率和平均资源密度分别为 0.05 kg/h 和 0.45 kg/km²；渔获率以东北部为最高，东部次之，南部和东南部再次之，依次为 0.15 kg/h、0.07 kg/h 和 0.05 kg/h；资源密度则以东北部、东部和东南部分列前三位，分别为 1.37 kg/km²、0.69 kg/km² 和 0.46 kg/km²（表 5-8）。

表 5-8　1981～1984 年珠江口渔业资源数量

区域	渔获率（kg/h）					资源密度（kg/km²）				
	鱼类	头足类	甲壳类	其他类	总体	鱼类	头足类	甲壳类	其他类	总体
东北部	66.57	1.68	0.15	0	68.40	628.29	15.10	1.37	0	644.76
东部	124.53	3.68	0.07	0.54	128.82	1103.86	33.65	0.69	4.74	1142.94
东南部	301.24	2.01	0.05	0.11	303.41	2663.32	17.78	0.46	0.98	2682.54
南部	192.90	2.52	0.05	0.16	195.63	1753.98	22.51	0.45	1.53	1778.47
西部	39.54	3.14	0.01	7.22	49.91	379.52	28.65	0.07	72.44	480.68
西南部	91.99	2.75	0	0.02	94.76	819.81	24.30	0	0.24	844.35
中部	132.95	3.60	0.01	3.41	139.97	1247.26	33.92	0.09	31.39	1312.66
平均值	135.67	2.77	0.05	1.64	140.13	1228.01	25.13	0.45	15.90	1269.49

1985 年 7 月至 1988 年 7 月，使用锚张网渔船和木质单拖渔船对珠江口及其邻近水域 28 个区域的渔业资源进行了 12 个航次、184 站次的调查。平均总体渔获率和平均总体资源密度分别为 35.64 kg/h 和 481.08 kg/km²；渔获率和资源密度区域变化一致，均以西部为最高，河口区次之，中部列第三位，东北部和东部较低，渔获率分别为 60.23 kg/h、41.80 kg/h、34.67 kg/h、23.18 kg/h 和 18.31 kg/h，资源密度分别为 813.12 kg/km²、564.38 kg/km²、467.97 kg/km²、312.81 kg/km² 和 247.12 kg/km²。鱼类平均渔获率和平均资源密度分别为 33.65 kg/h 和 454.22 kg/km²；渔获率和资源密度的区域分布与总体一致，以西部为最高，分别为 58.62 kg/h 和 791.37 kg/km²；河口区次之，分别为 41.31 kg/h 和 557.70 kg/km²。头足类平均渔获率和平均资源密度分别为 1.87 kg/h 和 25.31 kg/km²；渔获率和资源密度均以东北部为最高，分别为 3.22 kg/h 和 43.41 kg/km²；东部次之，分别为 2.72 kg/h 和 36.78 kg/km²；中部再次之，分别为 1.73 kg/h 和 23.35 kg/km²。甲壳类平均渔获率和平均资源密度分别为 0.12 kg/h 和 1.55 kg/km²；渔获率和资源密度均以河口区、西部和中部分列前三位，渔获率分别为 0.26 kg/h、0.14 kg/h 和 0.09 kg/h，资源密度分别为 3.54 kg/km²、1.88 kg/km² 和 1.24 kg/km²（表 5-9）。

表 5-9　1985 年 7 月至 1988 年 7 月调查渔获率与资源密度

区域	渔获率（kg/h）				资源密度（kg/km²）			
	鱼类	头足类	甲壳类	总体	鱼类	头足类	甲壳类	总体
东北部	19.90	3.22	0.06	23.18	268.65	43.41	0.75	312.81
东部	15.56	2.72	0.03	18.31	210.00	36.78	0.34	247.12
河口区	41.31	0.23	0.26	41.80	557.70	3.14	3.54	564.38
西部	58.62	1.47	0.14	60.23	791.37	19.87	1.88	813.12
中部	32.85	1.73	0.09	34.67	443.38	23.35	1.24	467.97
平均值	33.65	1.87	0.12	35.64	454.22	25.31	1.55	481.08

1991 年 4～11 月，对珠江口西部海域开展了 2 个航次、22 站次的底拖网渔业资源调查。总体渔获率为 41.63 kg/h，总体资源密度为 481.62 kg/km²；渔获组成以鱼类为主，渔获率为 35.62 kg/h，资源密度为 411.70 kg/km²；头足类渔获率相对较低，为 1.64 kg/h，资源密度为 19.46 kg/km²；甲壳类渔获率为 4.37 kg/h，资源密度为 50.46 kg/km²（表 5-10）。

表 5-10　1991 年 4～11 月珠江口西部海域渔业资源数量

区域	渔获率（kg/h）				资源密度（kg/km²）			
	鱼类	头足类	甲壳类	总体	鱼类	头足类	甲壳类	总体
西部	35.62	1.64	4.37	41.63	411.70	19.46	50.46	481.62

1997～1998 年对珠江口开展了 10 个航次、125 站次的底拖网渔业资源调查。平均总体渔获率和平均总体资源密度分别为 30.98 kg/h 和 338.87 kg/km²；渔获率和资源密度分别以南部和东南部为最高，分别为 45.11 kg/h 和 486.15 kg/km²；东南部和南部次之，分别为 43.33 kg/h 和 469.38 kg/km²；西部再次之，分别为 35.84 kg/h 和 402.57 kg/km²。鱼类平均渔获率和平均资源密度分别为 28.04 kg/h 和 306.15 kg/km²；以南部、西部和东南部分列前三位，渔获率分别为 40.08 kg/h、34.55 kg/h 和 34.11 kg/h，资源密度分别为 410.65 kg/km²、388.27 kg/km² 和 387.86 kg/km²。头足类平均渔获率和平均资源密度分别为 2.38 kg/h 和 26.44 kg/km²；渔获率前三位的区域均分别为东南部、南部和西部，渔获率分别为 8.50 kg/h、4.18 kg/h 和 0.96 kg/h，资源密度前三位的区域分别为东南部、南部和中部，资源密度分别为 90.11 kg/km²、49.25 kg/km² 和 11.39 kg/km²。甲壳类平均渔获率为 0.56 kg/h，以南部为最高，为 0.85 kg/h，东南部和中部次之，分别为 0.72 kg/h 和 0.65 kg/h；平均资源密度为 6.27 kg/km²，区域分布与渔获率一致（表 5-11）。

表 5-11　1997～1998 年珠江口渔业资源数量

区域	渔获率（kg/h）				资源密度（kg/km²）			
	鱼类	头足类	甲壳类	总体	鱼类	头足类	甲壳类	总体
东北部	17.56	0.59	0.48	18.63	189.19	6.62	5.55	201.36
东部	15.26	0.71	0.54	16.51	169.46	7.79	5.84	183.09
东南部	34.11	8.50	0.72	43.33	387.86	90.11	8.18	486.15
南部	40.08	4.18	0.85	45.11	410.65	49.25	9.48	469.38

续表

区域	渔获率（kg/h）				资源密度（kg/km²）			
	鱼类	头足类	甲壳类	总体	鱼类	头足类	甲壳类	总体
西部	34.55	0.96	0.33	35.84	388.27	10.69	3.61	402.57
西南部	28.17	0.80	0.33	29.30	316.06	9.23	3.83	329.12
中部	26.55	0.92	0.65	28.12	281.58	11.39	7.43	300.40
平均值	28.04	2.38	0.56	30.98	306.15	26.44	6.27	338.87

3. 2000 ～ 2016 年

2000 ～ 2016 年，在珠江口共开展了 22 个航次、328 站次的渔业资源调查，各次调查结果如下。

2000 年 11 月～ 2002 年 3 月在珠江口的调查包括 6 个航次、78 站次。平均总体渔获率与平均总体资源密度分别为 40.19 kg/h 和 637.89 kg/km²；渔获率以东南部、南部和中部分列前三位，资源密度的区域分布与渔获率一致，渔获率分别为 71.86 kg/h、54.25 kg/h 和 51.09 kg/h，资源密度分别为 996.41 kg/km²、936.09 kg/km² 和 865.88 kg/km²。鱼类平均渔获率和平均资源密度分别为 29.33 kg/h 和 467.46 kg/km²；渔获率以东南部为最高，为 47.43 kg/h，南部和中部次之，分别为 41.71 kg/h 和 41.04 kg/h；资源密度则以南部、中部和东南部分列前三位，分别为 728.81 kg/km²、695.10 kg/km² 和 663.54 kg/km²。头足类平均渔获率和平均资源密度分别为 9.62 kg/h 和 152.84 kg/km²；渔获率和资源密度均以东南部为最高，分别为 23.18 kg/h 和 316.31 kg/km²；南部次之，分别为 11.34 kg/h 和 186.93 kg/km²；西南部再次之，分别为 9.25 kg/h 和 159.68 kg/km²。甲壳类平均渔获率和平均资源密度分别为 1.20 kg/h 和 17.23 kg/km²；渔获率中部和西部最高，均为 1.52 kg/h；东北部次之，为 1.50 kg/h；资源密度前三位的区域分别为西部、南部和中部，分别为 25.85 kg/km²、20.35 kg/km² 和 20.04 kg/km²（表 5-12）。

表 5-12　2000 年 11 月～ 2002 年 3 月珠江口渔业资源数量

区域	渔获率（kg/h）					资源密度（kg/km²）				
	鱼类	头足类	甲壳类	其他类	总体	鱼类	头足类	甲壳类	其他类	总体
东北部	16.89	8.40	1.50	0	26.79	214.24	107.22	17.82	0	339.28
东部	21.53	7.81	0.87	0.25	30.46	368.40	152.36	12.83	2.90	536.49
东南部	47.43	23.18	1.25	0	71.86	663.54	316.31	16.56	0	996.41
河口区	10.69	0	0.75	0	11.44	139.16	0	9.77	0	148.93
南部	41.71	11.34	1.20	0	54.25	728.81	186.93	20.35	0	936.09
西部	27.59	8.45	1.52	0	37.56	446.01	149.48	25.85	0	621.34
西南部	27.79	9.25	1.01	0	38.05	484.38	159.68	14.64	0	658.70
中部	41.04	8.53	1.52	0	51.09	695.10	150.74	20.04	0	865.88
平均值	29.33	9.62	1.20	0.03	40.19	467.46	152.84	17.23	0.36	637.89

2002 年在珠江口的调查包括 2 个航次、19 站次。平均总体渔获率和平均总体资

源密度分别为 38.75 kg/h 和 492.50 kg/km^2；渔获率以中部、东南部和西部分列前三位，分别为 56.70 kg/h、44.40 kg/h 和 43.34 kg/h；资源密度则以中部、东南部和南部分列前三位，分别为 666.00 kg/km^2、624.78 kg/km^2 和 531.14 kg/km^2。鱼类平均渔获率和平均资源密度分别为 16.73 kg/h 和 210.97 kg/km^2；渔获率中部最高，为 30.49 kg/h，西部和东南部分列第二位、第三位，分别为 25.78 kg/h 和 16.77 kg/h；资源密度分布与渔获率分布相同，居前三位的资源密度分别为 357.36 kg/km^2、304.40 kg/km^2 和 237.49 kg/km^2。头足类平均渔获率和平均资源密度分别为 6.06 kg/h 和 76.22 kg/km^2；渔获率以中部、东部和东南部分列前三位，分别为 9.42 kg/h、9.14 kg/h 和 7.29 kg/h；资源密度前三位的区域依次为东部、中部和东南部，分别为 112.99 kg/km^2、110.83 kg/km^2 和 101.52 kg/km^2。甲壳类仅东北部和东南部 2 个区域有捕获，平均渔获率和平均资源密度分别为 0.48 kg/h 和 5.98 kg/km^2。其他类平均渔获率和平均资源密度分别为 15.48 kg/h 和 199.33 kg/km^2；渔获率南部最高，东南部和中部次之，渔获率分别为 20.02 kg/h、19.99 kg/h 和 16.79 kg/h；资源密度则以东南部为最高，南部和西南部分列第二位、第三位，分别为 280.76 kg/km^2、257.70 kg/km^2 和 227.66 kg/km^2（表 5-13）。

表 5-13　2002 年珠江口渔业资源数量

区域	渔获率（kg/h）					资源密度（kg/km^2）				
	鱼类	头足类	甲壳类	其他类	总体	鱼类	头足类	甲壳类	其他类	总体
东北部	3.44	0	3.00	15.83	22.27	42.23	0	36.83	194.34	273.40
东部	12.62	9.14	0	9.56	31.32	155.35	112.99	0	117.16	385.50
东南部	16.77	7.29	0.35	19.99	44.40	237.49	101.52	5.01	280.76	624.78
南部	14.33	6.78	0	20.02	41.13	187.04	86.40	0	257.70	531.14
西部	25.78	7.27	0	10.29	43.34	304.40	85.55	0	119.90	509.85
西南部	13.66	2.54	0	15.88	32.08	192.90	36.24	0	227.66	456.80
中部	30.49	9.42	0	16.79	56.70	357.36	110.83	0	197.81	666.00
平均值	16.73	6.06	0.48	15.48	38.75	210.97	76.22	5.98	199.33	492.50

2006 年 10 月至 2007 年 8 月在珠江口的调查包括春季、夏季、秋季、冬季 4 个航次、61 站次，调查站位分布于东部、河口区和中部。渔获物以鱼类为主，头足类和甲壳类均较少。平均总体渔获率和平均总体资源密度分别为 44.59 kg/h 和 563.49 kg/km^2；渔获率中部、东部和河口区分别为 62.04 kg/h、50.30 kg/h 和 21.44 kg/h；资源密度的变化与渔获率一致，上述区域对应的资源密度分别为 783.96 kg/km^2、635.64 kg/km^2 和 270.86 kg/km^2。鱼类平均渔获率和平均资源密度分别为 44.54 kg/h 和 562.80 kg/km^2；渔获率和资源密度均以中部为最高，分别为 62.01 kg/h 和 783.59 kg/km^2。头足类仅在东部有捕获，渔获率和资源密度分别为 0.08 kg/h 和 0.95 kg/km^2；两者平均分别为 0.03 kg/h 和 0.32 kg/km^2。甲壳类在所有区域均有捕获，但渔获率和资源密度均较低，平均渔获率和平均资源密度分别为 0.03 kg/h 和 0.37 kg/km^2（表 5-14）。

表 5-14　2006 年 10 月至 2007 年 8 月珠江口渔业资源数量

区域	渔获率（kg/h）				资源密度（kg/km²）			
	鱼类	头足类	甲壳类	总体	鱼类	头足类	甲壳类	总体
东部	50.18	0.08	0.04	50.30	634.18	0.95	0.51	635.64
河口区	21.42	0	0.02	21.44	270.64	0	0.22	270.86
中部	62.01	0	0.03	62.04	783.59	0	0.37	783.96
平均值	44.54	0.03	0.03	44.59	562.80	0.32	0.37	563.49

2006 年 8 月至 2007 年 11 月在珠江口的调查包括春季、夏季、秋季和冬季 4 个航次、60 站次。平均总体渔获率和平均总体资源密度分别为 72.28 kg/h 和 1005.39 kg/km²；渔获率和资源密度均以东南部为最高，分别为 117.61 kg/h 和 1648.03 kg/km²；西部次之，分别为 112.67 kg/h 和 1554.75 kg/km²；东部居第三位，分别为 84.64 kg/h 和 1195.35 kg/km²。鱼类平均渔获率和平均资源密度分别为 52.75 kg/h 和 734.71 kg/km²；渔获率和资源密度均以东南部、东部和西部分列前三位，渔获率分别为 103.61 kg/h、69.28 kg/h 和 66.19 kg/h，资源密度分别为 1451.22 kg/km²、980.29 kg/km² 和 912.26 kg/km²。头足类平均渔获率和平均资源密度分别为 7.24 kg/h 和 100.61 kg/km²；渔获率和资源密度居前三位的区域分别为东南部、东部和西部，渔获率分别为 12.33 kg/h、10.89 kg/h 和 7.42 kg/h，资源密度分别为 173.53 kg/km²、152.00 kg/km² 和 102.43 kg/km²。甲壳类平均渔获率和平均资源密度分别为 12.29 kg/h 和 170.07 kg/km²；渔获率和资源密度居前三位的区域均分别为西部、河口区和东部，渔获率分别为 39.06 kg/h、23.38 kg/h 和 4.47 kg/h，资源密度分别为 540.06 kg/km²、323.67 kg/km² 和 63.06 kg/km²（表 5-15）。

表 5-15　2006 年 8 月至 2007 年 11 月珠江口渔业资源数量

区域	渔获率（kg/h）				资源密度（kg/km²）			
	鱼类	头足类	甲壳类	总体	鱼类	头足类	甲壳类	总体
东部	69.28	10.89	4.47	84.64	980.29	152.00	63.06	1195.35
东南部	103.61	12.33	1.67	117.61	1451.22	173.53	23.28	1648.03
河口区	25.59	1.48	23.38	50.45	354.55	20.52	323.67	698.74
西部	66.19	7.42	39.06	112.67	912.26	102.43	540.06	1554.75
西南部	32.69	6.98	2.17	41.84	447.56	95.71	29.37	572.64
中部	19.12	4.35	3.01	26.48	262.35	59.46	41.00	362.81
平均值	52.75	7.24	12.29	72.28	734.71	100.61	170.07	1005.39

2015 年 9 月至 2016 年 3 月在珠江口的底拖网渔业资源调查包括春季、秋季 2 个航次、12 站次。总体渔获率为 49.75 kg/h；总体资源密度为 1968.91 kg/km²；鱼类在渔获物中比重较小，渔获率仅 5.52 kg/h，资源密度为 228.88 kg/km²；头足类渔获率为 1.37 kg/h，资源密度为 55.28 kg/km²；甲壳类在渔获物中比重较大，渔获率为 42.87 kg/h，资源密度为 1684.75 kg/km²（表 5-16）。

表 5-16　2015 年 9 月至 2016 年 3 月珠江口渔业资源数量

区域	渔获率（kg/h）				资源密度（kg/km²）			
	鱼类	头足类	甲壳类	总体	鱼类	头足类	甲壳类	总体
河口区	5.52	1.37	42.87	49.75	228.88	55.28	1684.75	1968.91

　　2016 年 1～10 月在珠江口的河口区、西部和中部的底拖网渔业资源调查包括春季、夏季、秋季和冬季 4 个航次、98 站次。平均总体渔获率和平均总体资源密度分别为 33.87 kg/h 和 1405.20 kg/km²；渔获率和资源密度均以中部为最高，西部次之，河口区最低，渔获率分别为 41.04 kg/h、36.69 kg/h 和 23.87 kg/h，对应的资源密度分别为 1709.57 kg/km²、1556.54 kg/km² 和 949.50 kg/km²。鱼类平均渔获率和平均资源密度分别为 18.78 kg/h 和 773.05 kg/km²；渔获率西部最高，为 22.27 kg/h，中部和河口区依次降低，分别为 18.33 kg/h 和 15.75 kg/h；资源密度则是西部最高，为 946.89 kg/h，中部和河口区分列第二位、第三位，分别为 753.44 kg/km² 和 618.83 kg/km²。头足类平均渔获率和平均资源密度分别为 0.29 kg/h 和 11.82 kg/km²；渔获率和资源密度均是西部最高，中部和河口区分列第二位、第三位，3 个区域的渔获率分别为 0.53 kg/h、0.25 kg/h 和 0.08 kg/h，资源密度分别为 22.58 kg/km²、9.79 kg/km² 和 3.08 kg/km²。甲壳类平均渔获率和平均资源密度分别为 14.80 kg/h 和 620.33 kg/km²；中部、西部和河口区渔获率分别为 22.46 kg/h、13.89 kg/h 和 8.04 kg/h，资源密度分别为 946.34 kg/km²、587.07 kg/km² 和 327.59 kg/km²（表 5-17）。

表 5-17　2016 年 1～10 月珠江口渔业资源数量

区域	渔获率（kg/h）				资源密度（kg/km²）			
	鱼类	头足类	甲壳类	总体	鱼类	头足类	甲壳类	总体
河口区	15.75	0.08	8.04	23.87	618.83	3.08	327.59	949.50
西部	22.27	0.53	13.89	36.69	946.89	22.58	587.07	1556.54
中部	18.33	0.25	22.46	41.04	753.44	9.79	946.34	1709.57
平均值	18.78	0.29	14.80	33.87	773.05	11.82	620.33	1405.20

5.3　资源密度及其变化

5.3.1　总体资源密度

　　本节对游泳动物资源密度时序变化进行了广义线性模拟（GAM）（图 5-2）。结果显示，1960～1969 年珠江口游泳动物资源密度呈逐渐降低的趋势；1970～1979 年资源密度呈先逐渐增加再逐渐降低的变化趋势，高峰出现在 1975 年和 1976 年；1980～1989 年资源密度的变化趋势与 1970～1979 年相似，但平均资源密度的峰值明显降低；1990～1999 年平均资源密度呈逐渐降低的变化趋势，且不同网次渔获的资源密度差异较小；2000～2016 年平均资源密度呈缓慢增加的趋势，网次资源密度差异略有增大。

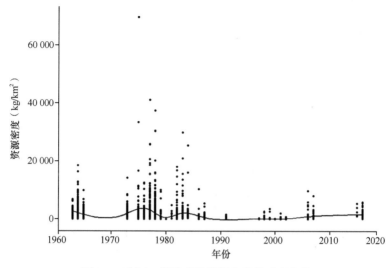

图 5-2 珠江口游泳动物资源密度的时序变化

1963～1965 年、1973～1977 年、1976 年 3～6 月和 1978 年 2 月至 1979 年 1 月的调查区域为珠江口陆架区，而 1979 年 10 月至 1981 年 9 月、1985 年 7 月至 1988 年 7 月和 1991 年 4～11 月的调查区域主要为河口及近岸区域，调查区域的差异可能是 20 世纪 60～80 年代渔业资源密度波动较大的重要原因。1997～2016 年的调查区域包含了河口、近岸和陆架区，但整体的资源密度波动较小，反映出珠江口不同调查海域的渔业资源均处于过度捕捞的状态。

5.3.2 各类群资源密度

鱼类、头足类和甲壳类等渔业资源主要类群的资源密度时序变化分别如图 5-3～图 5-5 所示。鱼类资源密度的时序变化与游泳动物资源密度的时序变化一致；1963～1975 年鱼类资源密度变化较小；1977 年鱼类资源密度明显增加，网次间鱼类资源密度变化幅度较大；1978～1980 年鱼类资源密度逐年降低；1981～1984 年鱼类资源密度增加，且年份变化幅度减小；1986～2002 年鱼类资源密度均值均较低；2005～2016 年鱼类资源密度均值略有增加，但总体来看，鱼类资源密度仍处于较低范围（图 5-3）。头足类资源密度的年际变化较大；1981 年前总体呈现出头足类资源密度较高，网次间波动较大的变化趋势；1982～1999 年总体呈现出头足类资源密度均较低，网次间波动均较小的变化趋势；2000～2016 年头足类资源密度均值呈现出先增加后降低的变化趋势，且头足类资源密度均值较高的年份，网次间波动变化较大（图 5-4）。甲壳类资源密度总体以 2002 年分为两个时期；1965～2002 年甲壳类资源密度均值均处于较低水平，年际和网次间变化相对较小；2006～2016 年甲壳类资源密度均值逐渐增大，网次间变化也逐渐加大（图 5-5）。

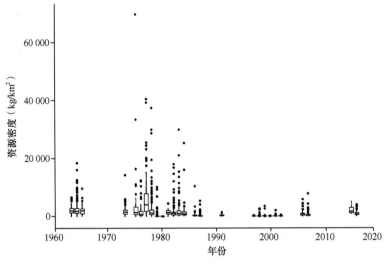

图 5-3 珠江口鱼类资源密度的时序变化

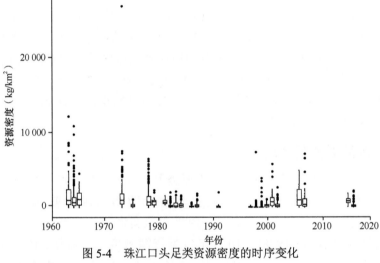

图 5-4 珠江口头足类资源密度的时序变化

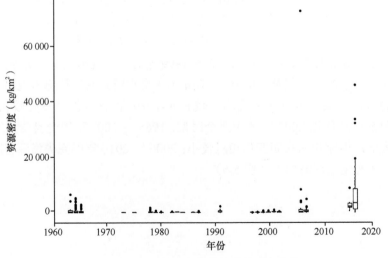

图 5-5 珠江口甲壳类资源密度的时序变化

第6章 大亚湾渔业资源

6.1 概述

　　大亚湾为三面环山半封闭式的海湾，位于南海北部大陆架的粤东西部、珠江口东侧，其西为大鹏湾，东邻红海湾，湾内岛屿众多、岸线曲折，具有优越的自然环境和丰富的生物资源，是我国重要的亚热带物种种质资源库，也是受人为活动扰动极为显著的区域。本章基于 1988～2009 年中国水产科学研究院南海水产研究所在大亚湾海域开展的 19 个航次、134 站次的渔业资源科学考察数据，对大亚湾的渔业资源状况及其变化趋势进行分析。

6.2 种类组成

　　根据 1988～2009 年采获的标本，在大亚湾共捕获游泳动物 259 种，隶属于 30 目 87 科 162 属，详见附录。其中，鱼类有 191 种，隶属于 25 目 69 科 127 属，占渔获种类的 73.7%；鲈形目鱼类种数最多，有 23 科 39 属 55 种，占硬骨鱼类的 29.7%；其次是鲱形目，有 2 科 10 属 25 种。软骨鱼类有 3 目 4 科 5 属 6 种，占渔获鱼类的 3.14%。甲壳类有 2 目 14 科 52 种。头足类有 3 目 4 科 16 种（表 6-1）。

表 6-1　1988～2009 年大亚湾游泳动物组成

序号	目名		科数	属数	种数
1	鲈形目	Perciformes	23	39	55
2	鲱形目	Clupeiformes	2	10	25
3	鲹形目	Carangiformes	3	14	18
4	刺尾鱼目	Acanthuriformes	4	7	13
5	鲭形目	Scombriformes	3	7	10
6	鲽形目	Pleuronectiformes	5	7	8
7	鲀形目	Tetraodontiformes	4	6	8
8	钩头鱼目	Kurtiformes	1	2	7
9	鰕虎鱼目	Gobiiformes	1	7	7
10	羊鱼目	Mulliformes	1	1	6
11	仙女鱼目	Aulopiformes	1	3	6
12	鳗鲡目	Anguilliformes	4	5	5
13	鲼形目	Myliobatiformes	3	2	3
14	鲇形目	Siluriformes	2	2	3
15	鲻形目	Mugiliformes	1	3	3
16	刺臀鱼目	Centrarchiformes	1	2	3
17	颌针鱼目	Beloniformes	2	2	2
18	攀鲈目	Anabantiformes	1	1	1
19	银汉鱼目	Atheriniformes	1	1	1
20	海鲢目	Elopiformes	1	1	1

续表

序号		目名	科数	属数	种数
21	海龙鱼目	Syngnathiformes	1	1	1
22	发光鲷目	Acropomatiformes	1	1	1
23	鲻形目	Callionymiformes	1	1	1
24	须鲨目	Orectolobiformes	1	1	1
25	真鲨目	Carcharhiniformes	1	1	2
26	口足目	Stomatopoda	1	3	5
27	十足目	Decapoda	13	24	47
28	八腕目	Octopoda	1	1	1
29	闭眼目	Myopsida	1	2	4
30	乌贼目	Sepioidea	2	5	11
	合计		87	162	259

1988 年 7 月在大亚湾共捕获游泳动物 82 种,隶属于 18 目 37 科。其中,鱼类有 64 种,隶属于 14 目 29 科,占渔获种类的 78.05%;鲈形目鱼类种数最多,有 9 科 15 种,占渔获鱼类的 23.4%;其次是鲱形目,有 2 科 9 种。甲壳类有 1 目 4 科 12 种。头足类有 3 目 4 科 6 种(表 6-2)。

表 6-2 1988 年 7 月大亚湾游泳动物组成

序号		目名	科数	种数
1	鲈形目	Perciformes	9	15
2	鲱形目	Clupeiformes	2	9
3	刺尾鱼目	Acanthuriformes	1	6
4	鲀形目	Tetraodontiformes	3	5
5	鰕虎鱼目	Gobiiformes	1	5
6	鲽形目	Pleuronectiformes	3	7
7	羊鱼目	Mulliformes	1	5
8	鳗鲡目	Anguilliformes	3	3
9	钩头鱼目	Kurtiformes	1	3
10	鲭形目	Scombriformes	1	2
11	鲇形目	Siluriformes	1	1
12	仙女鱼目	Aulopiformes	1	1
13	鲻形目	Callionymiformes	1	1
14	鲹形目	Carangiformes	1	1
15	十足目	Decapoda	4	12
16	八腕目	Octopoda	1	1
17	闭眼目	Myopsida	1	2
18	乌贼目	Sepioidea	2	3
	合计		37	82

1989～1990 年在大亚湾共捕获游泳动物 92 种，隶属于 16 目 35 科。其中，鱼类有 81 种，隶属于 12 目 29 科，占渔获种类的 88.04%；鲈形目鱼类种数最多，有 10 科 33 种，占渔获鱼类的 40.7%；其次是鲱形目，有 2 科 12 种。甲壳类有 1 目 3 科 6 种。头足类有 3 目 3 科 5 种（表 6-3）。

表 6-3　1989～1990 年大亚湾游泳动物组成

序号	目名		科数	种数
1	鲈形目	Perciformes	10	33
2	鲱形目	Clupeiformes	2	12
3	鲀形目	Tetraodontiformes	3	4
4	刺尾鱼目	Acanthuriformes	4	11
5	羊鱼目	Mulliformes	1	1
6	鲭形目	Scombriformes	2	6
7	鲹形目	Carangiformes	1	7
8	刺臀鱼目	Centrarchiformes	1	1
9	鲻形目	Mugiliformes	1	1
10	鲇形目	Siluriformes	2	2
11	仙女鱼目	Aulopiformes	1	2
12	攀鲈目	Anabantiformes	1	1
13	十足目	Decapoda	3	6
14	八腕目	Octopoda	1	1
15	闭眼目	Myopsida	1	3
16	乌贼目	Sepioidea	1	1
	合计		35	92

1992 年在大亚湾共捕获游泳动物 128 种，隶属于 26 目 58 科。其中，鱼类有 110 种，隶属于 22 目 53 科，占渔获种类的 85.9%；鲈形目鱼类种数最多，有 21 科 42 种，占渔获鱼类的 38.2%；其次是鲱形目和鲹形目，分别有 2 科 12 种和 1 科 12 种。甲壳类有 1 目 1 科 6 种。头足类有 3 目 4 科 12 种（表 6-4）。

表 6-4　1992 年大亚湾游泳动物组成

序号	目名		科数	种数
1	须鲨目	Orectolobiformes	1	1
2	真鲨目	Carcharhiniformes	1	1
3	鲼形目	Myliobatiformes	3	3
4	海鲢目	Elopiformes	1	1
5	鲱形目	Clupeiformes	2	12
6	仙女鱼目	Aulopiformes	1	3
7	鳗鲡目	Anguilliformes	1	1
8	鲇形目	Siluriformes	1	1
9	银汉鱼目	Atheriniformes	1	1
10	鲻形目	Mugiliformes	1	1

续表

序号	目名		科数	种数
11	鲈形目	Perciformes	21	42
12	鲉形目	Scorpaeniformes	2	2
13	鲽形目	Pleuronectiformes	4	4
14	鲀形目	Tetraodontiformes	2	3
15	鲹形目	Carangiformes	1	12
16	刺尾鱼目	Acanthuriformes	3	7
17	鲭形目	Scombriformes	2	5
18	鰕虎鱼目	Gobiiformes	1	3
19	钩头鱼目	Kurtiformes	1	3
20	羊鱼目	Mulliformes	1	2
21	刺臀鱼目	Centrarchiformes	1	1
22	鳍形目	Callionymiformes	1	1
23	十足目	Decapoda	1	6
24	八腕目	Octopoda	1	1
25	闭眼目	Myopsida	1	3
26	乌贼目	Sepioidea	2	8
	合计		58	128

2004 ～ 2005 年在大亚湾共捕获游泳动物 126 种，隶属于 25 目 57 科。其中，鱼类有 107 种，隶属于 21 目 50 科，占渔获种类的 84.9%；鲈形目鱼类种数最多，有 22 科 38 种，占渔获鱼类的 35.5%；在各科中，又以鲹科 Carangidae 和石首鱼科 Sciaenidae 的种类为最多，均为 8 种；其次是鳀科 Engraulidae 和鲱科 Clupeidae，均为 7 种；其余各科均不超过 5 种。甲壳类有 1 目 3 科 13 种。头足类有 3 目 4 科 6 种（表 6-5）。

表 6-5　2004 ～ 2005 年大亚湾游泳动物组成

序号	目名		科数	种数
1	真鲨目	Carcharhiniformes	1	1
2	鲱形目	Clupeiformes	2	14
3	仙女鱼目	Aulopiformes	1	4
4	鳗鲡目	Anguilliformes	4	5
5	鲇形目	Siluriformes	1	1
6	银汉鱼目	Atheriniformes	1	1
7	颌针鱼目	Beloniformes	1	1
8	鲻形目	Mugiliformes	1	1
9	鲈形目	Perciformes	22	38
10	鲽形目	Pleuronectiformes	1	1
11	鲀形目	Tetraodontiformes	2	6
12	鲭形目	Scombriformes	2	6
13	鰕虎鱼目	Gobiiformes	1	3

续表

序号	目名		科数	种数
14	钩头鱼目	Kurtiformes	1	3
15	羊鱼目	Mulliformes	1	2
16	刺臀鱼目	Centrarchiformes	1	2
17	鲹形目	Carangiformes	2	8
18	刺尾鱼目	Acanthuriformes	2	7
19	鳍形目	Callionymiformes	1	1
20	海龙鱼目	Syngnathiformes	1	1
21	发光鲷目	Acropomatiformes	1	1
22	十足目	Decapoda	3	13
23	八腕目	Octopoda	1	1
24	闭眼目	Myopsida	1	3
25	乌贼目	Sepioidea	2	2
	合计		57	126

　　2009 年在大亚湾共捕获游泳动物 48 种，分别隶属于 12 目 25 科。其中，鱼类有 37 种，分别隶属于 9 目 21 科，占渔获种类的 77.1%；鲈形目鱼类种数最多，共有 10 种，占渔获鱼类的 27.0%；其次是鲱形目和鲹形目，分别有 9 种和 5 种；鲭形目和刺尾鱼目各有 3 种，鲻形目、仙女鱼目和鲀形目各有 2 种；海龙鱼目有 1 种；在各科中，鳀科的种数最多，有 6 种；其次是鲹科，有 4 种；鲱科和鲷科各有 3 种；龙头鱼科、鲻科、鲾科和带鱼科均有 2 种；其余各科均只有 1 种。甲壳类有 1 目 2 科 6 种。头足类有 2 目 2 科 5 种（表 6-6）。

表 6-6　2009 年大亚湾游泳动物组成

序号	目名		科数	种数
1	鲈形目	Perciformes	8	10
2	鲱形目	Clupeiformes	2	9
3	鲻形目	Mugiliformes	1	2
4	仙女鱼目	Aulopiformes	1	2
5	刺尾鱼目	Acanthuriformes	2	3
6	鲹形目	Carangiformes	2	5
7	鲀形目	Tetraodontiformes	2	2
8	鲭形目	Scombriformes	2	3
9	海龙鱼目	Syngnathiformes	1	1
10	十足目	Decapoda	2	6
11	闭眼目	Myopsida	1	4
12	乌贼目	Sepioidea	1	1
	合计		25	48

6.3　渔获率与资源密度

6.3.1　1988 年渔获率与资源密度

1988 年在大亚湾共调查 11 个站位,巽寮湾南部海域的 S8 站游泳动物渔获率最高,为 50.87 kg/h,S10 站渔获率最低,为 2.04 kg/h。其中,鱼类渔获率 S3 站最高,为 26.33 kg/h,大鹏澳海域的 S11 站最低,为 0.99 kg/h。甲壳类和头足类渔获率均是 S8 站最高,分别为 27.02 kg/h 和 2.23 kg/h,甲壳类渔获率大水坑湾海域的 S4 站最低,为 0.31 kg/h,头足类 S2 站(桑洲海域)则未捕获(表 6-7)。

表 6-7　1988 年大亚湾游泳动物渔获率　　　　　　　　　　(单位:kg/h)

调查站位	鱼类	头足类	甲壳类	总计
S1	1.13	0.60	1.00	2.73
S2	4.75	0	1.11	5.86
S3	26.33	0.80	13.70	40.82
S4	2.55	1.64	0.31	4.50
S5	3.31	1.13	5.47	9.91
S6	9.89	0.79	6.84	17.52
S7	3.14	0.14	6.77	10.05
S8	21.61	2.23	27.02	50.87
S9	1.74	0.82	5.98	8.54
S10	1.30	0.14	0.61	2.04
S11	0.99	0.80	0.68	2.47

注:表中数据经过数值修约,存在舍入误差,下文同;渔获率为 0 表示未捕获

6.3.2　1989～1990 年渔获率与资源密度

1989 年 9 月至 1990 年 3 月在大亚湾每月进行一个航次的底拖网调查,共计 7 个航次。通过对数据整合,此次调查可分为 12 个调查站位,S12 站(核电站周边海域)游泳动物的渔获率最高,为 1025.00 kg/h;S1 站(喜洲东北海域)资源密度最高,为 752.91 kg/km^2;S8 站(鹅洲东部海域)游泳动物的渔获率和资源密度最低,分别为 103.77 kg/h 和 94.53 kg/km^2。其中,鱼类的渔获率和资源密度与总体的渔获率和资源密度分布一致,均是 S12 站(核电站周边海域)的渔获率最高,为 1025.00 kg/h;S1 站(喜洲东北海域)资源密度最高,为 703.85 kg/km^2,S8 站(鹅洲东部海域)渔获率和资源密度最低,分别为 100.98 kg/h 和 92.05 kg/km^2。甲壳类和头足类渔获率和资源密度均是 S1 站(喜洲东北海域)最高,分别为 1.80 kg/h、6.50 kg/km^2 和 20.73 kg/h、42.55 kg/km^2 (表 6-8)。

表 6-8 1989 ～ 1990 年大亚湾游泳动物渔获率与资源密度

调查站位	鱼类		头足类		甲壳类		总计	
	渔获率 (kg/h)	资源密度 (kg/km²)	渔获率 (kg/h)	资源密度 (kg/km²)	渔获率 (kg/h)	资源密度 (kg/km²)	渔获率 (kg/h)	资源密度 (kg/km²)
S1	226.51	703.85	20.73	42.55	1.80	6.50	249.05	752.91
S2	101.68	128.73	3.57	3.23	0.03	0.03	105.28	131.99
S3	128.84	300.71	1.56	3.07	0.33	0.54	130.73	304.33
S4	126.88	179.42	1.71	1.74	0	0	128.59	181.16
S5	303.23	447.44	4.87	7.19	0	0	308.10	454.63
S6	654.06	582.97	1.39	2.26	0	0	655.46	585.22
S7	176.12	208.96	3.07	3.34	0	0	179.19	212.30
S8	100.98	92.05	2.79	2.48	0	0	103.77	94.53
S9	282.36	269.59	0	0	0	0	282.36	269.59
S10	106.57	100.27	3.08	2.73	0.90	0.95	110.55	103.95
S11	297.37	321.66	0.40	0.46	0	0	297.76	322.12
S12	1025.00	693.21	0	0	0	0	1025.00	693.21

注：渔获率和资源密度为 0 表示未捕获，下文同

6.3.3 1992 年渔获率与资源密度

1. 空间分布

1992 年分别于 1 月和 8 月对大亚湾的 15 个站位进行调查。S4 站（喜洲西北海域）游泳动物的渔获率最高，为 991.90 kg/h；S6 站（马鞭洲东部海域）游泳动物的资源密度最高，为 15 408.21 kg/km²；S12 站（平屿岛西部海域）游泳动物的渔获率和资源密度最低，分别为 62.43 kg/h 和 415.19 kg/km²。其中，鱼类的渔获率和资源密度与总体的渔获率和资源密度分布一致，S4 站（喜洲西北海域）的渔获率最高，为 981.42 kg/h；S6 站（马鞭洲东部海域）资源密度最高，为 15 368.28 kg/km²；S12 站（平屿岛西部海域）渔获率和资源密度最低，分别为 46.84 kg/h 和 303.45 kg/km²。头足类渔获率 S5 站（白寿湾东部海域）最高，为 16.78 kg/h，资源密度 S8 站（巽寮湾南部海域）最高，为 167.32 kg/km²。甲壳类渔获率和资源密度均以 S10 站（纯洲和沙鱼洲中间海域）最高，分别为 2.09 kg/h 和 11.40 kg/km²（表 6-9）。

表 6-9 1992 年大亚湾游泳动物渔获率与资源密度

调查站位	鱼类		头足类		甲壳类		总计	
	渔获率 (kg/h)	资源密度 (kg/km²)	渔获率 (kg/h)	资源密度 (kg/km²)	渔获率 (kg/h)	资源密度 (kg/km²)	渔获率 (kg/h)	资源密度 (kg/km²)
S1	270.13	1 494.80	12.16	69.63	0.11	0.58	282.40	1 565.01
S2	195.52	1 284.64	7.64	50.30	0.23	1.53	203.39	1 336.47
S3	313.55	1 541.42	12.80	69.43	0.45	1.97	326.80	1 612.82
S4	981.42	4 982.70	9.22	52.66	1.26	3.43	991.90	5 038.79

调查站位	鱼类		头足类		甲壳类		总计	
	渔获率 (kg/h)	资源密度 (kg/km²)	渔获率 (kg/h)	资源密度 (kg/km²)	渔获率 (kg/h)	资源密度 (kg/km²)	渔获率 (kg/h)	资源密度 (kg/km²)
S5	450.82	2 673.26	16.78	98.58	0.06	0.40	467.66	2 772.24
S6	478.63	15 368.28	8.48	39.93	0	0	487.11	15 408.21
S7	311.58	1 704.18	8.17	44.66	0.75	4.10	320.50	1 752.94
S8	159.38	1 437.35	16.35	167.32	0	0	175.73	1 604.67
S9	748.92	4 096.15	6.47	35.36	0.25	1.37	755.64	4 132.88
S10	95.11	520.18	4.35	23.78	2.09	11.40	101.55	555.36
S11	648.24	2 349.77	10.15	48.84	0.17	0.51	658.56	2 399.12
S12	46.84	303.45	15.57	111.52	0.02	0.22	62.43	415.19
S13	167.64	1 738.94	8.75	67.55	0.22	2.00	176.61	1 808.49
S14	196.15	1 072.82	6.19	33.83	0	0	202.34	1 106.65
S15	124.46	770.45	6.83	44.30	1.10	6.13	132.39	820.88

2. 季节变化

1992 年冬夏两季大亚湾游泳动物平均渔获率为 356.33 kg/h，平均资源密度为 2821.98 kg/km²。1992 年冬季（1 月），游泳动物平均渔获率和平均资源密度分别为 348.90 kg/h 和 3315.03 kg/km²；其中，鱼类渔获率和资源密度分别为 338.69 kg/h 和 3258.81 kg/km²，头足类分别为 9.38 kg/h 和 52.25 kg/km²，甲壳类分别为 0.83 kg/h 和 3.98 kg/km²。1992 年夏季（8 月）游泳动物平均渔获率高于冬季，为 363.76 kg/h，资源密度则低于冬季，为 2328.93 kg/km²；其中，鱼类渔获率和资源密度分别为 353.09 kg/h 和 2252.98 kg/km²；头足类分别为 10.60 kg/h 和 75.44 kg/km²；甲壳类分别为 0.07 kg/h 和 0.51 kg/km²（表 6-10）。

表 6-10 1992 年大亚湾游泳动物渔获率与资源密度

时间 (年-月)	鱼类		头足类		甲壳类		总计	
	渔获率 (kg/h)	资源密度 (kg/km²)	渔获率 (kg/h)	资源密度 (kg/km²)	渔获率 (kg/h)	资源密度 (kg/km²)	渔获率 (kg/h)	资源密度 (kg/km²)
1992-1	338.69	3258.81	9.38	52.25	0.83	3.98	348.90	3315.03
1992-8	353.09	2252.98	10.60	75.44	0.07	0.51	363.76	2328.93
平均值	345.89	2755.895	9.99	63.845	0.45	2.245	356.33	2821.98

6.3.4 2004～2005 年渔获率与资源密度

1. 空间分布

2004 年 3 月、5 月、9 月、12 月及 2005 年 3 月、5 月分别对大亚湾的 9 个站位进行了 6 个航次调查。S6 站（纯洲和沙鱼洲中间海域）游泳动物的渔获率和资源密度最高，分别为 350.23 kg/h 和 1034.66 kg/km²，S3 站（虎洲海域）渔获率最低，为

147.49 kg/h，S8 站（小辣甲东部海域）资源密度最低，为 364.52 kg/km²。其中，鱼类的渔获率和资源密度与总体的渔获率和资源密度分布相同，S6 站（纯洲和沙鱼洲中间海域）最高，分别为 339.23 kg/h 和 1002.99 kg/km²，S3 站（虎洲海域）渔获率最低，为 127.27 kg/h，资源密度则是 S8 站（小辣甲东部海域）最低，为 292.87 kg/km²。头足类渔获率和资源密度以 S7 站（芒洲东部海域）为最高，分别为 38.68 kg/h 和 121.42 kg/km²。甲壳类渔获率以 S1 站（霞涌宝塔洲西部海域）为最高，为 2.51 kg/h，资源密度以 S7 站（芒洲东部海域）为最高，为 8.44 kg/km²（表 6-11）。

表 6-11 2004 ～ 2005 年大亚湾游泳动物渔获率与资源密度

调查站位	鱼类		头足类		甲壳类		总计	
	渔获率（kg/h）	资源密度（kg/km²）	渔获率（kg/h）	资源密度（kg/km²）	渔获率（kg/h）	资源密度（kg/km²）	渔获率（kg/h）	资源密度（kg/km²）
S1	278.73	864.26	7.31	19.27	2.51	7.06	288.55	890.59
S2	177.05	532.73	15.33	44.02	1.67	4.77	194.04	581.53
S3	127.27	355.40	18.22	50.58	1.99	5.25	147.49	411.23
S4	275.24	685.91	17.85	44.54	0.82	2.08	293.92	732.53
S5	179.99	467.80	24.92	64.69	1.61	5.49	206.52	537.98
S6	339.23	1002.99	9.62	26.97	1.38	4.70	350.23	1034.66
S7	296.27	843.12	38.68	121.42	2.47	8.44	337.42	972.98
S8	129.77	292.87	31.24	70.57	0.47	1.07	161.49	364.52
S9	150.74	353.83	15.69	38.95	0.61	1.45	167.04	394.22

2. 时间变化

2004 ～ 2005 年大亚湾游泳动物平均渔获率为 238.52 kg/h，平均资源密度为 657.80 kg/km²。2005 年 3 月游泳动物的渔获率和资源密度最高，分别为 397.62 kg/h 和 1106.89 kg/km²。其中，鱼类渔获率和资源密度分别为 347.02 kg/h 和 968.44 kg/km²，头足类分别为 49.23 kg/h 和 134.46 kg/km²，甲壳类分别为 1.37 kg/h 和 3.99 kg/km²。2004 年 5 月游泳动物渔获率最低，为 163.41 kg/h，其中鱼类为 162.69 kg/h，头足类未采获，甲壳类为 0.71 kg/h；游泳动物资源密度则以 2004 年 3 月最低，为 408.07 kg/km²，其中鱼类为 389.33 kg/km²，头足类为 13.94 kg/km²，甲壳类为 4.80 kg/km²（表 6-12）。

表 6-12 2004 ～ 2005 年大亚湾游泳动物各月份渔获率与资源密度

时间（年 - 月）	鱼类		头足类		甲壳类		总计	
	渔获率（kg/h）	资源密度（kg/km²）	渔获率（kg/h）	资源密度（kg/km²）	渔获率（kg/h）	资源密度（kg/km²）	渔获率（kg/h）	资源密度（kg/km²）
2004-3	170.99	389.33	6.30	13.94	2.02	4.80	179.31	408.07
2004-5	162.69	414.60	0	0	0.71	1.72	163.41	416.32
2004-9	252.54	634.31	17.12	42.74	0	0	269.65	677.05
2004-12	157.40	424.71	36.63	101.77	2.64	8.50	196.67	534.97
2005-3	347.02	968.44	49.23	134.46	1.37	3.99	397.62	1106.89
2005-5	212.23	767.89	9.97	27.77	2.27	7.86	224.47	803.52
平均值	217.14	599.88	19.87	53.45	1.50	4.48	238.52	657.80

6.3.5　2009 年渔获率与资源密度

2009 年在大亚湾共调查 10 个站位，S9 站（桑洲西北部海域）游泳动物的渔获率和资源密度最高，分别为 265.88 kg/h 和 1166.60 kg/km²；S2 站（澳头港口海域）最低，分别为 17.52 kg/h 和 76.88 kg/km²。其中，鱼类的渔获率和资源密度与总体的渔获率和资源密度一致，以 S9 站（桑洲西北部海域）最高和 S2 站（澳头港口海域）最低，分别为 245.29 kg/h、1076.25 kg/km² 和 16.24 kg/h、71.27 kg/km²。甲壳类渔获率和资源密度以 S4 站（岭澳东北部海域）最高，分别为 0.70 kg/h、3.09 kg/km²；头足类渔获率和资源密度则以 S6 站（赤洲西北部海域）最高，分别为 74.75 kg/h 和 327.99 kg/km²；两者均以 S8 站（大辣甲东部海域）最低，未捕获到甲壳类，头足类分别和 0.45 kg/h、1.98 kg/km²（表 6-13）。

表 6-13　2009 年大亚湾游泳动物渔获率与资源密度

调查站位	鱼类		头足类		甲壳类		总计	
	渔获率 (kg/h)	资源密度 (kg/km²)	渔获率 (kg/h)	资源密度 (kg/km²)	渔获率 (kg/h)	资源密度 (kg/km²)	渔获率 (kg/h)	资源密度 (kg/km²)
S1	109.37	479.88	7.23	31.72	0.09	0.39	116.69	512.00
S2	16.24	71.27	1.22	5.34	0.06	0.28	17.52	76.88
S3	129.44	567.95	2.11	9.27	0	0.00	131.55	577.22
S4	60.54	265.63	1.29	5.65	0.70	3.09	62.53	274.37
S5	194.97	855.46	1.04	4.55	0.52	2.27	196.52	862.28
S6	184.82	810.92	74.75	327.99	0.19	0.82	259.75	1139.72
S7	53.78	235.98	1.39	6.11	0.07	0.29	55.24	242.38
S8	50.93	223.48	0.45	1.98	0	0	51.39	225.47
S9	245.29	1076.25	20.56	90.19	0.04	0.16	265.88	1166.60
S10	174.04	763.62	0.57	2.48	0.03	0.12	174.63	766.22

6.4　种类组成与资源密度变化

6.4.1　种类组成

20 世纪 90 年代以来，大亚湾游泳动物的种数呈逐年减少的趋势。其中，从鱼类的栖息水层来看，大亚湾鱼类的栖息水层以中下层占优势，其次为中上层和底层，岩礁鱼类最少。中下层鱼类 20 世纪 90 年代逐年增加。2000 年后，随着大亚湾经济的发展，以及深水码头的兴建和航道的挖掘与疏浚，大亚湾的底质不断受到破坏，底层鱼类也由 20 世纪 90 年代占渔获种类的 23.6% 减至 21 世纪初的 20.4%。由于海岛的开发（如马鞭洲、大辣甲和小辣甲等岛屿成为储油基地和码头），岛礁鱼类赖以生存的栖息地减少，从而使岩礁鱼类从 20 世纪 80 年代占渔获种类的 1.91% 减少至 21 世纪初的 0.93%。此外，该海域鱼类优势种的更替较为明显。20 世纪 80～90 年代，带鱼和银鲳等经济价值较高的优质鱼类占优势，而今大亚湾鱼类小型化和低值化的趋势更为明显。

2004 ~ 2005 年，除斑鰶仍为第一优势种外，其余优势种被小型和较为低值的小沙丁鱼、小公鱼和二长棘鲷幼鱼所替代。

6.4.2 资源密度

从总体资源密度变化的趋势可以看出，1989 年至 1992 年 1 月大亚湾渔业资源密度呈上升趋势，并且 1992 年 1 月达到最高峰，1992 年 1 月至 2004 年 3 月呈下降趋势，然后直到 2009 年 12 月基本变化不大（图 6-1）。其中，甲壳类和头足类占比均较低，资源密度波动不大。鱼类资源密度的变化趋势与总体资源密度的变化趋势一致，1989 年至 1992 年 1 月从 335.7 kg/km² 增加至 3258.8 kg/km²，增加 8 倍多；1992 年 1 月至 2004 年 3 月呈下降趋势，然后直到 2009 年 12 月呈小幅度波动。

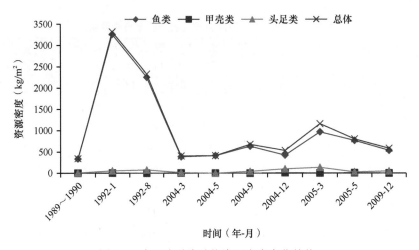

图 6-1 大亚湾游泳动物资源密度变化趋势

第7章 南海渔业资源管理对策和建议

对南海自 20 世纪 60 年代以来的渔业资源科学考察数据的分析表明，南海渔业资源呈现明显的衰退趋势。各区域中，南海北部自 1979 年开始，渔业资源量明显下降；南海北部陆架和北部湾在 1965 年后，渔业资源量呈持续降低趋势；南沙群岛陆架和大亚湾在 20 世纪 90 年代初开始，渔业资源量呈持续降低趋势；珠江口 1975 ～ 1976 年渔业资源量最高，之后开始持续降低，2000 ～ 2016 年虽略有回升，但资源量依然保持在较低的水平。此外，不同时期渔业资源优势种更替频繁，个体小型化明显。

7.1 管理对策

资源衰退和主要渔获种类低值化，是南海渔业资源普遍存在和较为突出的问题，主要表现为渔船单位产量和平均渔获率严重下降，低值鱼类和幼鱼的渔获比例不断增加，而优质鱼类的渔获比例明显减小，渔获质量下降。有效降低捕捞强度和积极恢复渔业资源，是较为可行的对策。

7.1.1 有效降低捕捞强度

捕捞强度过大是南海渔业资源衰退的主要原因，提高海洋渔业效益的根本出路在于有效降低捕捞强度。我国 1999 年开始在南海实施伏季休渔制度，以及设置渔业保护区、减少捕捞渔船、规定禁渔区和禁渔期、规定禁用渔具和渔法、限制网目尺寸、控制渔获物最小体长、限制捕捞力量、限制渔获量等，在一定程度上限制了渔业捕捞活动、保养了渔业资源、减少了渔业矛盾和纠纷、减缓了渔业资源衰退的趋势。根据多年来这些措施的实施效果，实施伏季休渔制度和限制网目尺寸对降低捕捞强度的效果相对更为明显。

1. 实施伏季休渔制度

伏季休渔制度是经国家有关部门批准、由渔业行政主管部门组织实施的保护渔业资源的一种制度，是我国迄今为止所实施的一项覆盖范围最广、影响层面最大、涉及渔船和渔民最多、管理任务最为繁重的渔业资源保护管理措施。它规定特定的作业种类在每年的特定时间、特定水域不得从事捕捞作业。通过某一段时间的禁渔，可以减小过大的捕捞压力；禁渔后的渔业资源会有所增加，可以提高单位捕捞努力量的捕捞效率；保护产卵亲鱼，促进鱼类资源的恢复，提高鱼卵、仔鱼、稚鱼的存活率。

早在 1980 年和 1981 年，国家水产总局就先后发布《关于集体拖网渔船伏季休渔和联合检查国营渔轮幼鱼比例的通知》和《东、黄海区水产资源保护的几项暂行规定》，规定每年 7 ～ 8 月对黄海区集体拖网渔船实行为期 2 个月的休渔，7 ～ 10 月对东海区集体拖网渔船实行为期 4 个月的休渔。1987 年农业部发布的《关于东、黄、渤海主要渔场渔汛生产安排和管理的规定》规定：$24°30' ～ 34°N$ 海域，每年 7 ～ 10 月对 250 hp 以下拖网渔船（桁杆拖虾作业除外）实行为期 4 个月的休渔。1992 年农业部又进一步规定：$27° ～ 35°N$ 海域，对所有底拖网作业（桁杆拖虾作业除外）实行为期 2 个月的休渔；$24°30' ～ 27°N$ 海域，对 250 hp 以下底拖网渔船实行为期 2 个月的休渔。1995 年，农业部在总结以往经验教训的基础上，经报请国务院同意，向各沿海省（区、市）人民政府发布了《关于修改〈东、黄、渤海主要渔场渔汛生产安排和管理的规定〉的通知》，其中规定：27°～35°N 海域，每年 7 月 1 日至 8 月 31 日禁止拖网渔船作业（桁杆拖虾作业除外）和帆张网渔船作业。该文件的发布，标志着伏季休渔作为一项国家制度被正式确定了下来，此后实施的伏季休渔制度又被称为"新伏季休渔制度"。

1998 年，《农业部关于在东海、黄海实施新伏季休渔制度的通知》规定：35°N 以北的黄海海域，暂定每年 7 月 1 日零时至 8 月 31 日 24 时，禁止所有拖网和帆张网作业；26°～35°N 海域，每年 6 月 16 日零时至 9 月 15 日 24 时，禁止所有拖网（桁杆拖虾暂时除外）和帆张网作业；24°30′～26°N 海域，拖网和帆张网作业渔船每年休渔 2 个月。

实行渔船捕捞许可制度、划定禁渔区线、设立幼鱼幼虾保护区等措施，未从根本上扭转渔业资源衰退的趋势。因此，1999 年农业部下发《农业部关于在南海海域实行伏季休渔制度的通知》，其中规定：12°N 以北的南海海域（含北部湾），每年 6 月 1 日零时至 7 月 31 日 24 时，禁止所有拖网（含拖虾、拖贝）、围网和掺缯作业。至此，我国伏季休渔制度扩展和覆盖到了渤海、黄海、东海和南海四个海区（不包括 12°N 以南海域）。休渔期间，除刺钓、笼捕以外的所有捕捞作业禁止在 12°N 以北的南海海域（含北部湾中方一侧海域）生产作业。休渔期间，南海作业总渔船数减少 25% 以上，渔船总功率减少 50% 以上。

根据资源变动状况和渔业生产实际，休渔时间和休渔作业类型也有所调整，南海的调整情况如下：2009 年 12°N 至"闽粤海域交界线"的南海海域（含北部湾）休渔时间调整为 5 月 16 日 12 时至 8 月 1 日 12 时，休渔作业类型为除单层刺网外的所有作业类型；2012 年休渔时间不变，依然为 5 月 16 日 12 时至 8 月 1 日 12 时，但休渔作业类型调整为除单层刺网和钓具外的所有作业类型；2017 年休渔时间和作业类型均有所调整，休渔时间调整为 5 月 1 日 12 时至 8 月 16 日 12 时，休渔作业类型调整为除钓具外的所有作业类型，为捕捞渔船配套服务的捕捞辅助船同步休渔。

休渔期是大部分鱼类的繁殖期和生长期，伏季休渔制度的实施可降低捕捞强度，特别是减轻对幼鱼的捕捞压力，延长幼鱼生长期。一些鱼类资源在休渔后有所恢复，部分种类的衰退情况也得到了一定的遏制，休渔的短期增产效果较好。但休渔的成果难以巩固，伏季休渔制度也很难，甚至不可能有效控制捕捞力量，开捕后渔船航次和总功率迅速增加，强大的捕捞压力很快抵消了休渔效果，对渔业资源长期养护和修复的效果并不明显。

伏季休渔制度若单独作为主要的渔业养护措施，有其自身的局限性，其作用也有限，指望通过单一制度的实施，就能遏制渔业资源严重衰退的趋势、实现资源恢复也是不现实的。但伏季休渔制度作为渔业资源总量管理、大规模压减捕捞产能、资源恢复等以外的辅助措施，其对渔业资源的养护还是能发挥明显的效果。在当前尚无其他养护管理措施能起到、超越或替代休渔作用的情况下，伏季休渔制度还是应当长期坚持并不断完善下去。

2. 实行采捕规格和网目尺寸限制

任何一种鱼都有一个最合适的开捕体长，决定开捕体长所考虑的因素为从某一年龄开捕可以获得最大的产量，或捕捞不会影响补充，即捕捞对鱼的繁殖影响最小。对南海多种主要经济鱼类的生长、死亡和开捕体长的研究表明，调整开捕体长比调整捕捞死亡的效果更显著，对渔业管理限制网目尺寸控制开捕体长比控制捕捞死亡水平更容易执行。严格控制网目尺寸和遵守禁渔期制度，渔业资源可以得到有效恢复。确定最合适开捕年龄后，可根据网具对各种鱼大小的选择性决定网目大小。最小可捕规格的限定能促使渔民使用网目尺寸更大、选择性较好的渔具和渔法。

为控制网目尺寸、保护渔业资源，2003 年农业部发布了《关于实施海洋捕捞网具最小网目尺寸制度的通告》。由于当时规定的渔具类型较少，而渔具更新换代太快等，从 2009 年起，农业部又陆续开展了全国渔具和渔法专项调查，以及海洋捕捞渔具目录编制工作，初步完成了《全国海洋捕捞渔具目录》，设定了最小网目尺寸、渔具规格、携带数量等相应限制条件。2013 年农业部又发布了《关于实施海洋捕捞准用渔具和过渡渔具最小网目尺寸制度的通告》，对主要海洋捕捞渔具的最小网目尺寸标准进行了限制，提出根据现有科研基础和捕捞生产实际，海洋捕捞渔具最小网目尺寸制度分为准用渔具和过渡渔具两大类。准用渔具是国家允许使用的海洋捕捞渔具，过渡渔具将根据保护海洋渔业资源的需要，今后分别转为准用或禁用渔具。对南海拖网网囊最小尺寸规定为 40 mm，但在执行过程中因渔民维持生计的需求，目前所用网目大小普遍低于规定标准，还需要加强执法管理力度，切实落实网目尺寸规定，保护渔业资源。

7.1.2 积极恢复渔业资源

在有效降低捕捞强度的同时，还应该采取积极措施开展渔业资源恢复。在各项已经实施的资源恢复措施中，增殖放流和人工鱼礁海洋牧场建设是较为有效的。此外，还可以参照其他国家的实践，如设定禁捕区等较有成效的措施，进行渔业资源恢复。

1. 增殖放流

渔业资源增殖放流是在对野生鱼、虾、蟹、贝、藻类等进行人工繁殖和在人工条件下培育后，释放到渔业资源出现衰退的天然水域中，恢复自然种群、增加水域的自然资源、改良水域生物组成，再进行合理捕捞的渔业方式。增殖放流将渔业资源种类初期损耗极大的部分置于人类的管理之下，通过保护、培育使其避过在自然环境中的死亡高峰阶段后放流于自然环境中，能非常高效地补充渔业资源的补充群体，恢复渔业资源的数量，特别是衰退明显的优质品种的资源量，开展渔业资源增殖放流对恢复渔业资源和提高产量有重大作用。我国自 1950 年起就开展了各种类型的渔业资源增殖活动，已取得明显的社会、经济和生态效益。

20 世纪 50 年代我国在解决"吃鱼难"问题的背景下，开始了增殖放流活动的初步探索。国家颁布相关渔业法规和通知指示，在恢复和发展渔业生产的同时，开展以青鱼、草鱼、鲢鱼、鳙鱼四大家鱼为主的水生生物增殖放流活动。自 20 世纪 80 年代开始，为了恢复天然水域渔业资源种群数量，我国首先在渤海湾开展了中国对虾增殖放流活动，随后在沿海、内陆水域都开展了一定规模的渔业资源增殖放流活动。为了加强增殖放流工作，2003 年农业部发布了《关于加强渔业资源增殖放流工作的通知》，明确要求加大渔业资源增殖放流的投入力度，要将增殖放流与保护渔业资源、增加渔民收入、促进渔业可持续发展联系起来。自 2010 年开始，随着各级政府支持力度加大，全国沿海和内陆地区都相继加大了增殖放流力度，在恢复放流物种种群数量的同时，注重放流水域生物多样性，以提高水生生物多样性为目的开展增殖放流活动。《2020 年渔业渔政工作要点》提出，持续强化渔业资源养护和水域生态修复，继续组织开展水生生物增殖放流活动。

虽然增殖放流活动中存在放流资源跟踪评估不充分、放流物种的生态影响研究较少、放流后的管理缺乏、放流活动动员工作力度不大等问题，但作为推动渔业资源恢复的有力措施，其对改善海域生态环境、维持自然海域的生物多样性有重要意义。此外，增殖放流还可以增加水产品的捕捞数量，提高水产品的经济价值，促进渔民增收。因此，仍应该继续加大对增殖放流的投入和宣传力度，大力发展和完善增殖放流的理论指导和监管，加强放流相关的科学研究工作，制定完善的技术规程和标准，健全增殖放流苗种供应、科技支撑和社会放流服务体系，建立健全增殖放流管理制度和技术标准、放流苗种种群的跟踪监测和效果评价制度与体系，科学评估增殖放流效果，充分调动公众的积极性，在全社会营造关心生物资源、保护生态环境的良好氛围。

2. 人工鱼礁海洋牧场建设

人工鱼礁是人们为了诱集并捕捞鱼类，保护、增殖鱼类等水产资源，改善水域环境，进行休闲渔业活动等而有意识地设置于预定水域的构造物。通过人工鱼礁投放营造新的礁区，增加生物覆盖，诱集和聚集鱼类等在礁区觅食、繁殖和栖息，为鱼类等生物提供索饵、繁殖、生长发育等的场所，限制底拖网渔船作业，达到保护、增殖资源和提高渔获质量的目的。此外，人工鱼礁投放带来的流场和水动力条件的变化，还可以大大增加礁区的营养物质、提升区域生产力水平，进而形成海上人工牧场和渔场，促进修复和改善生态环境。与增殖放流相结合，人工鱼礁可为幼稚鱼提供庇护所和觅食场，大大提高幼稚鱼的成活率，增强增殖放流效果，促进渔业资源恢复。人工鱼礁建设对整治海洋国土、建设海上牧场、调整渔业产业结构、促进海洋产业的升级优化、带动旅游业等相关产业发展、修复和改善海洋生态环境、增殖和优化渔业资源、拯救珍稀濒危生物、保护生物多样性，以及促进海洋经济快速、持续、健康发展均有十分重要的战略意义和深远的历史意义。

人工鱼礁起源历史悠久，早在春秋战国或汉代的"眔业"中就出现了关于鱼礁的文字记载。但是，在一个相当长的时期并未引起人们的足够重视，直到渔业资源出现衰退时，人们才对这项古老的作业重新产生兴趣。

日本是人工鱼礁建设的典型国家，其投入资金多，投放时间早，对鱼礁的研究也较为深入。1932 年日本政府制定了"沿岸渔业振兴政策"，第二次世界大战后就逐年在日本沿岸海域投放人工鱼礁，至今日本在环岛沿岸几乎都设有人工鱼礁区。美国是把人工鱼礁建设纳入国家发展计划的第二个国家，1984 年通过国家渔业增殖提案，对人工鱼礁建设进行了规定，1985 年实施长期的国家人工鱼礁方案，为人工鱼礁建设的各个方面提供指南，促进人工鱼礁技术的有效利用，美国沿海 90% 的州均已实施人工鱼礁建设。韩国也非常重视人工鱼礁的建设，自 1973 年开始大规模建设人工鱼礁。

我国真正意义上的人工鱼礁建设始于 20 世纪 70 年代末。从 1979 年起先后在广东、广西、山东开始试验，取得了初步效果。1983 年 12 月，我国海洋捕捞技术专家提出了开创我国海洋渔业新局面的建议，获得了中央领导的 3 次重要批示。1984 年人工鱼礁被列为国家经委开发项目，扩大推广试验。1990 年因资金等原因，人工鱼礁研究和建设中断。2005 年人工鱼礁建设进入发展阶段，沿海各省（区、市）相继制定了海洋发展规划和人工鱼礁海洋牧场建设规划，掀起了大规模建设人工鱼礁海洋牧场的热潮。截至 2015 年底，全国投入人工鱼礁海洋牧场建设资金 49.8 亿元，建成海洋牧场 233 个，建成人工鱼礁区 619.8 km^2，投放人工鱼礁 6094 万空方。2015 年以来，人工鱼礁海洋牧场建设进入快速发展阶段，上升至海洋生态安全、粮食安全和富裕渔民的国家战略的高度。人工鱼礁海洋牧场已经形成一定规模，生态效益、经济效益和社会效益日益显著。

7.2 建议

7.2.1 加强南海渔业资源养护管理国际合作

南海是典型的半封闭海，周边有中国、菲律宾、越南、马来西亚、文莱、印度尼西亚等国，且均已批准了《联合国海洋法公约》，各国对共同利用南海渔业资源负有合作养护的责任和义务。目前我国与南海周边其他国家的渔业合作多集中于经贸科研领域，南海渔业尚无共同养护管理机制，且南海周边各国渔业管理举措缺乏规范协调，各国均从自身利益出发开发利用南海渔业资源，造成南海渔业活动无序、竞争、不受管制，这也是南海渔业资源持续衰减的重要原因之一。虽然南海渔业资源养护管理国际合作困难重重，但我国与南海周边国家已达成一些合作框架，且各国渔业政策法规在很多方面存在着相似性，这些都为开展南海渔业合作提供了良好的基础条件。也有诸多学者提出了南海渔业资源养护管理合作的实现路径，可供参考。因此，为促进南海渔业资源可持续利用，稳定南海局势，我国与南海周边其他国家还是应加强在渔业资源养护管理领域的合作，早日实现南海渔业资源有效养护管理。

7.2.2 对沿岸和岛屿、岛礁水域的小型渔业试行专属捕鱼权制度

所谓专属捕鱼权或排他性的捕鱼权，是把特定海域的捕鱼权利划归特定渔民团体（如渔村、渔会等）所拥有，以克服因渔业资源公共财富性而产生的负作用，这属于渔业领地使用权的一种管理方式。世界各地的沿海国家，如巴西、智利、斯里兰卡、巴布亚新几内亚、日本等国，一直在使用渔业领地使用权，这些国家根据人工鱼礁、海底地形特征、水流或者浮标装置划定和管理渔业领地使用权范围。渔业领地使用权已成为一种日益流行的管理策略，因为它可以有效地保护各种水生生物资源种群，在日本的虾类种群、越南的鱼类种群和智利的底栖种群的保护管理中，发挥着积极作用。

渔业领地使用权的分配为渔民提供了经济利益，提高了产量，恢复了种群的生物生产力，减少了"捕鱼竞赛"问题，提高了价格谈判的权力，并降低了开采成本、避免过度开采，通过可持续管理，使渔民获得切实的好处。渔业领地使用权也可有助于

削弱资本和劳动力之间的联系，减少对更现代化设备的竞争，甚至鼓励共同拥有船只和设备。渔业领地使用权还可有助于管制所使用的渔业捕捞工具（如网目大小）和限制使用破坏性捕鱼方法。换句话说，与传统的渔业管理工具不同，渔业领地使用权可以鼓励渔民以更可持续的方式管理渔业。此外，渔民团体在拥有渔业领地使用权的同时，担负起合理利用和养护资源的责任，把渔业资源的适度利用变成渔民团体的自觉行动，变政府与渔民的管理与被管理关系为协作管理的关系。

专属捕鱼权制度主要适用于低纬度、发展中国家的沿岸和珊瑚礁小型渔业。联合国粮食及农业组织及其他机构多年前就在印度洋沿岸和东南亚的部分地区推广这种小型渔业管理模式，并取得了实效。我国台湾省的沿岸海域也实行这种渔业管理制度。南海的经济种类繁多，但生命周期短、种群数量少，大多为地域性较强的种类，不进行长距离洄游，沿岸和岛屿、岛礁水域的渔业也是典型的小型渔业，具备实行这种管理方法的客观条件，可以在特定区域试行专属捕鱼权制度。

7.2.3　设置禁渔区

在大部分鱼类的集中繁殖期进行休渔后，一些鱼类资源得到明显的恢复，但短期的休渔效果很快在开捕后强大捕捞压力下消失殆尽。因此，可以考虑在渔业资源生物的特定生长阶段的特定区域实施禁渔以恢复渔业资源。

产卵聚集代表着物种的基础生产力水平，渔业资源生物中大多数有聚集特性的物种对于产卵聚集的场所都有极高的忠诚度，在产卵季节里会多次来到聚集场所，因此，保护产卵聚集区对渔业资源的恢复和重建具有重要作用。例如，美属维尔京群岛当地政府在处于过度捕捞状态的红点石斑鱼 *Epinephelus guttatus* 产卵聚集区内，实施 10 年的季节性禁渔和 5 年的永久性禁渔保护后，红点石斑鱼的产卵鱼群无论是体长、数量，还是密度方面都有显著回升，性别比例也更趋合理，当地渔业也较禁渔前得到了更大发展。当前我国沿海的人工鱼礁区和海上风电厂区，因为有水下构筑物的建设而限制了渔业生产作业，形成了实际上的禁渔区，对渔业资源的养护和恢复也起到了促进作用，但直接对产卵聚集区进行禁渔的效果应更为显著。目前国际上产卵聚集研究尚处于起步阶段，南海主要经济鱼类具有产卵期长、产卵场广泛的特点，部分种类有多次产卵的特性，大多数种类的产卵场不甚清楚。因而，需加大南海主要经济鱼类产卵场方面的研究投入力度，尽快开展一些特定种类的产卵聚集特性研究，对已经明确的产卵聚集区实施禁渔，以提升渔业资源保护效果。

7.2.4　加强保护区建设和特殊生态系统修复和保护

我国在一些重要水产种质资源较为集中的区域，建立了水产种质资源保护区，对水产种质资源及其栖息环境进行保护，取得了一定的成效。但是，还应依据当前的实际情况，进一步优化调整水产种质资源保护区，加强水产种质资源保护区建设，提升保护区管护能力，提升保护成效。此外，一些特殊海洋生态系统，如红树林生态系统、珊瑚礁生态系统和海草床生态系统等，也是渔业资源生物重要的产卵场、繁育场和庇护场，对渔业资源的补充和养护具有重要作用，在坚持生态优先的前提下，应大力加强对这些特殊生态系统的修复和保护。

7.2.5 提高渔业资源调查能力，加大科学研究投入力度

积极开展渔业资源和水域生态环境调查监测，动态掌握渔业资源和水域环境状况，及时调整和优化渔业管理和资源养护措施，提高渔业资源管理和养护措施的效率。南海近海渔业资源已经充分利用，但在南海外海尚有中上层渔业资源未充分利用，应加强渔场判定、渔具和渔法、加工保鲜技术等方面的科学研究和加大经费投入力度，寻求新的渔业增长点，以减轻近海的捕捞压力。此外，加强国际渔业资源调查评估，开拓新渔场、新资源，研发远洋渔船捕捞机械化、自动化装备，推进远洋渔业高质量发展，也可起到减轻国内捕捞压力、保护渔业资源的作用。

主要参考文献

陈嘉欣，区又君，廖银萍，等.2006.北部湾雷州近海春、夏季鱼类群落结构初探.生态科学，25(4): 354-358.

陈明宝.2013.南中国海渔业资源养护与管理措施及效果分析.生态经济，272(10): 98-110.

陈勇，田涛，刘永虎，等.2022a.我国海洋牧场发展现状、问题及对策(上).科学养鱼，38(2): 24-25.

陈勇，田涛，刘永虎，等.2022b.我国海洋牧场发展现状、问题及对策(中).科学养鱼，38(3): 24-25.

陈铮，李辉权.1994.南沙群岛西南部陆架区底拖网渔获主要经济鱼类的数量分布特征及主要渔场.海洋水产研究，15(2): 141-151.

陈作志，邱永松.2003.北部湾二长棘鲷生长和死亡参数估计.水产学报，27(3): 251-257.

褚晓琳.2020.人类命运共同体视域下南海渔业资源养护管理合作研究.亚太安全与海洋研究，(1): 87-99.

丁永哲.1990.东沙北部底层鱼类组成及资源特点的初步研究.福建水产，(3): 43-47.

国家海洋局.2007.海洋调查规范 第6部分：海洋生物调查.北京：中国标准出版社：56-62.

胡建宇，杨圣云.2008.北部湾海洋科学研究论文集.北京：海洋出版社.

黄硕琳，唐议.2019.渔业管理理论与中国实践的回顾与展望.水产学报，43(1): 211-231.

贾晓平，陈丕茂，唐振朝，等.2021.亚热带海域投礁型海洋牧场构建与示范：以防城港白龙珍珠湾海洋牧场为例.北京：中国农业出版社.

贾晓平，李纯厚，陈作志，等.2012.南海北部近海渔业资源及其生态系统水平管理策略.北京：海洋出版社.

贾晓平，李纯厚，林昭进，等.2003.北部湾渔业生态环境与渔业资源.北京：科学出版社：111-116.

贾晓平，李永振，邱永松，等.2004.南海专属经济区和大陆架渔业生态环境与渔业资源.北京：科学出版社：399-542.

李木子，曾雅，任同军.2021.中国渔业增殖放流问题及对策研究.中国水产，(9): 42-45.

李显森，梁志辉，蒋明星.1987.北部湾北部我国沿岸海区鱼类区系初步调查.广西科学院学报，3(2): 95-116.

李永振，陈丕茂.2004.南沙群岛重要珊瑚礁水域鱼类资源数量分布.水产学报，28(6): 651-656.

李永振，林昭进，陈丕茂，等.2003.南沙群岛中北部重要岛礁鱼类资源调查.水产学报，27(4): 315-321.

刘维，张羽翔，陈积明，等.2012.南沙群岛春季灯光围网渔业资源调查初步分析.上海海洋大学学报，21(1): 105-109.

罗春业，李英，朱瑜，等.1999.广西北部湾鱼类区系的再研究.广西师范大学学报：自然科学版，17(2): 85-89.

乔延龙，陈作志，林昭进.2008.北部湾春、秋季渔业生物群落结构的变化.中国水产科学，15(5): 816-821.

邱永松.1995.北部湾主要经济鱼类分布.南海水产研究，11: 1-9.

邱永松.2002.南海北部渔业资源状况与合理利用对策//《专项勘测研究论文集》编委会.我国专属经济区和大陆架勘测研究论文集.北京：海洋出版社：360-367.

邱永松，曾晓光，陈涛，等.2008.南海渔业资源与渔业管理.北京：海洋出版社：187-194.

水产部南海水产研究所技术情报室.1964.苏越北部湾考察报告.

孙德雄，刘宣，区又君，等.2008.北部湾雷州沿岸鱼类资源现状研究.热带海洋学报，27(3): 66-71.

孙典荣, 林昭进. 2004. 北部湾主要经济鱼类资源变动分析及保护对策探讨. 热带海洋学报, 23(2): 62-68.

孙典荣, 林昭进, 邱永松. 2005a. 西沙群岛重要岛礁鱼类资源调查. 中国海洋大学学报 (自然科学版), 35(2): 225-231.

孙典荣, 林昭进, 邱永松, 等. 2005b. 西沙群岛重要珊瑚礁海域鱼类区系. 南方水产, 1(5): 18-25.

孙典荣, 邱永松. 2004. 北部湾长尾大眼鲷生长和死亡参数估计. 海洋湖沼通报, (3): 27-34.

孙典荣, 邱永松, 林昭进, 等. 2006. 中沙群岛春季珊瑚礁鱼类资源组成的初步研究. 海洋湖沼通报, (3): 85-92.

王淼娣, 王雪辉, 孙典荣, 等. 2021. 基于长度贝叶斯生物量估算法评估北部湾大头白姑鱼资源状况. 南方水产科学, 17(2): 20-27.

王雪辉, 杜飞雁, 林昭进, 等. 2011. 西沙群岛主要岛礁鱼类物种多样性及其群落格局. 生物多样性, 19(4): 463-469.

王雪辉, 邱永松, 杜飞雁, 等. 2010. 北部湾鱼类群落格局及其与环境因子的关系. 水产学报, 34(10): 1579-1586.

王雪辉, 邱永松, 杜飞雁, 等. 2020. 基于长度贝叶斯生物量法估算北部湾二长棘鲷种群参数. 水产学报, 44(10): 1654-1662.

许友伟, 陈作志, 范江涛, 等. 2015. 南沙西南陆架海域底拖网渔获物组成及生物多样性. 南方水产科学, 11(5): 76-81.

杨吝. 2001. 南海区捕捞渔业现状与对策. 湛江海洋大学学报, 21(1): 73-77.

杨吝, 刘同渝, 黄汝堪. 2005. 中国人工鱼礁的理论与实践. 广州 : 广东科技出版社 .

伊凡·纳霍克尔根. 2017. 热带沿海生态系统生态连通性. 杜建国, 陈彬, 陈明茹, 译. 北京 : 海洋出版社 .

袁蔚文. 1995. 北部湾底层渔业资源的数量变动和种类更替. 中国水产科学, 2(2): 57-65.

袁蔚文, 邱永松. 1995. 北部湾底拖网渔业资源评估. 南海水产研究, (12): 10-21.

袁蔚文, 邱永松, 郭金富, 等. 1994. 北部湾底拖网渔业资源调查. 南海水产研究所 .

张澄茂, 丁永哲, 叶泉土, 等. 1988. 东沙北部海区渔业资源探捕调查报告 (1986-1987). 福建省水产研究所 .

张澄茂, 丁永哲, 叶泉土, 等. 1989. 东沙北部海区底层鱼类资源探捕调查报告. 福建水产, (3): 12-18.

朱江峰, 邱永松. 2005. 南海北部带鱼生长死亡参数与动态综合模式. 海洋学报, 27(6): 93-99.

Armitage D, Marschke M, Tuyen T V. 2011. Early-stage transformation of coastal marine governance in Vietnam? Marine Policy, 35(5): 703-711.

Cancino J P, Uchida H, Wilen J E. 2007. TURFs and ITQs: Collective vs. individual decision making. Marine Resource Economics, 22 (4): 391- 406.

Costello C. 2012. Introduction to the symposium on rights-based fisheries management. Review of Environmental Economics & Policy, 6(2): 212-216.

Legendre L, Legendre P. 1983. Numerical Ecology. New York: Elsevier Scientific Press: 339-369.

Mccay B. 2017. Territorial use rights in fisheries of the northern Pacific coast of Mexico. Bulletin of Marine Science, 93(1): 69-81.

Parsons T R. 1992. The removal of marine predators by fisheries and the impact of trophic structure. Marine Pollution Bulletin, 25(1-4): 51-53.

Pinkas L, Oliphant M S, Iverson I L K. 1971. Food habits of albacore, bluefin tuna, and bonito in California waters. California Department of Fish and Game, Fish Bulletin, 152: 1-105.

Quynh C N T, Schilizzi S, Hailu A, et al. 2017. Territorial Use Rights for Fisheries (TURFs): State of the art and the road ahead. Marine Policy, 75: 41-52.

Romero P, Melo O. 2021. Can a Territorial Use Right for Fisheries management make a difference for fishing communities? Marine Policy, 124(2): 104359.

Sparre P, Venema S C. 1992. Introduction to tropical fish stock assessment. Part 1: Manual. FAO Fish.Tech., 306: 376.

Wang X H, Qiu Y S, Du F Y, et al. 2012. Population parameters and dynamic pool models of commercial fishes in the Beibu Gulf, northern South China Sea. Chinese Journal of Oceanology and Limnology, 30(1): 105-117.

Wilen J E, José C, Hirotsugu U. 2012. The economics of territorial use rights fisheries, or TURFs. Review of Environmental Economics and Policy, 6(2): 237-257.

附录　游泳动物名录

中文名	拉丁学名	大亚湾	北部湾	珠江口	南海北部	南海诸岛
银鲛目	**Chimaeriformes**					
银鲛科	**Chimaeridae**					
乔氏银鲛	*Chimaera jordani*				+	
黑线银鲛	*Chimaera phantasma*			+	+	+
曾氏兔银鲛	*Hydrolagus tsengi*			+	+	
箕作氏兔银鲛 [冬兔银鲛]	*Hydrolagus mitsukurii*				+	
太平洋长吻银鲛	*Rhinochimaera pacifica*				+	
虎鲨目	**Heterodontiformes**					
虎鲨科	**Heterodontidae**					
狭纹虎鲨	*Heterodontus zebra*			+	+	+
须鲨目	**Orectolobiformes**					
铰口鲨科	**Ginglymostomatidae**					
锈色铰口鲨	*Ginglymostoma ferrugineum*					+
须鲨科	**Orectolobidae**					
日本须鲨	*Orectolobus japonicus*					+
斑纹须鲨	*Orectolobus maculatus*		+		+	
长尾光鳞鲨	*Nebrius macrurus*					+
斑鳍鲨科	**Parascylliidae**					
橙黄鲨	*Cirrhoscyllium expolitum*			+	+	
豹纹鲨科	**Stegostomatidae**					
豹纹鲨	*Stegostoma fasciatum*			+	+	+
天竺鲨科	**Hemiscylliidae**					
长鳍斑竹鲨	*Chiloscyllium colax*			+	+	
灰斑竹鲨	*Chiloscyllium griseum*					+
条纹斑竹鲨	*Chiloscyllium plagiosum*	+	+	+	+	+
点纹斑竹鲨	*Chiloscyllium punctatum*					+
鼠鲨目 [鲭鲨目]	**Lamniformes**					
长尾鲨科	**Alopiidae**					
浅海长尾鲨	*Alopias pelagicus*				+	+
弧形长尾鲨 [狐鲨]	*Alopias vulpinus*				+	+
姥鲨科	**Cetorhinidae**					
姥鲨	*Cetorhinus maximus*				+	
鼠鲨科	**Lamnidae**					
噬人鲨	*Carcharodon carcharias*				+	
灰鲭鲨	*Isurus glaucus*				+	+
鼠鲨	*Lamna nasus*			+		

续表

中文名	拉丁学名	大亚湾	北部湾	珠江口	南海北部	南海诸岛
锥齿鲨科	**Odontaspididae**					
沙锥齿鲨	*Carcharias taurus*					+
真鲨目	**Carcharhiniformes**					
猫鲨科	**Scyliorhinidae**					
灰光尾鲨	*Apristurus canutus*				+	
大吻光尾鲨	*Apristurus macrorhynchus*				+	
小眼光尾鲨	*Apristurus microps*				+	
中华光尾鲨	*Apristurus sinensis*				+	
范氏光尾☐	*Apristurus verweyi*				+	
斑鲨	*Atelomycterus marmoratus*					+
网纹绒毛鲨	*Cephaloscyllium fasciatum*				+	
台湾绒毛鲨	*Cephaloscyllium formosanum*				+	
阴影绒毛鲨	*Cephaloscyllium umbratile*		+		+	+
伊氏锯尾鲨	*Galeus eastmani*				+	
日本锯尾鲨	*Galeus nipponensis*		+		+	
沙氏锯尾鲨	*Galeus sauteri*				+	
梅花鲨	*Halaelurus burgeri*		+		+	+
白斑星鲨	*Mustelus manazo*				+	
哈氏台湾鲨	*Proscyllium habereri*				+	
虎纹猫鲨	*Scyliorhinus torazame*		+		+	
原鲨科	**Proscylliidae**					
斑点丽鲨	*Proscyllium venustum*		+			+
皱唇鲨科	**Triakidae**					
光唇鲨	*Eridacnis radcliffei*				+	
日本翅鲨	*Galeorhinus japonicus*		+		+	
灰星鲨	*Mustelus griseus*		+	+		+
前鳍星鲨	*Mustelus kanekonis*		+	+		+
豹鲨	*Triakis semifasciata*		+			
斑点皱唇鲨	*Triakis venustum*		+	+		
真鲨科	**Carcharhinidae**					
白边真鲨	*Carcharhinus albimarginatus*					+
阔口真鲨	*Carcharinus plumbeus*					+
黑边鳍真鲨	*Carcharhinus limbatus*			+		
长鳍真鲨	*Carcharhinus longimanus*					+
乌翅真鲨	*Carcharhinus melanopterus*				+	+
黑印真鲨	*Carcharhinus menisorrah*	+	+		+	+
侧条真鲨	*Carcharhinus pleurotaenia*				+	+
沙拉真鲨	*Carcharhinus sorrah*		+		+	+

续表

中文名	拉丁学名	大亚湾	北部湾	珠江口	南海北部	南海诸岛
鼬鲨	*Galeocerdo cuvier*					+
恒河真鲨	*Glyphis gangeticus*					+
黑鳍基齿鲨	*Hypoprion atripinnis*				+	+
长吻基齿鲨	*Hypoprion macloti*				+	
犁鳍鲨	*Negaprion acutidens*			+		
鲍氏沙条鲨	*Negogaleus balfouri*				+	
小孔沙条鲨	*Negogaleus microstoma*					+
大青鲨	*Prionace glauca*					+
杜氏斜齿鲨	*Scoliodon dumerili*					+
短鳍斜齿鲨	*Scoliodon palasorrah*			+	+	
尖头斜齿鲨	*Scoliodon sorrakowah*		+	+	+	+
瓦氏斜齿鲨	*Scoliodon walbeehmi*			+	+	
三尖齿鲨 [三齿鲨]	*Triaenodon obesus*					+
双髻鲨科	**Sphyrnidae**					
丁字双髻鲨 [丁氏双髻鲨]	*Eusphyra blochii*			+	+	
路氏双髻鲨	*Sphyrna lewini*	+	+	+	+	+
无沟双髻鲨	*Sphyrna mokarran*			+	+	
双髻鲨	*Sphyrna* sp.	+				
六鳃鲨目	**Hexanchiformes**					
六鳃鲨科	**Hexanchidae**					
尖吻七鳃鲨	*Heptranchias perlo*				+	
灰六鳃鲨	*Hexanchus griseus*				+	+
大眼六鳃鲨	*Hexanchus nakamurai*					+
角鲨目	**Squaliformes**					
角鲨科	**Squalidae**					
叶鳞刺鲨	*Centrophorus squamosus*				+	
同齿刺鲨	*Centrophorus tesselatus*				+	
法氏霞鲨	*Centroscyllium fabricii*				+	
乌鲨	*Etmopterus lucifer*				+	
小乌鲨	*Etmopterus pusillus*				+	
黑异鳞	*Scymnodon niger*				+	
异鳞鲨	*Scymnodon squamulosus*				+	
短吻角鲨	*Squalus brevirostris*			+	+	+
长吻角鲨	*Squalus mitsukurii*				+	
锯齿刺鲨	*Centrophorus tessellatus*					+
扁鲨目	**Squatiniformes**					
扁鲨科	**Squatinidae**					
星云扁鲨	*Squatina nebulosa*		+	+	+	+

续表

中文名	拉丁学名	大亚湾	北部湾	珠江口	南海北部	南海诸岛
锯鲨目	**Pristiophoriformes**					
锯鲨科	**Pristiophoridae**					
日本锯鲨	*Pristiophorus japonicus*				+	
电鳐目	**Torpediniformes**					
单鳍电鳐科	**Narkidae**					
坚皮单鳍电鳐	*Crassinarke dormitor*				+	
日本单鳍电鳐	*Narke japonica*		+		+	+
双鳍电鳐科	**Narcinidae**					
舌形双鳍电鳐	*Narcine lingula*				+	
黑斑双鳍电鳐	*Narcine maculata*	+	+		+	+
丁氏双鳍电鳐	*Narcine timlei*	+			+	
犁头鳐目	**Rhinopristiformes**					
锯鳐科	**Pristidae**					
尖齿锯鳐	*Pristis cuspidatus*				+	
小齿锯鳐	*Pristis microdon*		+		+	
犁头鳐科	**Rhinobatidae**					
林氏团扇鳐	*Platyrhina limboonkenkengi*	+	+		+	+
中国团扇鳐	*Platyrhina sinensis*	+	+		+	+
圆犁头鳐	*Rhina ancylostoma*	+	+		+	+
许氏犁头鳐	*Rhinobatos schlegeli*	+	+		+	+
斑纹犁头鳐	*Rhinobatos hynnicephalus*		+		+	
颗粒犁头鳐	*Rhinobatos granulatus*				+	+
尖犁头鳐科	**Rhynchobatidae**					
及达尖犁头鳐	*Rhynchobatus djiddensis*				+	+
鳐形目	**Rajiformes**					
鳐科	**Rajidae**					
短鳐	*Breviraja tobitukai*				+	
华鳐	*Raja chinensis*			+	+	
何氏鳐	*Raja hollandi*	+	+		+	+
斑鳐	*Raja kenojei*	+	+		+	+
网纹鳐	*Raja katsukii*				+	
广东鳐	*Raja kwangtungensis*	+	+		+	
孔鳐	*Raja porosa*		+		+	
美鳐	*Raja pulchra*				+	
无鳍鳐科	**Anacanthobatidae**					
加里曼丹无鳍鳐	*Anacanthobatis borneensis*				+	
黑体施氏鳐	*Springeria melanosoma*				+	
南海施氏鳐	*Springeria nanhaiensis*				+	

中文名	拉丁学名	大亚湾	北部湾	珠江口	南海北部	南海诸岛
鲼形目	**Myliobatiformes**					
六鳃魟科	**Hexatrygonidae**					
长吻六鳃魟	*Hexatrygon longirostrum*				+	
扁魟科	**Urolophidae**					
斑纹扁魟	*Urolophus marmoratus*				+	
褐黄扁魟	*Urolophus aurantiacus*		+		+	+
魟科	**Dasyatidae**					
条尾鸢魟	*Aetoplatea zonura*		+		+	+
赤魟	*Dasyatis akajei*		+	+	+	
黑魟	*Dasyatis atratus*					+
黄魟	*Dasyatis bennetti*		+	+	+	+
齐氏魟	*Dasyatis gerrardi*		+	+	+	+
古氏魟	*Dasyatis kuhli*		+		+	+
奈氏魟	*Dasyatis navarrae*		+			
花点魟	*Dasyatis uarnak*		+	+	+	+
尖嘴魟	*Dasyatis zugei*	+	+	+	+	
黑斑条尾魟	*Taeniura melanospilos*					+
燕魟科	**Gymnuridae**					
日本燕魟	*Gymnura japonica*	+	+		+	+
花尾燕魟	*Gymnura poecilura*		+		+	
鲼科	**Myliobatidae**					
日本蝠鲼	*Mobula japanica*		+			+
花点无刺鲼	*Aetomylaeus maculatus*		+	+	+	
鹰状无刺鲼	*Aetomylaeus milvus*			+	+	
聂氏无刺鲼	*Aetomylaeus nichofii*	+		+	+	
蝠状无刺鲼	*Aetomylaeus vespertilio*				+	
无刺蝠鲼	*Mobula diabolus*			+		
鲼	*Myliobatis aquila*			+		
鸢鲼	*Myliobatis tobijei*		+		+	
无斑鹞鲼	*Aetobatus flagellum*			+	+	+
斑点鹞鲼	*Aetobatus guttatus*				+	
海南牛鼻鲼	*Rhinoptera hainanica*				+	
海鲢目	**Elopiformes**					
海鲢科	**Elopidae**					
海鲢	*Elops saurus*			+		
大海鲢科	**Megalopidae**					
大海鲢	*Megalops cyprinoides*					+
北梭鱼目	**Albuliformes**					

续表

中文名	拉丁学名	大亚湾	北部湾	珠江口	南海北部	南海诸岛
北梭鱼科	**Albulidae**					
北梭鱼	*Albula vulpes*		+	+	+	
鳗鲡目	**Anguilliformes**					
鳗鲡科	**Anguillidae**					
鳗鲡	*Anguilla japonica*				+	
蚓鳗科	**Moringuidae**					
大头蚓鳗	*Moringua macrocephalus*			+	+	
大鳍蚓鳗	*Moringua macrochir*			+	+	
草鳗科	**Chlopsidae**					
丝尾草鳗	*Chlopsis fierasfer*	+	+	+	+	
台湾草鳗	*Chlopsis taiwanensis*		+			
海鳝科	**Muraenidae**					
棕斑海鳝	*Echidna delicatula*					+
云纹海鳝	*Echidna nebulosa*					+
多带海鳝	*Echidna polyzona*					+
条纹海鳝	*Echidna zebra*					+
云纹蛇鳝	*Echidna nebulosa*		+	+	+	
多带蛇鳝	*Echidna polyzona*		+	+	+	
条纹蛇鳝	*Echidna zebra*				+	
单色裸海鳝	*Gymnomuraena concolor*		+			
虎斑裸海鳝	*Gymnomuraena tigrina*					+
豆点裸胸鳝	*Gymnothorax favagineus*		+	+	+	
细斑裸胸鳝	*Gymnothorax fimbriatus*					+
黄边裸胸鳝	*Gymnothorax flavimarginatus*					+
蠕纹裸胸鳝	*Gymnothorax kidako*			+	+	
白斑裸胸鳝	*Gymnothorax leucostigmus*				+	+
黑点裸胸鳝	*Gymnothorax melanospilus*		+	+	+	
斑点裸胸鳝	*Gymnothorax meleagris*		+			+
眼斑裸胸鳝	*Gymnothorax monostigmus*				+	
鞍斑裸胸鳝	*Gymnothorax petelli*				+	+
花斑裸胸鳝	*Gymnothorax pictus*				+	+
密网裸胸鳝	*Gymnothorax pseudothyrsoideue*			+	+	
斑条裸胸鳝	*Gymnothorax punctatofasciatus*	+		+	+	
匀斑裸胸鳝 [吕氏裸胸鳝]	*Gymnothorax reevesii*		+	+	+	+
网纹裸胸鳝	*Gymnothorax reticularis*		+	+	+	+
异纹裸胸鳝	*Gymnothorax richardsoni*		+			+
密花裸胸鳝	*Gymnothorax thyrsoideus*		+	+	+	+
波纹裸胸鳝	*Gymnothorax undulatus*				+	+

中文名	拉丁学名	大亚湾	北部湾	珠江口	南海北部	南海诸岛
网纹海鳝	*Muraena retifera*			+		
长尾鳝	*Strophidon sathete*			+		
长海鳝	*Strophidon ui*		+	+	+	
长体鳝	*Thyrsoidea macrura*		+		+	
合鳃鳗科	**Synaphobranchidae**					
前肛鳗	*Dysomma anguillaris*		+	+	+	
黑尾前肛鳗	*Dysomma melanurum*		+		+	
翼合鳃鳗	*Synaphobranchus pinnatus*				+	
蛇鳗科	**Ophichthidae**					
鳄形短体鳗	*Brachysomophis crocodilinus*		+	+	+	
中华须鳗	*Cirrhimuraena chinensis*				+	
裸鳍虫鳗	*Muraenichthys gymnopterus*			+	+	
马拉邦虫鳗	*Muraenichthys malabonensis*		+			
斑竹花蛇鳗	*Myrichthys colubrinus*		+	+	+	+
黑斑花蛇鳗	*Myrichthys maculosus*				+	+
大眼油鳗	*Myrophis macrophthalmus*		+	+	+	
紫匙鳗	*Mystriophis porphyreus*				+	
尖吻蛇鳗	*Ophichthus apicalis*		+	+	+	
短尾蛇鳗	*Ophichthus brevicaudatus*		+	+	+	
圆斑小齿蛇鳗	*Ophichthus erabo*					+
艾氏蛇鳗	*Ophichthus evermanni*	+	+	+	+	+
横带小齿蛇鳗	*Ophichthus fasciatus*		+	+	+	
黄斑少齿蛇鳗	*Ophichthus intermedius*			+	+	
眼斑小齿蛇鳗	*Ophichthus polyophthalmus*			+	+	
杂食豆齿鳗	*Pisoodonophis boro*	+	+	+	+	
食蟹豆齿鳗	*Pisoodonophis cancrivorus*		+	+		
光唇鳗	*Xyrias revulsus*		+		+	
海鳗科	**Muraenesocidae**					
海鳗	*Muraenesox cinereus*	+	+	+	+	+
鹤海鳗	*Muraenesox talabonoides*		+	+	+	
细颌鳗	*Oxyconger leptognathus*		+		+	+
康吉鳗科	**Congridae**					
拟穴奇鳗	*Alloconger anagoides*				+	
大奇鳗	*Alloconger major*		+	+	+	
齐头鳗	*Anago anago*		+	+	+	+
锉吻海康吉鳗	*Bathymyrus simus*				+	
灰康吉鳗	*Conger cinereus*			+	+	+
日本康吉鳗	*Conger japonicus*					+

续表

中文名	拉丁学名	大亚湾	北部湾	珠江口	南海北部	南海诸岛
黑边康吉鳗	*Congrina retrotincta*		+		+	
尼氏突吻鳗	*Gnathophis nystromi*			+		+
大眼拟海康吉鳗	*Parabathymyrus macrophthalmus*			+	+	+
短吻吻鳗	*Rhynchoconger brevirostris*		+	+	+	
黑尾吻鳗	*Rhynchoconger ectenurus*		+			
银色突吻鳗	*Rhynchocymba nystromi*		+	+	+	+
短尾突吻鳗	*Rhynchocymba sivicola*		+	+	+	
尖尾鳗	*Uroconger lepturus*		+	+	+	
鲱形目	**Clupeiformes**					
宝刀鱼科	**Chirocentridae**					
宝刀鱼	*Chirocentrus dorab*		+	+	+	
长颌宝刀鱼	*Chirocentrus nudus*		+	+	+	
鲱科	**Clupeidae**					
斑鰶	*Clupanodon punctatus*	+	+	+	+	
花鰶	*Clupanodon thrissa*	+		+	+	
太平洋鲱	*Clupea harengus*			+		
圆腹鲱	*Dussumieria hasselti*	+	+	+	+	+
脂眼鲱	*Etrumeus micropus*		+	+	+	+
中华青鳞鱼	*Harengula sinense*	+				
大眼似青鳞鱼	*Herklotsichthys ovalis*	+		+		
鳓	*Ilisha elongata*	+	+	+	+	
印度鳓	*Ilisha indica*	+	+	+	+	
玉鳞鱼	*Kowala coval*		+	+		
鲥鱼	*Macrura reevesi*		+	+		
海鰶	*Nematalosa come*		+	+		
圆吻海鰶	*Nematalosa nasus*	+		+		
后鳍鱼	*Opisthopterus tardoore*		+	+		
金色小沙丁鱼	*Sardinella aurita*	+	+	+	+	+
短体小沙丁鱼	*Sardinella brachysoma*		+			
白腹小沙丁鱼	*Sardinella clupeoides*		+	+	+	+
裘氏小沙丁鱼	*Sardinella jussieu*	+	+	+	+	
中华小沙丁鱼	*Sardinella nymphaea*	+	+			
雷氏小沙丁鱼	*Sardinella richardsoni*	+	+	+	+	
信德小沙丁鱼	*Sardinella sindensis*			+		
西牧小沙丁鱼	*Sardinella sirm*		+			
青鳞小沙丁鱼	*Sardinella zunasi*	+	+	+	+	
云鲥	*Tenualosa ilisha*			+		
鳀科	**Engraulidae**					

中文名	拉丁学名	大亚湾	北部湾	珠江口	南海北部	南海诸岛
七丝鲚	*Coilia grayi*			+	+	
凤鲚	*Coilia mystus*		+	+	+	
日本鳀	*Engraulis japonicus*			+	+	
银鳀	*Engraulis eurystole*			+		
黄鲫	*Setipinna taty*	+	+	+	+	
小公鱼	*Stolephorus* sp.	+				
中华小公鱼	*Stolephorus chinensis*	+	+	+	+	
康氏小公鱼	*Stolephorus commersoni*	+	+	+	+	
尖吻小公鱼	*Stolephorus heteroloba*	+	+	+	+	
印度小公鱼	*Stolephorus indicus*	+	+	+	+	
印尼小公鱼	*Stolephorus tri*			+	+	
青带小公鱼	*Stolephorus zollingeri*		+	+	+	
杜氏棱鳀	*Thrissa dussumieri*	+	+	+	+	
汉氏棱鳀	*Thrissa hamiltonii*	+	+	+	+	
赤鼻棱鳀	*Thrissa kammalensis*	+	+	+	+	
中颌棱鳀	*Thrissa mystax*	+	+	+	+	
长颌棱鳀	*Thrissa setirostris*	+	+	+		
黄吻棱鳀	*Thrissa vitirostris*	+	+	+	+	
短吻棱鳀		+				
鼠鱚目	**Gonorynchiformes**					
遮目鱼科	**Chanidae**					
遮目鱼	*Chanos chanos*					+
鼠鱚科	**Gonorynchidae**					
鼠鱚	*Gonorhynchus abbreviatus*		+	+	+	+
鲇形目	**Siluriformes**					
海鲇科	**Ariidae**					
硬头海鲇	*Arius leiotetocephalus*		+	+	+	+
中华海鲇	*Arius sinensis*	+	+	+	+	+
海鲇	*Arius thalassinus*		+	+	+	+
鳗鲇科	**Plotosidae**					
鳗鲇	*Plotosus anguillaris*	+	+	+	+	+
线鳗鲇	*Plotosus lineatus*	+	+	+	+	
水珍鱼目	**Argentiniformes**					
水珍鱼科	**Argentinidae**					
鹿儿岛水珍鱼	*Argentina kagoshimae*		+	+	+	+
半纹水珍鱼	*Argentina semifasciata*				+	
长颌水珍鱼	*Glossanodon semifasciata*		+			
胡瓜鱼目	**Osmeriformes**					

续表

中文名	拉丁学名	大亚湾	北部湾	珠江口	南海北部	南海诸岛
香鱼科	**Plecoglossidae**					
香鱼	*Plecoglossus altivelis*				+	
银鱼科	**Salangidae**					
白肌银鱼	*Leucosoma chinensis*			+		
水晶鱼	*Neosalanx tangkahkeii*					+
尖头银鱼	*Salanx acuticeps*			+		
巨口鱼目	**Stomiiformes**					
钻光鱼科	**Gonostomatidae**					
圆帆鱼	*Cyclothone* sp.					+
刀光鱼	*Polymetme illustris*				+	+
串灯鱼	*Vinciguerria nimbaria*				+	
褶胸鱼科	**Sternoptychidae**					
烛光鱼	*Polyipnus spinosus*				+	
低星光鱼	*Sternoptyx obscura*					+
辫鱼目	**Ateleopodiformes**					
辫鱼科	**Ateleopodidae**					
紫辫鱼	*Ateleopus purpureus*			+	+	
大辫鱼	*Ijimaia dofleini*				+	
仙女鱼目	**Aulopiformes**					
狗母鱼科	**Synodontidae**					
龙头鱼	*Harpodon nehereus*	+	+	+	+	
长蛇鲻	*Saurida elongata*	+	+	+	+	
长条蛇鲻	*Saurida filamentosa*				+	+
细蛇鲻	*Saurida gracilis*					+
长背鳍蛇鲻	*Saurida longimanus*			+		
蛇鲻	*Saurida* sp.	+				
拟蛇鲻	*Saurida suspicio*			+		
多齿蛇鲻	*Saurida tumbil*	+	+	+	+	+
花斑蛇鲻	*Saurida undosquamis*	+	+	+	+	+
鳄蛇鲻	*Saurida wanieso*		+	+	+	+
斑纹狗母鱼	*Synodus binotatus*			+		
纵带狗母鱼	*Synodus englemani*					+
背斑狗母鱼	*Synodus fuscus*		+	+	+	
肩斑狗母鱼	*Synodus hoshinonis*		+	+	+	+
印度狗母鱼	*Synodus indicus*		+	+	+	+
花斑狗母鱼	*Synodus jaculum*				+	+
方斑狗母鱼	*Synodus kaianus*		+	+	+	+
叉斑狗母鱼	*Synodus macrops*		+	+	+	+

续表

中文名	拉丁学名	大亚湾	北部湾	珠江口	南海北部	南海诸岛
红花斑狗母鱼	*Synodus rubromarmoratus*		+			
杂斑狗母鱼	*Synodus variegatus*		+	+	+	+
大头狗母鱼	*Trachinocephalus myops*	+	+	+	+	+
青眼鱼科	**Chlorophthalmidae**					
大眼青眼鱼	*Chlorophthalmus albatrossis*			+	+	
黑缘青眼鱼	*Chlorophthalmus nigromarginatus*				+	
长青眼鱼	*Chlorophthalmus oblongus*			+	+	
青眼鱼	*Chlorophthalmus* sp.				+	
炉眼鱼科	**Ipnopidae**					
贡氏深海狗母鱼	*Bathypterois guentheri*				+	
帆蜥鱼科	**Alepisauridae**					
帆蜥鱼	*Alepisaurus ferox*				+	+
灯笼鱼目	**Myctophiformes**					
灯笼鱼科	**Myctophidae**					
七星底灯鱼	*Benthosema pterotum*				+	
莫名眶灯鱼	*Diaphus problematicus*			+	+	
粗鳞灯笼鱼	*Myctophum asperum*			+	+	
金焰灯笼鱼	*Myctophum aurolaternatum*				+	+
短颌灯笼鱼	*Myctophum brachygnathym*			+	+	
闪光灯笼鱼	*Myctophum nitidulum*			+	+	
钝吻灯笼鱼	*Myctophum obtusirostre*			+	+	
光彩标灯鱼	*Symbolophorus evermanni*			+	+	
小鳍尾灯鱼	*Triphoturus micropterus*		+			
月鱼目	**Lampridiformes**					
旗月鱼科	**Vieliferidae**					
旗月鱼	*Vielifer hypselopterus*				+	+
粗鳍鱼科	**Trachipteridae**					
石川氏粗鳍鱼	*Trachypterus ishikawae*				+	+
皇带鱼科	**Regalecidae**					
勒氏皇带鱼	*Regalecus russelli*				+	+
须鳂目	**Polymixiifprmes**					
须鳂科	**Polymixiidae**					
日本须鳂	*Polymixia japonicus*				+	
鳕形目	**Gadiformes**					
犀鳕科	**Bregmacerotidae**					
日本犀鳕	*Bregmaceros japonicus*				+	
麦氏犀鳕	*Bregmaceros macclellandi*		+	+	+	+
银腰犀鳕	*Bregmaceros nectabanus*		+		+	+

续表

中文名	拉丁学名	大亚湾	北部湾	珠江口	南海北部	南海诸岛
少鳞犀鳕	*Bregmaceros rarisquamosus*				+	
多棘腔吻鳕	*Coelorhynchus multispinulosus*			+	+	
长尾鳕科	**Macrouridae[Coryphaenoididae]**					
鲸尾鳕	*Cetonurus crassiceps*				+	
带斑腔吻鳕	*Coelorhynchus cingulatus*			+	+	
长管腔吻鳕	*Coelorhynchus longissimus*				+	
腔吻鳕	*Coelorhynchus* sp.				+	
粗棘突吻鳕	*Coryphaenoides marginatus*				+	
黑鳍鼠鳕	*Gadomus melanopterus*			+		
深海鳕科	**Moridae**					
矶鳕	*Lotella phycis*				+	
灰小褐鳕	*Physiculus nigrescens*			+	+	
鼬鳚目	**Ophidiiformes**					
潜鱼科	**Carapidae**					
大牙潜鱼	*Carapus homei*					+
后肛潜鱼	*Carapus kagoshimanus*					+
细扁潜鱼	*Carapus lumbricoides*					+
细尾潜鱼	*Carapus parvipinnis*				+	+
日本突吻潜鱼	*Eurypleuron owasianum*				+	
鼬鳚科	**Ophidiidae**					
多须须鼬鳚	*Brotula multibarbata*	+			+	+
日本长趾鼬鳚	*Homostolus japonicus*	+			+	
棘鼬鳚	*Hoplobrotula armata*			+	+	
横带新鼬鳚	*Neobythites fasciatus*				+	
黑斑新鼬鳚	*Neobythites nigromaculatus*	+	+		+	
席鳞鼬鳚	*Ophidion asiro*	+			+	
鳗鳞鼬鳚	*Ophidion muraenolepis*	+			+	+
细鳞厚边鼬鳚	*Pycnocraspedum microlepis*				+	
仙鼬鳚	*Sirembo imberbis*	+	+		+	
带纹仙鼬鳚	*Sirembo marmoratum*	+	+		+	+
深海鼬鱼科	**Bythitidae**					
黄褐小鼬鳚	*Diancistrus fuscus*				+	
双趾鼬鳚	*Dinematichthys iluocoeteoides*					+
鮟鱇目	**Lophiiformes**					
鮟鱇科	**Lophiidae**					
黑鮟鱇	*Lophiomus setigerus*	+	+		+	+
黄鮟鱇	*Lophius litulon*			+	+	
躄鱼科	**Antennariidae**					

续表

中文名	拉丁学名	大亚湾	北部湾	珠江口	南海北部	南海诸岛
驼背躄鱼	*Antennarius dorehensis*					+
毛躄鱼	*Antennarius hispidus*		+	+	+	+
钱斑躄鱼	*Antennarius nummifer*					+
三齿躄鱼	*Antennarius pinniceps*		+	+	+	+
单棘躄科	**Chaunacidae**					
阿部氏单棘躄鱼	*Chaunax abei*			+	+	
单棘躄鱼	*Chaunax fimbriatus*		+	+	+	+
蝙蝠鱼科	**Ogcocephalidae**					
突额棘茄鱼	*Halieutaea indica*					+
牙棘茄鱼	*Halicmetus reticulatus*			+	+	+
烟纹棘茄鱼	*Halieutaea fumosa*			+	+	
黑棘茄鱼	*Halieutaea nigra*				+	
中华棘茄鱼	*Halieutaea sinica*			+	+	+
棘茄鱼	*Halieutaea stellata*		+	+	+	+
蝙蝠鱼	*Malthopsis luteus*			+	+	
鲻形目	**Mugiliformes**					
鲻科	**Mugilidae**					
粒唇鲻	*Crenimugil crenilabis*					+
黄鲻	*Ellochelon vaigiensis*		+	+	+	+
棱鲛	*Liza carinatus*	+	+		+	
鲛	*Liza haematocheila*			+	+	
鲻鱼	*Mugil cephalus*	+	+	+	+	
圆吻鲻	*Mugil seheli*					+
梭鲻	*Mugil so-iuy*			+		
前鳞骨鲻	*Osteomugil ophuyseni*	+	+	+	+	
英氏鲻	*Osteomugil strongylocephalus*			+		
褶唇鲻	*Plicomugil labiosus*					+
银汉鱼目	**Atheriniformes**					
银汉鱼科	**Atherinidae**					
白氏银汉鱼	*Allanetta bleekeri*	+	+	+	+	
大眼银汉鱼	*Atherina forskali*					+
南洋银汉鱼	*Atherinomorus lacunosus*				+	
颌针鱼目	**Beloniformes**					
飞鱼科	**Exocoetidae**					
尖头燕鳐鱼	*Cypselurus oxycephalus*					+
尖鳍燕鳐鱼	*Cypselurus speculiger*					+
高鳍燕鳐鱼	*Cypselurus altipennis*					+
弓头燕鳐鱼	*Cypselurus arcticeps*		+		+	+

中文名	拉丁学名	大亚湾	北部湾	珠江口	南海北部	南海诸岛
半斑燕鳐鱼	*Cypselurus atrisignis*					+
背斑燕鳐鱼	*Cypselurus bahiensis*					+
少鳞燕鳐鱼	*Cypselurus oligolepis*					+
尖头燕鳐	*Cypselurus oxycephalus*					+
花鳍燕鳐鱼	*Cypselurus poecilopterus*					+
斑鳍燕鳐	*Cypselurus spilopterus*		+		+	+
飞鱼	*Exocoetus volitans*					+
短鳍拟飞鱼	*Parexocoetus brachypterus*					+
长颌拟飞鱼	*Parexocoetus mento*		+		+	
真燕鳐	*Prognichthys agoo*			+	+	
鱵科	**Hemiramphidae**					
长吻鱵	*Euleptorhamphus viridis*					+
乔氏鱵	*Hemiramphus georgii*		+			
间鱵	*Hemirhamphus intermedius*					+
方柱鱵	*Hyporhamphus dussumieri*	+				
颌针鱼科	**Belonidae**					
尖嘴扁颌针鱼	*Ablennes anastomella*				+	
横带扁颌针鱼	*Ablennes hians*	+		+	+	+
宽尾颚针鱼	*Belone platyura*					+
黑背圆鄂针鱼	*Tylosurus melanotus*					+
金眼鲷目	**Beryciformes**					
金眼鲷科	**Berycidae**					
线纹拟棘鲷	*Centroberyx lineatus*			+	+	+
刺金眼鲷科	**Hispidoberycidae**					
刺金眼鲷	*Hispidoberyx ambagiosus*				+	
燧鲷目	**Trachichthyiformes**					
银眼鲷科	**Diretmidae**					
银眼鲷	*Diretmus argenteus Johnson*				+	
松球鱼科	**Monocentridae**					
松球鱼 [日本松球鱼]	*Monocentris japonicus*			+	+	+
燧鲷科 [棘鲷科]	**Trachichthyidae**					
日本桥棘鲷	*Gephyroberyx japonicus*					+
棘鲷	*Hoplostethus crassispinus*				+	
鳂形目	**Holocentriformes**					
鳂科	**Holocentridae**					
斑尾鳂	*Adioryx caudimaculatus*				+	+
棘鳂	*Adioryx spinifer*				+	+
赤鳂	*Adioryx tiere*				+	+

续表

中文名	拉丁学名	大亚湾	北部湾	珠江口	南海北部	南海诸岛
细鳞鳂	*Holocentrus bleekeri*					+
角鳂	*Holocentrus cornutus*					+
黄纹鳂	*Holocentrus furcatum*					+
乳斑鳂	*Holocentrus lacteoguttatus*					+
光鳂	*Holocentrus laevis*					+
红双棘鳂	*Holocentrus ruber*	+	+	+		+
条鳂	*Holocentrus sammara*					+
紫鳂	*Holocentrus violaceus*					+
小牙锯鳞鳂	*Myripristis parvidens*				+	
锯鳞鱼	*Myripristis* sp.				+	
短须须鳂	*Polymixia berndti*					+
尾斑棘鳞鳂	*Sargocentron caudimaculatum*					+
白纹鳂	*Holocentrus diadema*					+
白边鳂	*Holocentrus opercularis*					+
黑斑锯鳞鱼	*Myripristis melanostictus*					+
白边锯鳞鱼 [白边锯鳞鳂]	*Myripristis murdjan*	+				+
红锯鳞鱼	*Myripristis pralinius*					+
短吻锯鳞鱼	*Myripristis schultzei*					+
紫红锯鳞鱼	*Myripristis violaceus*					+
日本骨鳂	*Ostichthys japonicus*	+	+		+	+
白线骨鳂	*Ostichthys kaianus*				+	
海鲂目	**Zeiformes**					
海鲂科	**Zeidae**					
青菱海鲂	*Cyttomimus affinis*				+	
副海鲂	*Parazen pacificus*				+	
隆背拟海鲂	*Zen cypha*				+	
雨印亚海鲂	*Zenopsis nebulosa*			+	+	
海鲂	*Zeus faber*			+		
日本海鲂	*Zeus japonicus*			+	+	+
海龙鱼目	**Syngnathiformes**					
剃刀鱼科	**Solenostomidae**					
锯齿剃刀鱼	*Solenostomus cyanopterus*					+
海龙科	**Syngnathidae**					
冠海龙鱼	*Corythoichthys fasciatus*					+
矛吻海龙鱼	*Doryrhamphus melanopleura*					+
海蝎鱼	*Halicampus koilomatodon*				+	
刺海马	*Hippocampus histris*			+	+	+
大海马	*Hippocampus kelloggi*	+				

续表

中文名	拉丁学名	大亚湾	北部湾	珠江口	南海北部	南海诸岛
管海马	*Hippocampus kuda*				+	
斑海马	*Hippocampus trimaculatus*		+	+	+	
刁海龙	*Solegnathus hardwicki*			+	+	+
刀海龙	*Solegnathus hardwickii*					+
尖海龙	*Syngnathus acus*	+		+	+	
粗吻海龙	*Trachyrhamphus serratus*		+	+	+	+
管口鱼科	**Aulostomidae**					
管口鱼	*Aulostomus chinensis*					+
烟管鱼科	**Fistulariidae**					
棘烟管鱼	*Fistularia commersonii*				+	
鳞烟管鱼	*Fistularia petimba*		+	+	+	+
毛烟管鱼	*Fistularia villosa*		+	+	+	+
玻甲鱼科	**Centriscidae**					
玻甲鱼	*Centriscus scutus*		+		+	+
细长吻鱼 [日本长吻鱼]	*Macroramphosus gracilis*			+	+	
鲉形目	**Scorpaeniformes**					
短鲬科	**Parabembridae**					
短鲬	*Parabembras curtus*		+	+	+	
绒杜父鱼科	**Hemitripteridae**					
绒杜父鱼	*Hemitripterus villosus*			+	+	
豹鲂鮄目	**Dactylopteriformes**					
海蛾鱼科	**Pegasidae**					
龙海蛾鱼	*Pegasus draconis*				+	+
海蛾鱼	*Pegasus laternarius*				+	+
豹鲂鮄科	**Dactylopteridae**					
吉氏豹鲂鮄	*Dactyloptena gilberti*		+	+	+	+
东方豹鲂鮄	*Dactyloptena orientalis*		+	+	+	+
单棘豹鲂鮄	*Daicocus peterseni*		+	+	+	+
鲈形目	**Perciformes**					
鲉科	**Scorpaenidae**					
长棘钝顶鲉	*Amblyapistus macracanthus*			+	+	+
钝顶鲉	*Amblyapistus* sp.				+	
锯棱短蓑鲉 [锯蓑鲉]	*Brachypterois serrulatus*		+	+	+	
斑点棘颊鲉	*Caracanthus maculatus*			+		
美丽短鳍蓑鲉	*Dendrochirus bellus*		+	+	+	+
花斑短鳍蓑鲉	*Dendrochirus zebra*		+	+	+	+
盔蓑鲉	*Ebosia bleekeri*		+	+	+	+
棘鲉	*Hoplosebastes armatus*		+	+	+	

续表

中文名	拉丁学名	大亚湾	北部湾	珠江口	南海北部	南海诸岛
棘鲈鲉	*Hoplosebastes pristigenys*					+
居氏鬼鲉	*Inimicus cuvieri*		+	+	+	+
日本鬼鲉［鬼鲉］	*Inimicus japonicus*		+	+		+
斑点红鲉	*Iracundus signifer*				+	
异尾拟蓑鲉	*Parapterois heterura*				+	
拟蓑鲉	*Parapterois heterurus*		+	+	+	+
斑鳍圆鳞鲉	*Parascorpaena mcadamsi*				+	
变色圆鳞鲉［圆鳞鲉］	*Parascorpaena picta*		+	+	+	+
触须蓑鲉	*Pterois antennata*				+	
环纹蓑鲉	*Pterois lunulata*		+	+	+	+
辐蓑鲉	*Pterois radiata*				+	+
勒氏蓑鲉	*Pterois russelli*		+	+	+	+
翱翔蓑鲉	*Pterois volitans*		+	+	+	+
冠棘鲉	*Scorpaena hatizyoensis*			+	+	+
裸胸鲉	*Scorpaena izensis*				+	
斑鳍鲉	*Scorpaena neglecta*		+	+	+	+
鲉	*Scorpaena* sp.					+
关岛小鲉	*Scorpaenodes guamensis*		+	+	+	+
长棘小鲉	*Scorpaenodes scabra*					+
须拟鲉	*Scorpaenopsis cirrhosa*		+	+	+	+
驼背拟鲉	*Scorpaenopsis gibbosa*		+	+	+	+
百瑙鳞头鲉	*Sebastapistes bynoensis*			+	+	+
大鳞鳞头鲉	*Sebastapistes megalepis*		+	+	+	+
花腋鳞头鲉	*Sebastapistes nuchalis*			+	+	+
囊头鲉科	**Setarchidae**					
斐济囊头鲉	*Setarches fidjiensis*				+	
真裸皮鲉科	**Tetrarogidae**					
白腹裸皮鲉	*Gymnapistus leucogaster*					+
日本新鳞鲉［新鳞鲉］	*Neocentropogon japonicus*		+			+
裸绒鲉	*Ocosia vespa*		+			
红鳍赤鲉	*Paracentropogon rubripinnis*			+		
裸皮鲉	*Tetraroge leucogaster*		+			
中国蜂鲉	*Vespicula sinensis*				+	
粗蜂鲉［离鳍鲉］	*Vespicula trachinoides*					+
粗蜂鲉	*Vespicula trachinoudes*		+		+	
平鲉科	**Sebastidae**					
铠平鲉	*Sebastes hubbsi*		+		+	
褐菖鲉	*Sebastiscus marmoratus*	+	+	+	+	

续表

中文名	拉丁学名	大亚湾	北部湾	珠江口	南海北部	南海诸岛
新平鲉科	**Neosebastidae**					
黑斑新鳞鲉	*Neosebastes nigropunctatus*					+
须蓑鲉科	**Apistidae**					
须蓑鲉	*Apistus carinatus*		+	+	+	
毒鲉科	**Synanceiidae**					
狮头鲉	*Erosa erosa*		+	+	+	+
鬼鲉 [日本鬼鲉]	*Inimicus japonicus*					
无备虎鲉	*Minous inermis*		+	+	+	+
虎鲉	*Minous monodactylus*			+	+	+
丝棘虎鲉	*Minous pusillus*			+	+	
粗虎鲉	*Minous trachycephalus*		+			
膛头鲉	*Polycaulus uranoscopa*	+	+	+	+	
玫瑰毒鲉	*Synanceia verrucosa*			+		+
绒皮鲉科	**Aploactinidae**					
单棘鲉	*Acanthosphex leurynnis*		+			
疣鲉	*Aploactis aspera*		+	+	+	
虻鲉 [绒鲉]	*Erisphex pottii*		+	+	+	+
鹿尔岛副绒皮鲉	*Paraploactis kagoshimensis*				+	
鲂鮄科	**Triglidae**					
绿鳍鱼	*Cheilidonichthys kumu*		+	+	+	+
深海红娘鱼	*Lepidotrigla abyssalis*		+	+	+	+
翼红娘鱼	*Lepidotrigla alata*	+	+	+	+	+
贡氏红娘鱼	*Lepidotrigla guentheri*		+			
日本红娘鱼	*Lepidotrigla japonica*		+	+	+	+
红娘鱼	*Lepidotrigla japonice*					+
裸胸红娘鱼	*Lepidotrigla kanagashira*			+		+
岸上红娘鱼	*Lepidotrigla kishinouyi*		+	+	+	+
鳞胸红娘鱼	*Lepidotrigla lepidojugulata*			+	+	
长指红娘鱼	*Lepidotrigla longimana*		+	+	+	
南海红娘鱼	*Lepidotrigla marisinensis*		+		+	
短鳍红娘鱼	*Lepidotrigla micropterus*			+	+	
斑鳍红娘鱼	*Lepidotrigla punctipectoralis*	+	+	+	+	+
圆吻红娘鱼	*Lepidotrigla spilopterus*			+	+	
长吻拟角鲂鮄	*Parapterygotrigla macrorhynchus*				+	
尖棘角鲂鮄 [大棘角鲂鮄]	*Pterygotrigla hemsiticta*			+	+	+
琉球角鲂鮄	*Pterygotrigla ryukuensis*			+	+	+
黄鲂鮄科	**Peristediidae**					
轮头鲂鮄	*Gargariscus prionocephalus*				+	

中文名	拉丁学名	大亚湾	北部湾	珠江口	南海北部	南海诸岛
须红鲂鮄	*Satyrichthys amiscus*			+	+	
佛氏红鲂鮄	*Satyrichthys fowleri*			+	+	
皮氏红鲂鮄	*Satyrichthys piercei*			+		
瑞氏红鲂鮄	*Satyrichthys rieffeli*		+	+	+	+
魏氏红鲂鮄	*Satyrichthys welchi*					+
红鲬科	**Bembridae**					
红鲬	*Bembras japonicus*		+	+	+	+
鲬科	**Platycephalidae**					
鳄鲬	*Cociella crocodilus*		+	+	+	+
丝鳍鲬	*Elates ransonneti*		+	+	+	
棘线鲬	*Grammoplites scaber*		+		+	
斑瞳鲬	*Inegocia guttatus*		+	+	+	+
日本瞳鲬	*Inegocia japonicus*	+	+	+	+	
凹鳍鲬	*Kumococius detrusus*		+	+	+	+
大鳞鳞鲬	*Onigocia macrolepis*		+	+	+	+
锯齿鳞鲬	*Onigocia spinosus*			+	+	+
粒突鳞鲬	*Onigocia tuberculatus*		+	+	+	+
鲬	*Platycephalus indicus*	+	+	+	+	+
犬牙鲬	*Ratabulus megacephalus*			+	+	+
倒棘鲬	*Rogadius asper*		+	+	+	+
长吻大眼鲬	*Suggrundus longirostrris*			+	+	
大眼鲬	*Suggrundus meerdvoorti*			+		
鳞棘大眼鲬	*Suggrundus rodericensis*			+	+	+
曲线鲬状鱼	*Bembrops curvatura*			+		
棘鲬科	**Hoplichthyidae**					
吉氏棘鲬	*Hoplichthys gilberti*			+	+	
蓝氏棘鲬	*Hoplichthys langsdorfi*	+	+	+	+	+
雷氏棘鲬	*Hoplichthys regani*			+	+	+
杜父鱼科	**Cottidae**					
小杜父鱼	*Cottiusculus gonez*				+	
裸杜父鱼	*Gymnocanthus herzensteini*				+	
双边鱼科	**Ambassidae**					
眶棘双边鱼	*Ambassis gymnocephalus*	+		+	+	
古氏双边鱼	*Ambassis kopsi*		+		+	
尖吻鲈科	**Latidae**					
沙鲈	*Psammoperca waigiensis*			+	+	
鮨科	**Serranidae**					
刺鮨	*Acanthistius brasilianus*			+		

续表

中文名	拉丁学名	大亚湾	北部湾	珠江口	南海北部	南海诸岛
烟鲈	*Aethaloperca rogaa*	+	+	+		
长棘花鮨	*Anthias squamipinnis*					+
白线光腭鲈	*Anyperodon leucogrammicus*					+
白边九棘鲈	*Cephalophlis albomarginatus*					+
青星九棘鲈	*Cephalophlis miniatus*					+
褐九棘鲈	*Cephalophlis rogaa*					+
尾纹九棘鲈	*Cephalophlis urodelus*					+
斑点九棘鲈	*Cephalopholis argus*			+	+	+
横纹九棘鲈	*Cephalopholis boenak*			+		
横带九棘鲈	*Cephalopholis pachycentron*		+		+	+
红九棘鲈	*Cephalopholis sonnerati*		+	+	+	
燕赤鮨	*Chelidoperca hirundinacea*	+	+	+	+	
珠赤鮨	*Chelidoperca margaritifera*	+	+	+	+	
黄鲈	*Diploprion bifasciatum*	+				
赤点石斑鱼	*Epinephelus akaara*	+	+	+	+	
镶点石斑鱼	*Epinephelus amblycephalus*	+	+	+	+	
宝石石斑鱼	*Epinephelus areolatus*	+	+	+	+	
青石斑鱼	*Epinephelus awoara*	+	+	+	+	
橙点石斑鱼	*Epinephelus bleekeri*	+	+	+		
褐石斑鱼	*Epinephelus brunneus*	+				
萤点石斑鱼	*Epinephelus caeruleopunctus*			+		
网纹石斑鱼	*Epinephelus chlorostigma*		+	+	+	
点带石斑鱼	*Epinephelus coioides*	+	+	+		
弧纹石斑鱼	*Epinephelus cometae*					+
棕斑石斑鱼	*Epinephelus corallicola*					+
双棘石斑鱼	*Epinephelus diacanthus*	+	+	+	+	
小点石斑鱼	*Epinephelus epistictus*	+	+	+	+	
鲑点石斑鱼	*Epinephelus fario*	+	+	+	+	
斑带石斑鱼	*Epinephelus fasciatomaculatus*	+				
黑边石斑鱼	*Epinephelus fasciatus*		+	+	+	
棕点石斑鱼	*Epinephelus fuscoguttatus*					+
棕点石斑	*Epinephelus fuscoguttatus*					+
红石斑鱼	*Epinephelus goreensis*		+			
灰石斑鱼	*Epinephelus heniochus*	+				+
颊条石斑鱼	*Epinephelus heniochus*		+	+		
六角石斑鱼	*Epinephelus hexagonatus*				+	+
高体石斑鱼	*Epinephelus hoedtii*					+
宽带石斑鱼	*Epinephelus latifasciatus*	+	+	+	+	

中文名	拉丁学名	大亚湾	北部湾	珠江口	南海北部	南海诸岛
大石斑鱼	*Epinephelus macrospilos*			+		
花点石斑鱼	*Epinephelus maculatlus*			+	+	+
指印石斑鱼	*Epinephelus megachir*		+			
蜂巢石斑鱼	*Epinephelus merra*		+	+	+	+
云纹石斑鱼	*Epinephelus moara*		+	+	+	
弓斑石斑鱼	*Epinephelus morrhua*					+
白斑石斑鱼	*Epinephelus multinotatus*					+
七带石斑鱼	*Epinephelus septemfasciatus*		+	+	+	+
六带石斑鱼	*Epinephelus sexfasciatus*		+	+	+	+
斑吻石斑鱼	*Epinephelus spilotocep*			+	+	
吻斑石斑鱼	*Epinephelus spilotoceps*					+
白星石斑鱼	*Epinephelus summana*					+
巨石斑鱼	*Epinephelus tauvina*					+
截尾石斑鱼	*Epinephelus truncatus*		+			+
线纹鱼	*Grammistes sexlineatus*				+	+
波旁金花鮨	*Holanthias borbonius*					+
日本尖牙鲈	*Plectranthias japonicus*			+	+	
短棘花鲈	*Plectranthias nanus*			+		
鳃棘鲈	*Plectropomus leopardus*					+
头纹鳃棘鲈	*plectropomus oligacanthus*					+
截尾鳃棘鲈	*Plectropomus truncatus*					+
眼点须鮨	*Pogonperca ocellata*					+
宽额鲈	*Promicrops lanceolatus*					+
丽拟花鮨	*Pseudanthias cichlops*				+	
长拟花鮨	*Pseudanthias elongatus*			+	+	
颊纹花鮨	*Pseudanthias rubrizonatus*		+	+		
珠斑鮨	*Sacura margaritacea*					+
橙鮨	*Sayonara satsumae*				+	+
臀斑月花鮨	*Selenanthias analis*				+	
腹棘尖牙鲈	*Synagrops phiilippinensis*				+	
锯棘尖牙鲈	*Synagrops serratospinosus*				+	
姬鮨	*Tosana niwaw*		+	+	+	
细鳞三棱鲈	*Trisotropis dermopterus*		+	+	+	+
侧牙鲈	*Variola louti*					+
浪花鮨	*Zalanthias azumanus*				+	
丽花鮨科	**Callanthiidae**					
美花鮨	*Callanthias japonicus*				+	
拟雀鲷科	**Pseudochromidae**					

续表

中文名	拉丁学名	大亚湾	北部湾	珠江口	南海北部	南海诸岛
鳗鲷	*Congrogadus subducens*			+	+	
黑线丹波鱼	*Dampieria melanotaenia*					+
棕拟雀鲷	*Pseudochromis fuscus*					+
黄鳍拟雀鲷	*Pseudochromis xanthochir*				+	
鮻科	**Plesiopidae**					
黑鮻	*Plesiops melas*					+
大眼鲷科	**Priacanthidae**					
布氏大眼鲷	*Priacanthus blochi*			+	+	+
黑鳍大眼鲷	*Priacanthus boops*		+	+	+	
斑鳍大眼鲷	*Priacanthus cruentatus*			+	+	+
金目大眼鲷	*Priacanthus hamrur*		+	+	+	+
短尾大眼鲷	*Priacanthus macracanthus*	+	+	+	+	+
高背大眼鲷	*Priacanthus sagittarius*				+	
长尾大眼鲷	*Priacanthus tayenus*	+	+	+	+	+
拟大眼鲷	*Psedopriacanthus niphonius*		+	+	+	+
鱚科	**Sillaginidae**					
少鳞鱚	*Sillago japonica*	+	+	+	+	
多鳞鱚	*Sillago sihama*	+	+	+	+	
湾鱚	*Sillago ingenuua*					+
弱棘鱼科	**Malacanthidae**					
银方头鱼	*Branchiostegus argentatus*		+	+	+	+
斑鳍方头鱼	*Branchiostegus auratus*		+	+	+	+
日本方头鱼	*Branchiostegus japonicus*		+	+	+	
尾带弱棘鱼	*Malacanthus hoedtii*					+
侧条弱棘鱼	*Malacanthus latovittatus*					+
乳香鱼科	**Lactariidae**					
乳香鱼	*Lactarius lactarius*	+	+	+	+	
眼镜鱼科	**Menidae**					
眼镜鱼	*Mene maculata*	+	+	+	+	+
谐鱼科	**Emmelichthyidae**					
黄细谐鱼	*Emmelichthys struhsakeri*				+	
谐鱼	*Erythrocles schlegeli*				+	
笛鲷科	**Lutjanidae**					
叉尾鲷	*Aphareus furcatus*					+
绿短鳍笛鲷	*Aprion virescens*			+		+
红钻鱼	*Etelis carbunculus*			+	+	+
丝鳍笛鲷	*Glabrilutjanus nematophorus*					+
紫红笛鲷	*Lutjanus argentimaculatus*	+	+	+	+	+

续表

中文名	拉丁学名	大亚湾	北部湾	珠江口	南海北部	南海诸岛
白斑笛鲷	*Lutjanus bohar*				+	+
蓝带笛鲷	*Lutjanus boutton*				+	
斜带笛鲷	*Lutjanus dodecacanthoides*				+	
红鳍笛鲷	*Lutjanus erythropterus*		+	+	+	+
金焰笛鲷	*Lutjanus fulviflamma*		+	+	+	+
焦黄笛鲷	*Lutjanus fulvus*			+	+	
驼背笛鲷	*Lutjanus gibbus*					+
约氏笛鲷	*Lutjanus johni*		+		+	
线纹笛鲷	*Lutjanus lineolatus*		+	+	+	+
黄笛鲷	*Lutjanus lutjanus*		+		+	+
单斑笛鲷	*Lutjanus monostigma*			+	+	+
黑笛鲷	*Lutjanus niger*					+
勒氏笛鲷	*Lutjanus russelli*	+	+	+	+	+
千年笛鲷	*Lutjanus sebae*		+	+	+	+
笛鲷	*Lutjanus* sp.					+
五带笛鲷	*Lutjanus spilurus*					+
金带笛鲷	*Lutjanus vaigiensis*		+		+	+
画眉笛鲷	*Lutjanus vitta*		+	+	+	+
异唇笛鲷	*Mirolabrichthrs tuka*					+
黄背若梅鲷	*Paracaesio xanthura*			+		
若梅鲷	*Paracaesio xanthurus*			+	+	+
斜鳞鲷	*Pinjalo pinjalo*		+	+	+	+
黄尾紫鱼	*Pristipomoides auricilla*			+	+	+
黄鳍紫鱼	*Pristipomoides flavipinnis*				+	
细鳞紫鱼	*Pristipomoides microlepis*		+	+	+	+
纹面紫鱼 [黄线紫鱼]	*Pristipomoides multidens*		+			
尖齿紫鱼	*Pristipomoides typus*		+	+	+	+
长鳍笛鲷	*Symphorus spilurus*					+
横带花笛鲷	*Tropidinius zonatus*				+	
梅鲷科	**Caesionidae**					
金带梅鲷	*Caesio chrysozona*		+	+	+	+
褐梅鲷	*Caesio coerulaureus*		+		+	+
二带梅鲷	*Caesio diagramma*		+		+	+
黄梅鲷	*Caesio erythrogaster*		+	+	+	
新月梅鲷	*Caesio lunaris*		+			+
长背梅鲷	*Caesio tile*					+
黄背梅鲷	*Caesio xanthonotus*			+	+	+
双鳍诸鱼 [细谐鱼]	*Dipterygonotus leucogrammicus*					+

中文名	拉丁学名	大亚湾	北部湾	珠江口	南海北部	南海诸岛
细谐鱼	*Dipterygotus leucogrammicus*		+			+
银鲈科	**Gerreidae**					
日本十棘银鲈	*Gerreomorpha japonica*	+	+	+	+	
短体银鲈	*Gerres abbreviatus*		+		+	
长鳍银鲈	*Gerres acinaces*					+
长棘银鲈	*Gerres filamentosus*	+	+	+	+	
短棘银鲈	*Gerres lucidus*	+	+	+	+	
长体银鲈	*Gerres macrosoma*		+	+	+	
长圆银鲈	*Gerres oblongus*					+
红尾银鲈	*Gerres oyena*				+	+
五棘银鲈	*Pentaprion longimanus*		+	+	+	+
石鲈科	**Haemulidae**					
三线矶鲈	*Parapristipoma trilineatus*		+	+	+	+
斑胡椒鲷	*Plectorhynchus chaetodonoides*					+
花尾胡椒鲷	*Plectorhynchus cinctus*		+	+	+	+
四带胡椒鲷	*Plectorhynchus diagrammus*		+		+	+
黄斑胡椒鲷	*Plectorhynchus flavomaculatus*		+			
斜纹胡椒鲷	*Plectorhynchus goldmanni*			+		+
条纹胡椒鲷	*Plectorhynchus lineatus*		+	+	+	+
东方胡椒鲷	*Plectorhynchus orientalis*					+
胡椒鲷	*Plectorhynchus pictus*	+	+	+	+	+
密点胡椒鲷	*Plectorhynchus punctaissmus*					+
网纹胡椒鲷	*Plectorhynchus reticulatus*		+			
银石鲈	*Pomadasys argenteus*				+	
赤笔石鲈	*Pomadasys furcatus*		+			
鳃斑石鲈	*Pomadasys grunniens*		+		+	+
断斑石鲈	*Pomadasys hasta*	+	+	+	+	
大斑石鲈	*Pomadasys maculatus*		+	+	+	
金线鱼科	**Nemipteridae**					
深水金线鱼	*Nemipterus bathybius*	+	+	+	+	+
六齿金线鱼	*Nemipterus hexodon*		+		+	+
日本金线鱼	*Nemipterus japonicus*	+	+	+	+	+
双带金线鱼	*Nemipterus marginatus*		+			
苏门答腊金线鱼	*Nemipterus mesoprion*		+			
圆额金线鱼	*Nemipterus metopias*		+			
红棘金线鱼	*Nemipterus nemurus*		+			
横斑金线鱼	*Nemipterus oveni*		+		+	
黄缘金线鱼	*Nemipterus thosaporni*		+		+	

中文名	拉丁学名	大亚湾	北部湾	珠江口	南海北部	南海诸岛
波鳍金线鱼	*Nemipterus tolu*		+	+	+	+
金线鱼	*Nemipterus virgatus*	+	+	+	+	+
双带眶棘鲈	*Parascolopsis tosensis*			+	+	
长崎锥齿鲷	*Pentapodus nagasakiensis*		+			
长尾锥齿鲷	*Pentapodus paradiseus*			+		+
线尾鲷	*Pentapodus setosus*		+			
线尾锥齿鲷	*Pentapus setosus*				+	+
双线眶棘鲈	*Scolopsis bilineatus*					+
双斑眶棘鲈	*Scolopsis bimaculatus*		+	+	+	+
栅纹眶棘鲈	*Scolopsis cancellatus*					+
齿颌眶棘鲈	*Scolopsis ciliatus*					+
弱眶棘鲈	*Scolopsis eriomma*		+	+	+	
横带眶棘鲈	*Scolopsis inermis*		+	+	+	
珠斑眶棘鲈	*Scolopsis margaritifer*		+			
黑带眶棘鲈	*Scolopsis monogramma*		+	+	+	
眶棘鲈	*Scolopsis* sp.				+	
条纹眶棘鲈	*Scolopsis taeniopterus*		+	+		+
伏氏眶棘鲈	*Scolopsis vosmeri*	+	+	+	+	+
金钱鱼科	**Scatophagidae**					
金钱鱼	*Scatophagus argus*	+		+	+	
裸颊鲷科	**Lethrinidae**					
金带齿颌鲷	*Gnathodentex aurolineatus*					+
灰裸顶鲷	*Gymnocranius griseus*		+	+	+	+
单列齿鲷	*Mnontaxis grandoculis*					+
红鳍裸颊鲷	*Lethrinus haematopterus*		+	+	+	+
纵带裸颊鲷	*Lethrinus leutjanus*		+		+	+
长吻裸颊鲷	*Lethrinus miniatus*		+	+	+	+
星斑裸颊鲷	*Lethrinus nebulosus*		+	+	+	+
丝棘裸颊鲷	*Lethrinus nematacanthus*				+	+
尖吻裸顶鲷	*Lethrinus olivaceus*			+		
短吻裸颊鲷	*Lethrinus ornatus*	+			+	
黑斑裸颊鲷	*Lethrinus rhodopterus*			+	+	
杂色裸颊鲷	*Lethrinus variegatus*				+	+
鲷科	**Sparidae**					
四长棘鲷	*Argyrops bleekeri*	+	+	+	+	+
棘鳍鲷	*Argyrops spinifer*		+		+	
黄鲷	*Dentex tumifrons*		+	+	+	+
日本犁齿鲷	*Evynnis japonica*					+

续表

中文名	拉丁学名	大亚湾	北部湾	珠江口	南海北部	南海诸岛
真鲷	*Pagrosomus major*	+	+	+	+	+
二长棘鲷	*Parargyrops edita*	+	+	+	+	+
平鲷	*Rhabdosargus sarba*	+	+	+	+	
灰鳍鲷	*Sparus berda*			+	+	
黄鳍鲷	*Sparus latus*	+	+	+	+	
黑鲷	*Sparus macrocephalus*	+	+	+	+	+
马鲅科	**Polynemidae**					
四指马鲅	*Eleutheronema tetradactylus*	+	+	+	+	
五指马鲅	*Polynemus plebeius*			+	+	
六指马鲅	*Polynemus sextarius*	+	+	+	+	
石首鱼科	**Sciaenidae**					
截尾白姑鱼	*Argyrosomus aneus*	+	+	+	+	
白姑鱼	*Argyrosomus argentatus*	+	+	+	+	+
大头白姑鱼	*Argyrosomus macrocephalus*	+	+	+	+	
斑鳍白姑鱼	*Argyrosomus pawak*	+	+	+	+	
黑姑鱼	*Atrobucca nibe*			+	+	
黄唇鱼	*Bahaba flavolabiata*			+		
尖头黄鳍牙鱵 [尖尾黄姑鱼]	*Chrysochir aureus*	+	+	+	+	
棘头梅童鱼	*Collichthys lucidus*	+	+	+	+	
勒氏须鱵	*Dendrophysa russelli*	+				
团头叫姑鱼	*Johnius amblycephalus*			+	+	
皮氏叫姑鱼	*Johnius belengeri*		+	+	+	
白条叫姑鱼	*Johnius carutta*		+			
鳞鳍叫姑鱼	*Johnius distinctus*				+	
杜氏叫姑鱼	*Johnius dussumieri*	+	+	+	+	
叫姑鱼	*Johnius grypotus*	+			+	
尖尾叫姑鱼	*Johnius trachycephalus*			+		
鮸	*Miichthys miiuy*			+	+	
黄姑鱼	*Nibea albiflora*	+	+	+	+	
双棘黄姑鱼	*Nibea diacanthus*		+	+	+	
鮸状黄姑鱼	*Nibea miichthioides*		+	+	+	
半花黄姑鱼	*Nibea semifasciata*		+			
银牙鱵	*Otolithes argenteus*	+	+	+	+	
红牙鱵	*Otolithes ruber*	+	+			
小牙潘纳鱼	*Panna microdon*				+	
大黄鱼	*Pseudosciaena crocea*	+	+	+	+	
勒氏短须石首鱼	*Umbrina russelli*			+		
湾鱵	*Wak sina*		+	+		

中文名	拉丁学名	大亚湾	北部湾	珠江口	南海北部	南海诸岛
丁氏鲹	*Wak tingi*			+		
髭鲷科	**Hapalogenyidae**					
纵带髭鲷	*Hapalogenys kishinouyei*			+	+	+
横带髭鲷	*Hapalogenys mucronatus*	+	+	+	+	+
黑鳍髭鲷	*Hapalogenys nigripinnis*			+		
斜带髭鲷	*Hapalogenys nitens*		+	+	+	
银鳞鲳科	**Monodactylidae**					
银大眼鲳	*Monodactylus argenteus*			+		
赤刀鱼科	**Cepolidae**					
印度棘赤刀鱼	*Acanthocepola indica*		+	+	+	+
克氏棘赤刀鱼	*Acanthocepola krusensterni*		+	+	+	+
背点棘赤刀鱼	*Acanthocepola limbata*		+	+	+	+
棘赤刀鱼	*Acanthocepola* sp.				+	
赤刀鱼	*Cepola schlegeli*		+	+	+	
底欧氏䲄	*Owstonia totomiensis*				+	
海鲫科	**Embiotocidae**					
海鲫	*Ditrema temmincki*				+	
雀鲷科	**Pomacentridae**					
金豆娘鱼	*Abudefduf aureus*					+
双斑豆娘鱼	*Abudefduf biocellatus*					+
蓝豆娘鱼	*Abudefduf coelestinus*				+	+
吻带豆娘鱼	*Abudefduf cyaneus*					+
弧带豆娘鱼	*Abudefduf dickii*					+
素豆娘鱼	*Abudefduf glaucus*					+
荧点豆娘鱼	*Abudefduf lacrymatus*					+
白腹豆娘鱼	*Abudefduf leucogaster*					+
黑豆娘鱼	*Abudefduf melas*					+
黑边豆娘鱼	*Abudefduf richardsoni*					+
七纹豆娘鱼	*Abudefduf septemfasciatus*					+
豆娘鱼	*Abudefduf sordidus*				+	+
胸带豆娘鱼	*Abudefduf thoracotaeniatus*					+
单斑豆娘鱼	*Abudefduf uniocellatus*					+
五带豆娘鱼	*Abudefduf vaigensis*					+
黄带豆娘鱼	*Abudefduf xanthozona*					+
黄斑豆娘鱼	*Abudefduf zonatus*					+
背纹双锯鱼	*Amphiprion akallopisus*					+
二带双锯鱼	*Amphiprion bicinctus*					+
白条双锯鱼	*Amphiprion frenatus*					+

续表

中文名	拉丁学名	大亚湾	北部湾	珠江口	南海北部	南海诸岛
颈环双锯鱼	*Amphiprion perideraion*					+
黑双锯鱼	*Amphipron polymnus*				+	
锯唇鱼	*Cheiloprion labiatus*			+	+	
蓝光鳃鱼	*Chromis caeruleus*					+
双色光鳃鱼	*Chromis dimidiatus*					+
长棘光鳃鱼	*Chromis isharae*					+
东海光鳃鱼	*Chromis mirationis*					+
斑鳍光鳃鱼	*Chromis notatus*			+	+	+
条尾光鳃鱼	*Chromis ternatensis*					+
黄尾光鳃鱼	*Chromis xanthurus*					+
宅泥鱼	*Dascyllus aruanus*					+
灰边宅泥鱼	*Dascyllus marginatus*					+
三斑宅泥鱼	*Dascyllus trimaculatus*					+
乔氏台雅鱼	*Daya jerdoni*		+	+	+	+
密鳃鱼	*Hemiglyphidodon plagiometopon*					+
白带雀鲷	*Pomacentrus albifasciatus*					+
黑边雀鲷	*Pomacentrus jenkinsi*					+
长吻雀鲷	*Pomacentrus lividus*					+
黑鳍雀鲷	*Pomacentrus melanopterus*				+	+
黄雀鲷	*Pomacentrus moluccensis*					+
黑雀鲷	*Pomacentrus nigricans*			+	+	+
黑背雀鲷	*Pomacentrus notophthalmus*					+
孔雀雀鲷	*Pomacentrus pavo*					+
黑斑雀鲷	*Pomacentrus perspicillatus*					+
黄鳍雀鲷	*Pomacentrus philippinus*					+
条尾雀鲷	*Pomacentrus taeniurus*			+	+	+
三斑雀鲷	*Pomacentrus tripunctatus*					+
台湾细鳞雀鲷	*Teixeirichthys formosana*		+			
隆头鱼科	**Labridae**					
荧斑阿南鱼	*Anampses caeruleopunctatus*					+
线阿南鱼	*Anampses diadematus*					+
尾斑阿南鱼 [乌尾阿南鱼]	*Anampses melanurus*					+
星阿南鱼	*Anampses twistii*					+
腋斑普提鱼	*Bodianus axillaris*				+	+
普提鱼	*Bodianus bilunulatus*					+
斜斑普提鱼	*Bodianus hirsutus*					+
益田普提鱼	*Bodianus masudai*					+
双色普提鱼	*Bodianus mesothorax*					+

中文名	拉丁学名	大亚湾	北部湾	珠江口	南海北部	南海诸岛
尖头普提鱼	*Bodianus oxycephalus*					+
长吻唇鱼	*Cheilinus celebicus*					+
绿尾唇鱼	*Cheilinus chlorurus*					+
多线唇鱼	*Cheilinus diagramma*					+
横带唇鱼	*Cheilinus fasciatus*					+
侧斑唇鱼	*Cheilinus mentalis*					+
尖头唇鱼	*Cheilinus oxycephalus*					+
唇鱼	*Cheilinus rhodochrous*					+
三叶唇鱼	*Cheilinus trilobatus*					+
波纹唇鱼	*Cheilinus undulatus*					+
管唇鱼	*Cheilio inermis*					+
白炳猪齿鱼	*Choerodon anchorago*					+
蓝猪齿鱼	*Choerodon azurio*	+	+		+	+
黄斑猪齿鱼	*Choerodon jordani*					+
鳞斑猪齿鱼	*Choerodon nectemblema*				+	
黑斑猪齿鱼	*Choerodon schoenleini*					+
拟猪齿鱼	*Choerodonoides* sp.				+	
绿丝龙头鱼	*Cirrhilabrus solorensis*					+
盔鱼	*Coris aygula*					+
露珠盔鱼	*Coris gaimard*					+
纵带盔鱼	*Coris musume*					+
钝头鱼	*Cymolutes lecluse*					+
长棘锯盖鱼	*Duymaeria flagellifera*					+
伸口鱼	*Epibulus insidiator*					+
杂色尖嘴鱼	*Gomphosus varius*					+
方斑海猪鱼	*Halichoeres centiquadrus*					+
蓝侧海猪鱼	*Halichoeres cyanopleura*	+	+		+	
纵带海猪鱼	*Halichoeres hartzfeldii*					+
赫氏海猪鱼	*Halichoeres hyrtli*	+				
斑点海猪鱼	*Halichoeres maegaritaceus*					+
缘边海猪鱼	*Halichoeres marginatus*					+
胸斑海猪鱼	*Halichoeres melanochir*					+
花鳍海猪鱼	*Halichoeres poecilopterus*				+	
细棘海猪鱼	*Halichoeres tenuispinis*			+	+	
三斑海猪鱼	*Halichoeres trimaculatus*	+				+
黄带厚唇鱼	*Hemigymnus fasciatus*					+
黑鳍厚唇鱼	*Hemigymnus melapterus*					+
暗带离鳍鱼	*Hemipteronotus aneitensis*	+				+

续表

中文名	拉丁学名	大亚湾	北部湾	珠江口	南海北部	南海诸岛
黑斑离鳍鱼	*Hemipteronotus melanopus*				+	+
侧斑离鳍鱼	*Hemipteronotus verrens*		+	+		
狭带细鳞盔鱼	*Hologymnosus doliatus*					+
细鳞盔鱼	*Hologymnosus semidiscus*					+
洛神颈鳍鱼	*Iniistius dea*	+	+	+		+
黑斑颈鳍鱼	*Iniistius melanopus*					+
孔雀颈鳍鱼	*Iniistius pavo*				+	+
圆唇鱼	*Labrichthys cyanotaenia*					+
裂唇鱼	*Labroides dimidiatus*					+
胸斑褶唇鱼	*Labropsis manbei*					+
珠斑大咽齿鱼	*Macropharyngodon meleagris*					+
尖尾新丝龙头鱼	*Neocrrhilabrus oxyurus*					+
花尾连鳍鱼	*Novaculichthys taeniourus*					+
拟唇鱼	*Pseudocheilinus hexataenia*					+
带尾拟盔鱼	*Pseudocoris awayae*					+
棕红拟盔鱼	*Pseudocoris yamashiroi*					+
细拟隆头鱼	*Pseudolabrus gracilis*	+		+		
日本拟隆头鱼	*Pseudolabrus japonicus*					+
黑星紫胸鱼	*Stethojulis axillaris*					+
美体紫胸鱼	*Stethojulis kalosoma*					+
线纹紫胸鱼	*Stethojulis linearis*					+
双线紫胸鱼	*Stethojulis renardi*					+
腹纹紫胸鱼	*Stethojulis strigiventer*					+
栅纹锦鱼	*Thalassoma fuscum*					+
鞍斑锦鱼	*Thalassoma hardwicki*					+
黑臀锦鱼	*Thalassoma ljanseni*					+
黄锦鱼	*Thalassoma llutescens*					+
新月锦鱼	*Thalassoma lunare*					+
紫额锦鱼	*Thalassoma purpureum*					+
纵纹锦鱼	*Thalassoma quinquevttatus*					+
暗斑锦鱼	*Thalassoma umbrostigma*					+
鹦嘴鱼科	**Scaridae**					
圆尾绚鹦嘴鱼	*Calotomus japonicus*					+
凹尾绚鹦嘴鱼	*Calotomus spinidens*					+
二色大鹦嘴鱼	*Chlorurus bicolor*					+
驼背大鹦嘴鱼	*Chlorurus gibbus*					+
长头马鹦嘴鱼	*Hipposcarus longiceps*					+
截尾鹦嘴鱼	*Leptoscarus rivulatus*					+

中文名	拉丁学名	大亚湾	北部湾	珠江口	南海北部	南海诸岛
纤鹦嘴鱼	*Leptoscarus vaigiensis*					+
鹦嘴鱼	*Scarops psittacus*				+	+
钝头鹦嘴鱼	*Scarops rubroviolaceus*					+
条腹鹦嘴鱼	*Scarus aeruginosus*					+
绿牙鹦嘴鱼	*Scarus chlorodon*					+
弧带鹦嘴鱼	*Scarus dimidiatus*					+
绿唇鹦嘴鱼	*Scarus forsteri*					+
网条鹦嘴鱼	*Scarus frenatus*					+
青点鹦嘴鱼	*Scarus ghobban*		+			+
黑斑鹦嘴鱼	*Scarus globiceps*					+
蓝颊鹦嘴鱼	*Scarus janthochir*					+
侧带鹦嘴鱼	*Scarus lepidus*					+
长头鹦嘴鱼	*Scarus longiceps*					+
新月鹦嘴鱼	*Scarus lunula*					+
小吻鹦嘴鱼	*Scarus microrhinos*					+
黑鹦嘴鱼	*Scarus niger*					+
黄鞍鹦嘴鱼	*Scarus oviceps*					+
横带鹦嘴鱼	*Scarus scaber*					+
灰鹦嘴鱼	*Scarus sordidus*					+
带尾鹦嘴鱼	*Scarus taeniurus*					+
三色鹦嘴鱼	*Scarus tricolor*					+
五带鹦嘴鱼	*Scarus venosus*					+
鲈䲢科	**Percophidae**					
须棘鲈䲢	*Spinapsaron barbatus*				+	
肥足䲢科	**Pinguipedidae**					
白斑拟鲈	*Parapercis alboguttata*		+		+	+
赤拟鲈	*Parapercis aurantiaca*					+
圆拟鲈	*Parapercis cylindrica*		+	+	+	+
长鳍拟鲈	*Parapercis filamentosa*			+		
斑尾拟鲈	*Parapercis hexophthalma*					+
多带拟鲈	*Parapercis multifasciata*			+	+	
眼斑拟鲈	*Parapercis ommatura*				+	
美拟鲈	*Parapercis pulchella*		+	+	+	+
斑点拟鲈	*Parapercis punctata*		+	+	+	
四棘拟鲈	*Parapercis quadrispinosus*		+			+
六带拟鲈	*Parapercis sexfasciata*		+	+	+	+
斑棘拟鲈	*Parapercis striolata*				+	
黄纹拟鲈	*Parapercis xanthozona*			+	+	

续表

中文名	拉丁学名	大亚湾	北部湾	珠江口	南海北部	南海诸岛
玉筋鱼科	**Ammodytidae**					
玉筋鱼	*Ammodytes personatus*		+	+	+	
绿布氏筋鱼	*Bleekeria anguilliviridis*		+		+	
台湾筋鱼	*Embolichthys mitsukurii*		+		+	
䲁科	**Uranoscopidae**					
青䲁 [青奇头䲁]	*Gnathagnus elongatus*		+	+	+	
披肩䲁	*Ichthyoscopus lebeck*		+	+	+	
双斑䲁	*Uranoscopus bicinctus*		+	+	+	+
中华䲁	*Uranoscopus chinensis*		+	+	+	
日本䲁 [网纹䲁]	*Uranoscopus japonicus*	+	+		+	+
少鳞䲁	*Uranoscopus oligolepis*		+	+	+	+
项鳞䲁	*Zalescopus tosae*			+	+	
蠕鳢科 / 蚓鰕虎科	**Microdesmidae**					
凹尾塘鳢	*Ptereleotris microlepis*					+
舒科	**Sphyraenidae**					
大舒	*Sphyraena barracuda*					+
黄尾舒	*Sphyraena flavicauda*				+	
大眼舒	*Sphyraena forsteri*			+		+
黄带舒	*Sphyraena helleri*			+	+	+
日本舒	*Sphyraena japonica*		+	+	+	
斑条舒	*Sphyraena jello*	+	+	+	+	+
钝舒	*Sphyraena obtusata*		+	+	+	+
油舒	*Sphyraena pinguis*	+	+	+	+	+
鲳科	**Stromateidae**					
银鲳	*Pampus argenteus*	+	+	+		
中国鲳	*Pampus chinensis*	+	+	+	+	
灰鲳 [燕尾鲳]	*Pampus nozawae*	+	+	+	+	
棘臀鱼目	**Centrarchiformes**					
真鲈科	**Percichthyidae**					
鲭鲈	*Percichthys trucha*			+		
[鱼舵] 科	**Kyphosidae**					
长鳍 [鱼舵] 鱼	*kyphosus cinerascens*					+
短鳍 [鱼舵] 鱼	*kyphosus lembus*					+
细刺鱼	*Microcanthus strigatus*			+	+	+
蝲科	**Terapontidae**					
栅纹叉牙蝲	*Helotes cancellatus*				+	
叉牙蝲	*Helotes sexlineatus*			+		
列牙蝲	*Pelates quadrilineatus*	+	+	+	+	

中文名	拉丁学名	大亚湾	北部湾	珠江口	南海北部	南海诸岛
尖吻鯻	*Terapon oxyrhynchus*				+	
细鳞鯻	*Terapon jarbus*	+	+	+	+	+
尖吻鯻	*Terapon oxyrhynchus*				+	
鯻鱼 [鯻]	*Terapon theraps*	+	+	+	+	+
汤鲤科	**Kuhliidae**					
花尾汤鲤	*Kuhlia taeniura*					+
石鲷科	**Oplegnathidae**					
斑石鲷	*Oplegnathus punctatus*				+	
鳍科	**Cirrhitidae**					
斑金鳍	*Cirrhitichthys aprinus*					+
金鳍	*Cirrhitichthys aureus*				+	+
鳍	*Cirrhitus pinnulatus*					+
副鳍	*Paracirrhites arcatus*					+
发光鲷目	**Acropomatiformes**					
花鲈科	**Lateolabracidae**					
鲈	*Lateolabrax japonicus*	+	+			
发光鲷科	**Acropomatidae**					
圆鳞发光鲷	*Acropoma hanedai*		+	+	+	
发光鲷	*Acropoma japonicum*		+	+	+	+
美软鱼	*Malakichthys elegans*		+	+	+	
灰软鱼	*Malakichthys griseus*				+	
瓦氏软鱼	*Malakichthys wakiyai*			+	+	
尖牙鲷	*Synagrops japonicus*		+			
寿鱼科	**Banjosidae**					
寿鱼	*Banjos banjos*			+	+	+
鮟科	**Scombropidae**					
鮟鱼	*Scombrops boops*				+	
拟金眼鲷科	**Pempheridae**					
单鳍鱼	*Pempheris molucca*					+
黑斑单鳍鱼	*Pempheris oualensis*					+
无斑单鳍鱼	*Pempheris vanicolensis*					+
叶鲷科	**Glaucosomatidae**					
愈牙鮨 [叶鲷]	*Glaucosoma hebraicum*			+	+	+
片山愈牙鮨	*Symphysanodon katayamai*				+	
五棘鲷科	**Pentacerotidae**					
帆鳍鱼	*Histiopterus typus*			+	+	+
鳄齿鱼科	**Champsodontidae**					
弓背鳄齿鱼	*Champsodon atridorsalis*		+	+	+	+

续表

中文名	拉丁学名	大亚湾	北部湾	珠江口	南海北部	南海诸岛
鳄齿鱼	*Champsodon capensis*					+
短鳄齿鱼	*Champsodon snyderi*		+	+	+	
钩鱼目 / 钩头鱼目	**Kurtiformes**					
天竺鲷科	**Apogonidae**					
套缰天竺鲷	*Apogon fraenatus*					+
弓线天竺鲷	*Apogon amboinensis*		+	+	+	
宽带天竺鲷	*Apogon angustatus*			+	+	
颊纹天竺鲷	*Apogon bandanensis*					+
天竺鲷	*Apogon cyanosoma*		+			
斗氏天竺鲷	*Apogon doederleini*		+		+	+
红天竺鲷	*Apogon erythrinus*		+	+	+	
斑柄天竺鲷	*Apogon fleurieu*					+
中线天竺鲷	*Apogon kiensis*	+	+	+	+	+
黑鳍天竺鲷	*Apogon nigripinnis*			+	+	
九线天竺鲷	*Apogon novemfasciatus*					+
斑带天竺鱼	*Apogon orbicularis*				+	+
四线天竺鲷	*Apogon quadrifasciatus*	+	+			
粗体天竺鲷	*Apogon robustus*				+	+
沙维天竺鲷	*Apogon savayensis*		+			
半线天竺鲷	*Apogon semilineatus*	+	+	+	+	+
条纹天竺鲷	*Apogon striatus*			+		
双带天竺鲷	*Apogon taeniatus*		+	+	+	
三斑天竺鲷	*Apogon trimaculatus*					+
白边天竺鱼	*Apogonichthys albomarginatus*				+	
黑鳃天竺鱼 [黑鳍天竺鱼]	*Apogonichthys arafurae*		+			
斑鳍天竺鱼	*Apogonichthys carinatus*	+	+	+	+	
黑边天竺鱼	*Apogonichthys ellioti*	+	+	+	+	+
细条天竺鱼	*Apogonichthys lineatus*	+	+	+	+	
黑天竺鱼	*Apogonichthys niger*		+	+	+	+
鸠斑天竺鱼	*Apogonichthys perdix*				+	
宽条天竺鱼	*Apogonichthys striatus*	+	+	+	+	+
巨牙天竺鲷	*Cheilodipterus macrodon*		+			+
斑鳍天竺鲷	*Jaydia carinata*					+
黑鳃银口天竺鲷	*Jaydia poeciloptera*					+
乳突天竺鲷	*Papillapogon auritus*		+		+	+
五带副天竺鲷	*Paraima quinquelineatus*					+
刺尾鱼目	**Acanthuriformes**					
鲾科	**Leiognathidae**					

中文名	拉丁学名	大亚湾	北部湾	珠江口	南海北部	南海诸岛
小牙鲾	*Gazza minuta*		+	+	+	
细纹鲾	*Leiognathus berbis*	+	+	+	+	
黄斑鲾	*Leiognathus bindus*	+	+	+	+	+
短吻鲾	*Leiognathus brevirostris*	+	+	+	+	
黑斑鲾	*Leiognathus daura*		+			
杜氏鲾	*Leiognathus dussumieri*		+		+	
长鲾	*Leiognathus elongatus*		+	+	+	+
短棘鲾	*Leiognathus equulus*		+		+	
长棘鲾	*Leiognathus fasciatus*			+	+	
静鲾	*Leiognathus insidiator*	+	+	+	+	
粗纹鲾	*Leiognathus lineolatus*	+	+	+	+	+
条鲾	*Leiognathus rivulatus*	+	+	+	+	
鹿斑鲾	*Leiognathus ruconius*	+	+	+	+	
黑边鲾	*Leiognathus splendens*		+		+	
松鲷科	**Lobotidae**					
松鲷	*Lobotes surinamensis*	+			+	+
鸡笼鲳科	**Drepaneidae**					
条纹鸡笼鲳	*Drepane longimana*		+	+	+	+
斑点鸡笼鲳	*Drepane punctata*	+	+	+	+	
鸡笼鲳	*Drepane* sp.	+				
蝴蝶鱼科	**Chaetodontidae**					
项斑蝴蝶鱼	*Chaetodon adiergastos*					+
丝蝴蝶鱼	*Chaetodon auriga*					+
双丝蝴蝶鱼	*Chaetodon bennetti*					+
桔尾蝴蝶鱼	*Chaetodon chrysurus*					+
密点蝴蝶鱼	*Chaetodon citrinellus*					+
叉纹蝴蝶鱼	*Chaetodon collare*					+
鞭蝴蝶鱼	*Chaetodon ephippium*					+
纹带蝴蝶鱼	*Chaetodon falcula*					+
珠蝴蝶鱼	*Chaetodon kleini*					+
细纹蝴蝶鱼	*Chaetodon lineolatus*					+
新月蝴蝶鱼	*Chaetodon lunula*		+			+
黑背蝴蝶鱼	*Chaetodon melannotus*					+
朴蝴蝶鱼	*Chaetodon modestus*		+	+	+	+
橙带蝴蝶鱼	*Chaetodon ornatissimus*					+
斑带蝴蝶鱼	*Chaetodon punctatofasciatus*					+
细点蝴蝶鱼	*Chaetodon semeion*					+
镜蝴蝶鱼	*Chaetodon speculum*					+

中文名	拉丁学名	大亚湾	北部湾	珠江口	南海北部	南海诸岛
羽纹蝴蝶鱼	*Chaetodon strigangulus*					+
三带蝴蝶鱼	*Chaetodon trifasciatus*					+
单斑蝴蝶鱼	*Chaetodon unimaculatus*					+
斜纹蝴蝶鱼	*Chaetodon vagabundus*					+
魏氏蝴蝶鱼	*Chaetodon wiebeli*					+
美蝴蝶鱼	*Chaetodon wiebeli*					+
少女鱼	*Coradion chrysozonus*	+				+
六带剑盖鱼	*Euxiphipops sexstriatus*					+
黄镊鱼	*Forcipiger falvissimus*	+		+		
镊口鱼	*Forcipiger longirostris*					+
霞蝶鱼	*Hemitaurichthys zoster*					+
马夫鱼	*Heniochus acuminatus*	+		+		+
单角马夫鱼	*Heniochus monoceros*					+
三带马夫鱼	*Heniochus permutatus*	+		+		+
四带马夫鱼	*Heniochus singularius*					+
白带马夫鱼	*Heniochus varius*					+
副蝴蝶鱼	*Parachaetodon ocellatus*					+
甲尻鱼	*Pygoplites diacanthus*					+
刺盖鱼科	**Pomacanthidae**					
二色刺尻鱼	*Centropyge bicolor*				+	
双棘刺尻鱼	*Centropyge bispinosus*					+
黄刺尻鱼	*Centropyge heraldi*					+
棕刺尻鱼	*Centropyge vroliki*					+
荷包鱼 [蓝带荷包鱼]	*Chaetodontoplus septentrionalis*					+
月蝶鱼	*Genicanthus melanospilus*					+
三斑刺蝶鱼	*Holacanthus trimaculatus*					+
肩环刺盖鱼	*Pomacanthus annularis*					+
主刺盖鱼	*Pomacanthus imperator*					+
半环刺盖鱼	*Pomacanthus semicirculatus*					+
刺尾鱼科	**Acanthuridae**					
蓝线刺尾鱼 [金线刺尾鱼][白氏刺尾鱼]	*Acanthurus bleekeri*					+
额带刺尾鱼	*Acanthurus dussumieri*					+
黑斑刺尾鱼	*Acanthurus gahhm*					+
灰额刺尾鱼	*Acanthurus glaucopareius*				+	+
纵带刺尾鱼	*Acanthurus lineatus*					+
双斑刺尾鱼	*Acanthurus nigrofuscus*					+
橙斑刺尾鱼	*Acanthurus olivaceus*					+

续表

中文名	拉丁学名	大亚湾	北部湾	珠江口	南海北部	南海诸岛
黄尾刺尾鱼	*Acanthurus thompsoni*					+
条纹刺尾鱼	*Acanthurus triostegus*					+
单板盾尾鱼	*Axinurus thynnoides*					+
小齿双板盾尾鱼	*Callicanthus hexacanthus*				+	+
颊纹双板盾尾鱼	*Callicanthus lituratus*					+
栉齿刺尾鱼	*Ctenochaetus striatus*					+
短吻鼻鱼	*Naso brevirostris*					+
长吻鼻鱼	*Naso unicornis*					+
丝尾鼻鱼	*Naso vlamingi*					+
多板盾尾鱼	*Prionurus scalprus*			+	+	+
黄高鳍刺尾鱼	*Zebrasoma flavescens*					+
小高鳍刺尾鱼	*Zebrasoma scopas*				+	
高鳍刺尾鱼	*Zebrasoma veliferum*					+
白鲳科	**Ephippidae**					
白鲳 [圆白鲳]	*Ephippus orbis*		+	+	+	
圆燕鱼	*Platax orbicularis*		+			
燕鱼	*Platax teira*					+
蓝子鱼科	**Siganidae**					
金点蓝子鱼	*Siganus chrysospilos*					+
凹吻蓝子鱼	*Siganus corallinus*					+
褐蓝子鱼	*Siganus fuscescens*	+	+	+	+	+
点斑蓝子鱼	*Siganus guttatus*				+	+
黄斑蓝子鱼	*Siganus oramin*	+	+	+	+	+
眼带蓝子鱼	*Siganus puellus*					+
钝吻蓝子鱼	*Siganus rostratus*					+
蓝子鱼	*Siganus* sp.	+				
刺蓝子鱼	*Siganus spinus*					+
狐蓝子鱼	*Siganus vulpinus*					+
镰鱼科	**Zanclidae**					
镰鱼	*Zanclus cornutus*					+
菱鲷科	**Caproidae**					
高菱鲷	*Antigonia capros*			+	+	
红菱鲷	*Antigonia rubescens*			+	+	+
鲹形目	**Carangiformes**					
鲯鳅科	**Coryphaenidae**					
鲯鳅	*Coryphaena hippurus*				+	+
军曹鱼科	**Rachycentridae**					
军曹鱼	*Rachycentron canadum*	+	+	+	+	+

续表

中文名	拉丁学名	大亚湾	北部湾	珠江口	南海北部	南海诸岛
鲫科	**Echeneidae**					
鲫	*Echeneis naucrates*	+	+	+	+	+
白短鲫	*Remora albescens*					+
短臂短鲫	*Remora brachyptera*					+
短鲫	*Remora remora*	+				+
大盘鲫	*Rhombochirus osteochir*					+
鲹科	**Carangidae**					
短吻丝鲹	*Alecitis ciliaris*	+	+	+	+	+
长吻丝鲹	*Alectis indica*	+	+	+	+	
沟鲹	*Atropus atropus*		+	+	+	
及达叶鲹	*Carangoides (A.) djeddaba*	+	+	+	+	
黑鳍叶鲹	*Carangoides (A.) malam*		+	+	+	
丽叶鲹	*Carangoides (Atule) kalla*	+	+	+	+	+
游鳍叶鲹	*Carangoides (Atule) mate*		+	+	+	+
钝鳍叶鲹	*Carangoides (Atule) pectoralis*		+	+	+	
大口鲹	*Carangoides (C.) bucculentus*				+	
珍鲹	*Carangoides (C.) ignobilis*	+	+	+	+	+
黑体鲹	*Carangoides (C.) ishikqwai*				+	
长吻若鲹	*Carangoides chrysophrys*			+		
长吻若鲹	*Carangoides ehrysophrys*		+			
海兰德若鲹	*Carangoides hedlandensis*		+		+	
白舌鲹	*Carangoides talamparoides*					+
甲裸胸鲹	*Caranx (C.) armatus*				+	
青羽裸胸鲹	*Caranx (C.) coeruleopinnatus*		+		+	
双线裸胸鲹	*Caranx (C.) dinema*				+	
平线若鲹	*Caranx (C.) ferdar*		+	+	+	+
马拉巴裸胸鲹	*Caranx (C.) malabaricus*		+	+	+	+
铅灰裸胸鲹	*Caranx (C.) plumbeus*		+		+	
斑鳍若鲹	*Caranx (C.) praeustus*		+		+	
镰鳍裸胸鲹	*Caranx (C.) talamparoidas*				+	
高体若鲹	*Caranx (Carangoides) equula*		+	+	+	+
六带鲹	*Caranx (Caranx) sexfasciatus*		+	+	+	+
长吻裸胸鲹	*Caranx (Citula) chrysophrys*		+	+	+	+
白舌尾甲鲹	*Caranx (Uraspis) helvolus*		+	+	+	+
尾甲鲹	*Caranx (Uraspis) uraspis*				+	
甲若鲹	*Caranx armatus*		+			
小点鲹	*Caranx gymnostethus*		+			
黑鲹	*Caranx lugubris*			+		

中文名	拉丁学名	大亚湾	北部湾	珠江口	南海北部	南海诸岛
黑尻鲹	Caranx melampygus					+
星点鲹	Caranx stellatus		+			+
东方鲭鲹	Chorineminae orientalis					+
红海鲭鲹	Chorineminae tolooparah					+
台湾鲭鲹	Chorinemus formosanus	+	+		+	
海南鲭鲹	Chorinemus hainanensis		+		+	
长颌鲭鲹	Chorinemus lysan	+	+	+	+	
针鳞鲭鲹	Chorinemus moadetta	+	+		+	+
无斑圆鲹	Decapterus kurroides		+	+	+	+
颌圆鲹	Decapterus lajang	+	+	+	+	+
长体圆鲹	Decapterus macrosoma		+	+	+	+
蓝圆鲹	Decapterus maruadsi	+	+	+	+	
红鳍圆鲹	Decapterus russelli			+	+	+
纺锤蛳	Elagatis bipinnulatus			+	+	+
乌鲳	Formio niger	+	+	+		+
黄鹂无齿鲹	Gnathanodon speciosus		+	+	+	
大甲鲹	Megalapis cordyla	+	+			+
舟蛳	Naucrates ductor				+	+
乌鲹 [乌鲳]	Parastromateus niger				+	
黄带拟鲹	Pseudocaranx dentex				+	
牛眼凹肩鲹	Selar boops	+	+	+	+	+
脂眼凹肩鲹	Selar crumenophthalmus		+	+	+	+
金带细鲹	Selaroides leptolepis	+	+	+		+
突颌月鲹	Selene vomer				+	
黄条蛳	Seriola aureovittata		+	+		
高体蛳	Seriola dumerili		+	+	+	+
条蛳	Seriola quinqueradiata				+	+
长鳍蛳 [画眉蛳]	Seriola rivoliana		+	+		
紫蛳	Serola purpurascens				+	
小斑鲳鲹 [金昌]	Trachinotus baillonii					+
卵形鲳鲹	Trachinotus ovatus		+			
竹荚鱼	Trachurus japonicus	+	+	+	+	+
黑纹条蛳	Zonichthys nirofasciata	+	+	+	+	+
剑鱼科	**Xiphiidae**					
剑鱼	Xiphias gladius			+	+	+
旗鱼科	**Istiophoridae**					
东方旗鱼	Istiophorus platypterus				+	+
白枪鱼	Makaira malina					+

中文名	拉丁学名	大亚湾	北部湾	珠江口	南海北部	南海诸岛
蓝枪鱼	*Makaira mazara*					+
印度枪鱼	*Istiompax indica*					+
箕作氏枪鱼	*Makaira mitsukurii*					+
羊鱼目	**Mulliformes**					
羊鱼科	**Mullidae**					
斑带拟羊鱼	*Mulloidichthys samoensis*					+
金带拟羊鱼	*Mulloidichthys suriflamma*		+	+	+	+
无斑拟羊鱼	*Mulloidichthys vanicolensis*					+
条斑副绯鲤	*Parupeneus barberinus*		+			+
二带副绯鲤	*Parupeneus bifasciatus*			+	+	+
头带副绯鲤	*Parupeneus chryserdros*			+	+	+
黄带副绯鲤	*Parupeneus chrysopleuron*		+	+	+	+
纵条副绯鲤	*Parupeneus ciliatus*			+		+
纵带副绯鲤	*Parupeneus fraterculus*		+	+	+	
印度副绯鲤	*Parupeneus indicus*		+			
黄副绯鲤	*Parupeneus luteus*			+	+	+
黑斑副绯鲤	*Parupeneus pleurostigma*		+			
三带副绯鲤	*Parupeneus trifasciatus*					+
条尾绯鲤	*Upeneus bensasi*	+	+	+	+	+
吕宋绯鲤	*Upeneus luzonius*	+	+	+	+	
摩鹿加绯鲤 [马六甲绯鲤]	*Upeneus moluccensis*	+	+	+		
四带绯鲤	*Upeneus quadrilineatus*			+	+	
绯鲤	*Upeneus* sp.	+				
纵带绯鲤	*Upeneus subvittatus*	+	+	+	+	
黄带绯鲤	*Upeneus sulphureus*	+	+	+	+	
黑斑绯鲤	*Upeneus tragula*		+	+	+	
斑尾绯鲤	*Upeneus vittatus*		+			
鳚形目	**Blenniiformes**					
鳚科	**Blenniidae**					
长鳍钝齿鳚	*Aspidontus filamentosus*					+
纵带盾齿鳚	*Aspidontus taeniatus*					+
总肩鳚	*Cirripectes variolosus*					+
叉尾短带鳚	*Plagiotremus spilistius*		+	+	+	
横带动齿鳚	*Salarias dussumieri*					+
暗纹动齿鳚	*Salarias edentulus*					+
细纹动齿鳚	*Salarias fasciatus*					+
线纹动齿鳚	*Salarias lineatus*					+
线斑动齿鳚	*Salarias margaritatus*					+

中文名	拉丁学名	大亚湾	北部湾	珠江口	南海北部	南海诸岛
眼斑动齿鳚	*Salarias periophthalmus*					+
带鳚	*Xiphasia setifer*		+	+	+	+
鲻形目	**Callionymiformes**					
鲻科	**Callionymidae**					
高鳍鲻	*Callionymus altipinnis*			+	+	
丝棘鲻	*Callionymus flagris*		+	+	+	
海南鲻	*Callionymus hainanensis*				+	
基岛鲻	*Callionymus kaianus*		+	+	+	+
南海鲻	*Callionymus marisinensis*				+	
单丝鲻	*Callionymus monofilispinnus*				+	
香鲻	*Callionymus olidus*		+	+	+	
李氏鲻	*Callionymus richardsoni*	+	+	+	+	
丝鳍鲻	*Callionymus virgis*		+		+	
丝鳍美尾鲻	*Calliurichthys dorysus*		+	+	+	+
单丝美尾鲻	*Calliurichthys filamentosus*				+	
美尾鲻	*Calliurichthys japonicus*		+	+	+	+
指脚鲻	*Dactylopus dactylopus*					+
双线鲻	*Diplogrammus goramensis*				+	
珠点蜥鲻	*Draconett margarostigma*		+			
红连鳍鲻	*Synchiropus altivelis*				+	+
眼斑连鳍鲻	*Synchiropus ocellatus*					+
鰕虎鱼目	**Gobiiformes**					
塘鳢科	**Eleotridae**					
锯塘鳢	*Brionobutis koilomatodon*		+	+		
尾斑尖塘鳢	*Oxyeleotris urophthalmus*			+		
鰕虎鱼科	**Gobiidae**					
犬牙细棘鰕虎鱼 [犬牙珠鰕虎鱼]	*Acentrogobius caninus*	+				+
绿斑细棘鰕虎鱼	*Acentrogobius chlorostigmatoides*		+	+	+	
妆饰细棘鰕虎鱼	*Acentrogobius ornatus*					+
六丝钝尾鰕虎	*Amblychaeturichthys hexanema*				+	
白条钝鰕虎鱼	*Amblygobius albimaculatus*					+
钝孔鰕虎鱼	*Amblyotrypauchen arctocephalus*		+		+	
叉牙鰕虎鱼	*Apocryptodon* sp.				+	
星塘鳢	*Asterropteryx semipunctatus*					+
须鰕虎鱼	*Barbuligobius boehlkei*	+				
云斑深鰕虎鱼	*Bathygobius fuscus*			+		+
大弹涂鱼	*Boleophthalmus pectinirostris*		+			
美鰕虎鱼	*Callogobius sclateri*					+

续表

中文名	拉丁学名	大亚湾	北部湾	珠江口	南海北部	南海诸岛
矛尾鰕虎鱼	*Chaeturichthys stigmatias*	+	+	+		
长丝鰕虎鱼	*Cryptocentrus filifer*	+	+	+	+	
红丝鰕虎鱼	*Cryptocentrus russus*		+	+	+	
台湾丝鰕虎鱼	*Cryptocentrus yatsui*		+			
褐栉鰕虎鱼	*Ctenogobius brunneus*			+		
栉鰕虎鱼	*Ctenogobius* sp.				+	
小头栉孔鰕虎鱼	*Ctenotrypauchen microcephalus*		+	+	+	
长鳍美塘鳢	*Eleotriodes longipinnis*					+
丝条美塘鳢	*Eleotriodes strigatus*					+
矶塘鳢	*Eviot abax*					+
双斑舌鰕虎鱼	*Glossogobius biocellatus*		+			
舌鰕虎鱼	*Glossogobius giuris*		+	+		
斑纹舌鰕虎鱼	*Glossogobius olivaceus*		+			
红点叶鰕虎鱼	*Gobiodon erythrospilus*					+
多线叶鰕虎鱼	*Gobiodon multilineatus*					+
眼带叶鰕虎鱼	*Gobiodon oculolineatus*					+
黄体叶鰕虎鱼	*Gobiodon okinawae*					+
五线叶鰕虎鱼	*Gobiodon quinquestrigatus*					+
红狼牙鰕虎鱼 [狼鰕虎鱼]	*Odontamblyopus rubicundus*	+	+	+	+	
小鳞沟鰕虎鱼	*Oxyurichthys microlepis*		+		+	
眼瓣沟鰕虎鱼	*Oxyurichthys ophthalmonema*		+			
巴布亚沟鰕虎鱼	*Oxyurichthys papuensis*		+		+	
触角沟鰕虎鱼	*Oxyurichthys tentacularis*		+	+	+	
拟矛尾鰕虎鱼	*Parachaeturichthys polynema*	+	+	+	+	
副叶鰕虎鱼	*Paragobiodon echinocephalus*					+
黑副叶鰕虎鱼	*Paragobiodon melanosomus*					+
黄副叶鰕虎鱼	*Paragobiodon xanthosomus*					+
蛎形副平牙鰕虎鱼	*Parapocryptes serperaster*			+		
弹涂鱼	*Periophthalmus cantonensis*				+	
矛状拟平牙鰕虎鱼	*Pseudapocryptes lanceolatus*			+		
青弹涂鱼	*Scartlaos viridis*				+	
鳗形鳗鰕虎鱼 [鳗鰕虎鱼]	*Taeniodies aguillaris*		+	+	+	
须鳗鰕虎鱼	*Taenioides cirratus*			+	+	
孔鰕虎鱼	*Trypauchen vagina*	+	+	+	+	
条鰕虎鱼	*Zonogobius semidoliatus*			+	+	+
鲭形目	**Scombriformes**					
乌鲂科	**Bramidae**					
日本乌鲂	*Brama japonica*				+	+

续表

中文名	拉丁学名	大亚湾	北部湾	珠江口	南海北部	南海诸岛
细鳞乌鲂	*Brama rayi*				+	
蛇鲭科	**Gempylidae**					
东方短鳍蛇鲭	*Epinula orientalis*				+	
蛇鲭	*Gempylus serpens*					+
异鳞蛇鲭	*Lepidocybium flavobrunneum*					+
鲭带鱼	*Promethichthys prometheus*			+		+
短蛇鲭	*Rexea prometheoides*			+	+	
棘鳞蛇鲭	*Ruvettus tydemani*				+	+
黑鳍蛇鲭	*Thyrsitoides marleyi*			+	+	+
带鱼科	**Trichiuridae**					
叉尾带鱼	*Benthodeodesmus tonuis*				+	
长绵鳚	*Enchelyopus elongatus*				+	
小带鱼	*Euplerogrammus muticus*	+		+	+	
沙带鱼	*Lepturacanthus savala*	+	+	+	+	
窄额带鱼	*Tentoriceps cristatus*		+	+		+
短带鱼	*Trichiurus brevis*	+	+	+	+	
带鱼	*Trichiurus lepturus*	+	+	+	+	+
南海带鱼	*Trichiurus nanhaiensis*		+	+	+	
鲭科	**Scombridae**					
刺鲅	*Acanthocybium solandi*				+	+
沙氏刺鲅	*Acanthocybium solandri*					+
圆舵鲣	*Auxis tapeinosoma*		+	+	+	+
扁舵鲣	*Auxis thazard*		+	+	+	+
鲔	*Euthynnus* sp.	+				
小鲔	*Euthynnus alletteratus*					+
白卜鲔	*Euthynnus yaito*			+	+	+
双线鲅	*Grammatorcynus bicarinatus*					+
裸狐鲣	*Gymnosarda unicolor*					+
鲣	*Katsuwonus pelamis*			+	+	+
狭头鲐	*Pneumatophors tapeinocephalus*			+	+	+
鲐鱼 [鲐]	*Pneumatophorus japonicus*	+	+	+	+	+
羽鳃鲐	*Rastrelliger kanagurta*	+	+	+	+	+
东方狐鲣	*Sarda orientalis*			+	+	+
康氏马鲛	*Scombermorus commersoni*	+	+	+	+	+
斑点马鲛	*Scombermorus guttatus*	+	+	+	+	
蓝点马鲛 [马鲛]	*Scombermorus niphonius*	+	+	+	+	
四带笛鲷	*Scomberomorus guttatus*					+
黄鳍金枪鱼	*Thunnus albacora*					+

中文名	拉丁学名	大亚湾	北部湾	珠江口	南海北部	南海诸岛
大眼金枪鱼	*Thunnus obesus*					+
青甘金枪鱼	*Thunnus tonggol*				+	+
无齿鲳科	**Ariommatidae**					
无齿鲳	*Ariomma evermanni*				+	+
印度无齿鲳	*Ariomma indica*		+	+	+	+
脂眼鲳	*Ariomma lurida*			+	+	
长鲳科	**Centrolophidae**					
刺鲳	*Psenopsis anomala*	+	+	+	+	+
双鳍鲳科	**Nomeidae**					
拟鳞首方头鲳	*Cubiceps squamicepoides*				+	
鳞首方头鱼 [鳞首方头鲳]	*Cubiceps squamiceps*		+	+	+	+
双鳍鲳	*Nomeus gronovii*			+	+	
水母玉鲳	*Psenes arafurensis*		+	+	+	+
琉璃玉鲳	*Psenes cyanophrys*		+	+	+	
玉鲳	*Psenes pellucidus*			+	+	
鲽形目	**Pleuronectiformes [Heterosomata, Pleuronectida]**					
鲆科	**Psettodidae**					
大口鲆	*Psettodes erumei*	+	+	+	+	+
棘鲆科	**Citharidae**					
短鲽	*Brachypleura novaezeelandiae*		+	+	+	+
大鳞拟棘鲆	*Citharoides macrolepidotus*		+	+	+	+
鳞眼鲽	*Lepidoblepharon ophthalmolepis*					+
三眼斑鲆	*Pseudorhombus triocellatus*			+	+	
牙鲆科	**Paralichthyidae**					
牙鲆	*Paralichthys olivaceus*	+				
大牙斑鲆	*Pseudorhombus arsius*		+	+	+	
桂皮斑鲆	*Pseudorhombus cinnamomeus*				+	
双瞳斑鲆	*Pseudorhombus dupliocellatus*				+	+
高体斑鲆	*Pseudorhombus elevatus*		+	+	+	
圆鳞斑鲆	*Pseudorhombus levisquamis*			+	+	
马来斑鲆	*Pseudorhombus malayanus*		+	+	+	
少牙斑鲆	*Pseudorhombus oligodon*		+	+	+	
五眼斑鲆	*Pseudorhombus pentophthalmus*			+	+	+
五点斑鲆	*Pseudorhombus quinquocellatus*		+	+	+	+
斑鲆	*Pseudorhombus* sp.				+	
高体大鳞鲆	*Tarphops oligolepis*		+		+	
花鲆	*Tephrinectes sinensis*			+	+	

中文名	拉丁学名	大亚湾	北部湾	珠江口	南海北部	南海诸岛
鲆科	**Bothidae**					
无斑羊舌鲆	*Arnoglossus aspilos*					+
角羊舌鲆	*Arnoglossus japonicus*		+	+	+	
多斑羊舌鲆	*Arnoglossus polyspilus*			+	+	
大羊舌鲆	*Arnoglossus scapha*		+	+	+	+
长鳍羊舌鲆	*Arnoglossus tapeinosoma*		+	+	+	+
纤羊舌鲆	*Arnoglossus tenuis*	+	+	+	+	+
中间角鲆	*Asterorhombus intermedius*			+	+	
鲆	*Bothidae* spp.	+				
凹吻鲆	*Bothus mancus*					+
繁星鲆	*Bothus myriaster*		+	+	+	+
豹鲆	*Bothus pantherinus*			+	+	+
青缨鲆	*Crossorhombus azureus*		+	+	+	+
多牙缨鲆	*Crossorhombus kanekonis*		+		+	
长臂缨鲆	*Crossorhombus kobensis*		+		+	+
宽额缨鲆	*Crossorhombus valderostratus*				+	+
长鳍短额鲆	*Engyprosopon filipennis*		+	+	+	+
大鳞短额鲆	*Engyprosopon grandisquama*		+	+	+	+
宽额短额鲆	*Engyprosopon latifrons*			+	+	
长腿短额鲆	*Engyprosopon longipelvis*			+	+	
多鳞短额鲆	*Engyprosopon multisquama*			+	+	
三斑双线鲆	*Grammatobothus polyophthalmus*					+
北原左鲆	*Laeops kitakarae*		+	+	+	
矛状左鲆	*Laeops lanceolatat*		+		+	
小头左鲆	*Laeops parviceps*		+	+	+	
小眼新左鲆	*Neolaeops microphthalmus*		+		+	
短腹拟鲆	*Parabothus coarctatus*			+	+	
丝指鳒鲆	*Psettina filimanus*			+	+	+
海南鳒鲆	*Psettina hainanensis*		+	+	+	
鳒鲆	*Psettina iijimae*					+
鲽科	**Pleuronectidae**					
粒鲽	*Clidoderma asperrima*				+	
犬形拟庸鲽 [大牙拟庸鲽]	*Hippoglossoides dubius*		+	+	+	
纵带斜鲽	*Plagiopsetta fasciatus*			+	+	
褐斜鲽	*Plagiopsetta glossa*				+	+
角木叶鲽	*Pleuronichthys cornutus*		+	+	+	
黑斑瓦鲽	*Poecilopsetta colorata*			+	+	
纳塔乐瓦鲽	*Poecilopsetta natalensis*				+	

续表

中文名	拉丁学名	大亚湾	北部湾	珠江口	南海北部	南海诸岛
双斑瓦鲽	*Poecilopsetta plinthus*			+	+	
长体瓦鲽	*Poecilopsetta praelonga*		+	+	+	
冠鲽	*Samaris cristatus*		+	+	+	+
短颌沙鲽	*Samariscus inornatus*				+	
满月沙鲽	*Samariscus latus*			+	+	
长臂沙鲽	*Samariscus longimanus*				+	
鳎科	**Soleidae**					
角鳎	*Aesopia cornuta*	+	+	+	+	+
褐斑栉鳞鳎	*Aseraggodes kobensis*		+	+	+	
箬鳎	*Brachirus orientalis*	+				
日本钩嘴鳎	*Heteromycteris japonicus*				+	
钩嘴鳎	*Heteromycteris matsubarai*			+		
黑点圆鳞鳎 [团鳞鳎]	*Liachirus melanospilos*					
眼斑豹鳎	*Pardachirus pavoninus*		+	+	+	+
卵鳎	*Solea ovata*	+	+	+	+	+
缨鳞条鳎	*Zebrias crossolepis*					+
峨眉条鳎	*Zebrias quagga*		+		+	
带纹条鳎 [条鳎]	*Zebrias zebra*		+	+	+	+
舌鳎科	**Cynoglossidae**					
短吻三线舌鳎	*Cynoglossus abbreviatus*		+		+	
印度舌鳎	*Cynoglossus arel*		+		+	
双线舌鳎	*Cynoglossus bilineatus*		+	+	+	
短头舌鳎	*Cynoglossus brachycephalus*		+		+	
窄体舌鳎	*Cynoglossus gracilis*		+		+	
断线舌鳎	*Cynoglossus interruptus*		+		+	
东亚单孔舌鳎	*Cynoglossus itinus*		+		+	
短吻舌鳎 [焦氏舌鳎]	*Cynoglossus joyneri*		+	+	+	+
线纹舌鳎	*Cynoglossus lineolatus*		+	+	+	
大鳞舌鳎	*Cynoglossus macrolepidotus*	+	+	+	+	
黑鳍舌鳎	*Cynoglossus nigropinnatus*		+	+	+	+
斑头舌鳎	*Cynoglossus puncticeps*		+	+	+	
宽体舌鳎	*Cynoglossus robustus*	+		+	+	
黑鳃舌鳎	*Cynoglossus roulei*		+			
半滑舌鳎	*Cynoglossus semilaevis*		+		+	
西宝舌鳎	*Cynoglossus sibogae*				+	
中华舌鳎	*Cynoglossus sinicus*		+	+	+	
褐斑三线舌鳎	*Cynoglossus trigrammus*		+	+	+	
短钩须鳎 [布氏须鳎]	*Paraplagusia blochi*			+	+	

中文名	拉丁学名	大亚湾	北部湾	珠江口	南海北部	南海诸岛
长钩须鳎	*Paraplagusia bilineata*			+		
鲀形目	**Tetraodontiformes**					
拟三刺鲀科	**Triacanthodidae**					
管吻鲀	*Halimochirurgus alcocki*				+	
倒刺副三刺鲀	*Paratriacanthodes retrospinis*				+	
拟三刺鲀	*Triacanthodes anomalus*			+	+	+
短吻三刺鲀	*Triacanthus brevirostris*				+	+
尖尾倒刺鲀	*Tydemania navigatoris*				+	
三刺鲀科	**Triacanthidae**					
款吻假三刺鲀 [三刺鲀]	*Pseudotriacanthus* sp.	+				+
尖吻假三刺鲀 [尖吻三刺鲀]	*Pseudotriacanthus strigilifer*	+	+	+	+	
布氏三刺鲀	*Triacanthus blochi*		+		+	
鳞鲀科	**Balistidae**					
宽尾鳞鲀	*Abalistes stellatus*		+		+	+
叉斑钩鳞鲀	*Balistapus aculeatus*					+
斜带钩鳞鲀	*Balistapus rectangulus*					+
波纹钩鳞鲀	*Balistapus undulatus*				+	+
缰纹鳞鲀	*Balistes capistratus*					+
黄鳍鳞鲀	*Balistes chrysopterus*					+
圆斑鳞鲀	*Balistes conspicillum*					+
黄边鳞鲀	*Balistes flavimarginatus*					+
褐鳞鲀	*Balistes fuscus*					+
黑鳞鲀	*Balistes vidua*					+
绿鳞鲀	*Balistes viridescens*					+
卵圆疣鳞鲀	*Canthidermis maculatus*				+	+
黑边角鳞鲀	*Melichthys vidua*					+
红牙鳞鲀	*Odonus niger*					+
褐副鳞鲀	*Pseudobalistes fuscus*					+
黄鳍多棘鳞鲀	*Sufflamen chrysopterus*				+	
纹多棘鳞鲀	*Sufflamen fraenatus*					+
缰纹多棘鳞鲀	*Sufflamen fraenatus*					+
凹纹鳞鲀	*Xanthichthys lineopunctatus*					+
单角鲀科	**Monacanthidae**					
拟态革鲀	*Alutera scripta*					+
单角革鲀	*Alutera monoceros*	+	+		+	+
尾棘单角鲀	*Amanses scopas*				+	
绒纹线鳞鲀	*Arotrolepis sulcatus*	+	+		+	
细斑前孔鲀	*Cantherhines pardalis*				+	+

续表

中文名	拉丁学名	大亚湾	北部湾	珠江口	南海北部	南海诸岛
棘尾前孔鲀	*Cantherines dumerilii*		+			+
棘皮鲀	*Chaetodermis spinosissimus*		+		+	+
黄带似马面鲀	*Meuschenia flavolineata*		+			
中华单角鲀	*Monacanthus chinensis*	+	+	+	+	
绿鳍马面鲀	*Navodon septentrionalis*		+	+		+
密斑马面鲀	*Navodon tessellatus*		+	+		+
黄鳍马面鲀	*Navodon xanthopterus*		+	+	+	+
尖吻鲀	*Oxymonacanthus longirostris*					+
锯尾单角鲀	*Paraluteres prionurus*				+	
日本副单角鲀	*Paramonacanthus nipponensis*		+	+	+	+
绒纹单角鲀	*Paramonacanthus sulcatus*		+			
黑前角鲀	*Pervagor melanocephalus*					+
暗纹前角鲀	*Pervagor nitens*					+
丝鳍前角鲀	*Pervagor tomentosus*				+	
前棘鲀	*Pseudalutarius nasicorinis*				+	
须鲀	*Psilocephalus barbatus*		+		+	
丝背细鳞鲀 [丝鳍单角鲀]	*Stephanolepis cirrhifer*		+	+	+	+
日本细鳞鲀	*Stephanolepis japonicus*		+	+		
箱鲀科	**Ostraciidae**					
三角箱鲀	*Acanthostracion polygonius*		+			
角箱鲀	*Lactoria cornutus*				+	+
棘背角箱鲀	*Lactoria diaphanus*		+		+	+
突吻尖鼻箱鲀 / 尖鼻箱鲀	*Ostracion rhinorhynchos*					
蓝带箱鲀	*Ostracion solorensis*		+		+	
粒突箱鲀	*Ostracion tuberculatus*					+
双峰三棱箱鲀	*Rhinesomus concatenatus*		+		+	+
驼背三棱箱鲀	*Rhinesomus gibbosus*		+		+	+
尖鼻箱鲀	*Rhynchostracion nasus*					+
六棱箱鲀科	**Aracanidae**					
纹劲鲀	*Aracana aurita*		+			
六棱箱鲀	*Aracana rosapinto*	+		+	+	
三齿鲀科	**Triodontidae**					
三齿鲀	*Triodo bursariu*				+	
鲀科	**Tetraodontidae**					
头纹宽吻鲀	*Amblyrhynchotes hypselogencion*					+
白点宽吻鲀	*Amblyrhynchotus honcheni*		+	+	+	+
头纹宽吻鲀	*Amblyrhynchotus hypselogeneion*			+	+	
棕斑宽吻鲀	*Amblyrhynchotus rufopunctatus*		+	+	+	+

中文名	拉丁学名	大亚湾	北部湾	珠江口	南海北部	南海诸岛
长棘宽吻鲀	*Amblyrhynchotus spinosissimus*			+	+	
纹腹叉鼻鲀	*Arothron hispidus*			+	+	+
线纹叉鼻鲀	*Arothron immaculatus*		+			+
白点叉鼻鲀	*Arothron meleagris*				+	+
黑纹叉鼻鲀	*Arothron nigropunctatus*			+	+	+
星斑叉鼻鲀	*Arothron stellatus*			+	+	+
瓣鼻鲀	*Boesemanichthys firmamentum*				+	
圆斑扁背鲀	*Canthigaster jactator*				+	+
白斑刺鲀	*Canthigaster janthinoptera*		+			
白斑扁背鲀	*Canthigaster janthinopterus*				+	
水纹扁背鲀	*Canthigaster rivulatus*		+	+	+	+
凹鼻鲀	*Chelonodon patoca*			+	+	
铅点东方鲀	*Fugu alboplumbeus*		+	+	+	+
双斑东方鲀	*Fugu bimaculatus*			+	+	
星点东方鲀	*Fugu niphobles*		+			
横纹东方鲀[黄纹东方鲀]	*Fugu oblongus*	+			+	
暗纹东方鲀	*Fugu obscurus*				+	
弓斑东方鲀	*Fugu ocellatus*			+	+	
紫色东方鲀	*Fugu porphyreus*		+			
虫纹东方鲀	*Fugu vermicularis*		+	+	+	
黄鳍东方鲀	*Fugu xanthopterus*	+		+	+	
月腹刺鲀	*Gastrophysus lunaris*	+	+	+	+	+
棕腹刺鲀[棕斑兔头鲀]	*Gastrophysus spadiceus*	+	+	+	+	+
克氏兔头鲀	*Lagocephalus gloveri*		+			
黑鳃兔头鲀	*Lagocephalus inermis*		+	+	+	+
花鳍兔头鲀	*Lagocephalus oceanicus*			+	+	+
怀氏兔头鲀	*Lagocephalus wheeleri*		+			
圆斑兔头鲀	*Lagocephalus sceleratus*					+
圆斑扁尾鲀	*Pleuranacanthus sceleratus*					+
圆斑扁棘鲀[圆斑兔头鲀]	*Gastrophysus sceleratus*		+	+	+	+
杂斑扁棘鲀[杂斑兔头鲀]	*Pleuranacanthys suezensis*		+	+	+	+
密沟鲀	*Sphoeroides pachygaster*			+	+	+
条斑东方鲀	*Takifugu poecilonotus*			+		
刺鲀科	**Diodontidae**					
刺额短刺鲀	*Chilomycterus echinatus*		+	+	+	+
眶短刺鲀	*Chilomycterus orbicularis*		+	+	+	+
布氏刺鲀	*Diodon bleekeri*			+	+	+
六斑刺鲀	*Diodon holacanthus*		+	+	+	+

续表

中文名	拉丁学名	大亚湾	北部湾	珠江口	南海北部	南海诸岛
密斑刺鲀	*Diodon hystrix*	+	+	+	+	
刺鲀	*Diodon nicthemerus*		+			
九斑刺鲀	*Diodon novemmaculatus*		+	+		+
鲤形目	**Cypriniformes**					
鲤科	**Cyprinidae**					
鲫	*Carassius auratus*		+			
红鳍鲌	*Chanodichthys erythropterus*		+			
鲮鱼	*Cirrhinus molitorella*		+			
草鱼	*Ctenopharyngodon idella*		+			
尖鳍鲤	*Cyprinus acutidorsalis*		+			
海南红鲌	*Erythroculter pseudobrevicauda*		+			
鲢	*Hypophthalmichthys molitrix*		+			
鳙	*Hypophthalmichthys nobilis*		+			
广东鲂	*Megalobrama hoffmanni*		+			
攀鲈目	**Anabantiformes**					
鳢科	**Channidae**					
黑鱼	*Channa argus*	+				
丽鱼目	**Cichliformes**					
慈鲷科	**Cichlidae**					
花鲷	*Nimbochromis livingstonii*		+			
鱿鱼目 / 开眼目	**Oegopsida**					
武装乌贼科	**Enoploteuthidae**					
安达曼钩腕乌贼	*Abralia andamanica*		+		+	
多钩钩腕乌贼	*Abralia multihamata*	+			+	
萤乌贼	*Watasenia scintillans*				+	
爪乌贼科	**Onychoteuthidae**					
龙氏桑椹乌贼	*Mototeuthis lonnbergii*	+				
飞鱿科	**Thysanoteuthidae**					
菱鳍乌贼	*Thysanoteuthis rhombus*	+				
柔鱼科	**Ommastrephidae**					
夏威夷双柔鱼	*Nototodarus hawaiiensis*		+			
柔鱼	*Ommastrephes bartrami*		+			
太平洋褶柔鱼	*Todarodes pacificus*	+	+		+	
鸢乌贼	*Symplectoteuthis oualaniensis*		+		+	
小头乌贼科	**Cranchiidae**					
小头乌贼	*Cranchia scabra*				+	
帆乌贼科	**Histioteuthidae**					
太平洋帆乌贼	*Histioteuthis celetaria*				+	

中文名	拉丁学名	大亚湾	北部湾	珠江口	南海北部	南海诸岛
闭眼目	**Myopsida**					
枪乌贼科	**Loliginidae**					
长枪乌贼	*Loligo bleekeri*		+		+	
中国枪乌贼	*Loligo chinensis*		+	+	+	
杜氏枪乌贼	*Loligo duvaucelii*	+	+	+	+	
剑尖枪乌贼	*Loligo edulis*		+	+	+	
日本枪乌贼	*Loligo japonica*		+	+	+	
神户枪乌贼	*Loligo kobiensis*		+		+	
小管枪乌贼	*Loligo oshimai*		+			
枪乌贼	*Loligo* sp.	+				
诗博加枪乌贼	*Loligo sibogae*				+	
田乡枪乌贼	*Loligo tagoi*		+	+	+	
火枪乌贼	*Loligo beka*	+	+	+	+	
莱氏拟乌贼	*Sepioteuthis lessoniana*	+	+	+	+	
乌贼目	Sepioidea					
乌贼科	**Sepiidae**					
图氏后乌贼	*Metasepia tullbergi*		+	+	+	
目乌贼	*Sepia aculeata*	+	+	+	+	
针乌贼	*Sepia andreana*			+	+	
椭乌贼	*Sepia elliptica*	+	+		+	
金乌贼	*Sepia esculenta*	+	+	+	+	
神户乌贼	*Sepia kobiensis*		+	+	+	
白斑乌贼	*Sepia latimanus*	+	+	+	+	
拟目乌贼	*Sepia lycidas*		+	+	+	
虎斑乌贼	*Sepia pharaonis*	+	+	+	+	
曲针乌贼	*Sepia recurvirostra*	+	+			
罗氏乌贼	*Sepia robsoni*		+	+	+	
珠乌贼	*Sepia torosa*	+			+	
日本无针乌贼	*Sepiella japonica*				+	
曼氏无针乌贼	*Sepiella maindroni*	+	+	+	+	
耳乌贼科	**Sepiolidae**					
柏氏四盘耳乌贼	*Euprymna berryi*	+	+	+	+	
暗耳乌贼	*Inioteuthis japonica*	+	+	+	+	
双乳突僧头乌贼	*Rossia bipapillata*				+	
后耳乌贼	*Sepiadarium kochii*			+	+	
双喙耳乌贼	*Sepiola birostrat*		+		+	
耳乌贼	*Sepiola* sp.	+				
八腕目	**Octopoda**					

续表

中文名	拉丁学名	大亚湾	北部湾	珠江口	南海北部	南海诸岛
水孔蛸科	**Tremoctopodidae**					
印太水孔蛸	*Tremoctopus gracilis*			+		+
船蛸科	**Argonautidae**					
船蛸	*Argonauta argo*				+	+
锦葵船蛸	*Argonauta hians*					+
蛸科 [章鱼科]	**Octopodidae**					
砂蛸	*Octopus aegina*			+	+	+
双斑蛸	*Octopus bimaculatus*			+	+	+
弯斑蛸	*Octopus dollfusi*				+	+
纺锤蛸	*Octopus fusiformis*			+		+
环蛸	*Octopus maculosa*			+		
南海蛸	*Octopus nanhaiensis*			+		+
短蛸	*Octopus ocellatus*		+	+	+	+
卵蛸	*Octopus ovulum*			+	+	+
条纹蛸	*Octopus striolatus*			+	+	+
长蛸	*Octopus variabilis*			+	+	+
真蛸	*Octopus vulgaris*			+	+	+
十足目	**Decapoda**					
管鞭虾科	**Solenoceridae**					
凹陷管鞭虾 [凹管鞭虾]	*Solenocera koelbeli*			+	+	+
刺尾厚对虾	*Hadropenaeus spinicauda*					+
刀额拟海虾	*Haliporoides sibogae*					+
多突管鞭虾	*Solenocera rathbunae*			+	+	+
高脊管鞭虾	*Solenocera alticarinata*			+	+	+
尖管鞭虾	*Solenocera faxoni*			+		+
芦卡厚对虾	*Hadropenaeus lucasii*					+
拟栉管鞭虾	*Solenocera pectinulata*			+	+	+
亚菲海虾	*Haliporus taprobanensis*					+
栉管鞭虾	*Solenocera pectinata*			+	+	+
中华管鞭虾	*Solenocera crassicornis*			+	+	+
叉突膜对虾	*Hymenopenaeus halli*					+
刺足间对虾	*Mesopenaeus mariae*					+
弯角膜对虾	*Hymenopenaeus aequalis*					+
对虾科	**Penaeidae**					
扁足异对虾	*Atypopenaeus stenodactylus*			+	+	+
须赤虾	*Metapenaeopsis barbata*		+	+	+	+
硬壳赤虾	*Metapenaeopsis dura*					+
高脊赤虾	*Metapenaeopsis lamellata*					+

中文名	拉丁学名	大亚湾	北部湾	珠江口	南海北部	南海诸岛
圆板赤虾	*Metapenaeopsis lata*			+	+	
门司赤虾	*Metapenaeopsis mogiensis*		+	+	+	
宽突赤虾	*Metapenaeopsis palmensis*	+	+	+	+	
中国赤虾	*Metapenaeopsis sinica*		+	+	+	
音响赤虾	*Metapenaeopsis stridulans*		+	+	+	
方板赤虾	*Metapenaeopsis tenella*		+	+	+	
托罗赤虾	*Metapenaeopsis toloensis*	+	+	+	+	
近缘新对虾	*Metapenaeus affinis*	+	+	+	+	
刀额新对虾	*Metapenaeus ensis*		+	+	+	
中型新对虾	*Metapenaeus intermedius*		+	+	+	
周氏新对虾	*Metapenaeus joyneri*	+	+	+	+	
沙栖新对虾	*Metapenaeus moyebi*		+	+	+	
刀额仿对虾	*Parapenaeopsis cultrirostris*		+	+	+	
哈氏仿对虾 [长角仿对虾]	*Parapenaeopsis hardwickii*		+	+	+	
亨氏仿对虾	*Parapenaeopsis hungerfordi*		+	+	+	
中华仿对虾	*Parapenaeopsis sinica*		+			
细巧仿对虾	*Parapenaeopsis tenella*	+	+	+	+	
假长缝拟对虾	*Parapenaeus fissuroides*		+	+	+	
矛形拟对虾	*Parapenaeus lanceolatus*		+	+	+	
长足拟对虾	*Parapenaeus longipes*		+	+	+	
长角似对虾	*Penaeopsis eduardoi*				+	
尖直似对虾	*Penaeopsis rectacuta*				+	
中国对虾	*Penaeus (Fenneropenaeus) chinensis*			+	+	
墨吉对虾	*Penaeus (Fenneropenaeus) merguiensis*	+	+	+	+	
长毛对虾	*Penaeus (Fenneropenaeus) penicillatus*	+	+	+	+	
日本对虾	*Penaeus (Marsupenaeus) japonicus*	+	+	+	+	
宽沟对虾	*Penaeus (Melicertus) latisulcatus*			+	+	
斑节对虾	*Penaeus (P.) monodon*	+	+	+	+	
短沟对虾	*Penaeus (P.) semisulcatus*		+	+	+	
鹰爪虾	*Trachysalambria curvirostris*		+	+	+	
长足鹰爪虾	*Trachysalambria longipes*		+	+	+	
马来鹰爪虾	*Trachysalambria malaiana*		+	+	+	
澎湖鹰爪虾	*Trachysalambria pescadoreensis*		+		+	
尖突鹰爪虾	*Trachysalambria sedili*				+	
长臂虾科	**Palaemonidae**					
安氏白虾	*Exopalaemon annandalei*				+	
脊尾白虾	*Exopalaemon carinicauda*		+	+	+	
东方白虾	*Exopalaemon orientalis*				+	

续表

中文名	拉丁学名	大亚湾	北部湾	珠江口	南海北部	南海诸岛
纤瘦虾	*Leander urocaridella*				+	
广东长臂虾	*Palaemon guangdongensis*				+	
巨指长臂虾	*Palaemon macrodacttylus*			+		
异指虾科	**Processidae**					
日本异指虾	*Processa japonica*			+	+	
东方拟异指虾	*Nikoides sibogae*		+		+	
鼓虾科	**Alpheidae**					
贪食鼓虾	*Alpheus avarus*	+	+	+	+	
鲜明鼓虾	*Alpheus distinguendus*	+	+	+	+	
日本鼓虾	*Alpheus japonicus*		+			
窄足鼓虾	*Alpheus malabaricus*		+		+	
光采鼓虾	*Alpheus splendidus*				+	
藻虾科	**Hippolytidae**					
鞭腕虾	*Lysmata vittata*		+	+		
水母虾	*Latreutes anoplonyx*			+		
长角船形虾	*Tozeuma lanceolatum*		+	+		
长额虾科	**Pandalidae**					
滑脊等腕虾	*Heterocarpoides laevicarina*		+	+	+	
背刺异腕虾	*Heterocarpus dorsalis*			+	+	
驼背异腕虾	*Heterocarpus gibbosus*			+	+	
滑异腕虾	*Heterocarpus lavigatus*				+	
东方异腕虾	*Heterocarpus sibogae*		+		+	
三脊异腕虾	*Heterocarpus tricarinatus*				+	
齿额红虾	*Plesionika dentirostris*				+	
异拟长额虾	*Pandalopsis dispar*			+		
日本长额虾	*Pandalus japonicus*				+	
异齿拟长额虾	*Parapandalus zurstrasseni*				+	
半滑红虾	*Plesionika semilaevis*				+	
全齿红虾	*Plesionika sindoi*				+	
全刺红虾	*Plesionika spinipes*				+	
疏齿红虾	*Plesionika alcocki*				+	
印度红虾	*Plesionika indica*				+	
长足红虾	*Plesionika martia*				+	
多毛海虾	*Thalassocaris crinita*				+	
单肢虾科	**Sicyoniidae**					
脊单肢虾	*Sicyonia cristata*				+	
日本单肢虾	*Sicyonia japonica*			+	+	
披针单肢虾	*Sicyonia lancifer*		+			

中文名	拉丁学名	大亚湾	北部湾	珠江口	南海北部	南海诸岛
樱虾科	**Sergestidae**					
中国毛虾	*Acetes chinensis*		+	+	+	
日本毛虾	*Acetes japonicus*			+		
玻璃虾科	**Pasiphaeidae**					
细螯虾	*Leptochela gracilis*	+				
中华玻璃虾	*Pasiphaea sinensis*				+	
玻璃虾	*Pasiphaea* sp.				+	
褐虾科	**Crangonidae**					
东方疣褐虾	*Pontocaris sibogae*				+	
脊腹褐虾	*Crangon affinis*			+	+	
泥污疣褐虾	*Pontocaris pennata*	+		+	+	
龙虾科	**Palinuridae**					
泥污脊龙虾	*Linuparus sordidus*				+	
脊龙虾	*Linuparus trigonus*			+	+	
锦绣龙虾	*Panulirus ornatus*	+				
龙虾	*Panulirus* sp.				+	
蝉虾科	**Scyllaridae**					
毛缘扇虾	*Ibacus ciliatus*			+	+	
九齿扇虾	*Ibacus novemdentatus*			+	+	
双斑蝉虾	*Scyllarus bertholdi*	+		+	+	
短角蝉虾	*Scyllarus brevicornis*	+			+	
刀指蝉虾	*Scyllarus cultrifer*	+		+	+	
蝉虾	*Scyllarus* sp.				+	
东方扁虾	*Thenus orientalis*	+				
刺铠虾科	**Munididae**					
粗糙仿刺铠虾	*Paramunida scabra*			+		
棒指虾科	**Stylodactylidae**					
多齿棒指虾	*Stylodactylus multidentatus*				+	
刺虾科	**Oplophoridae**					
刺虾	*Oplophorus typus*				+	
海螯虾科	**Nephropidae**					
红斑后海螯虾	*Metanephrops thomsoni*				+	
尖甲拟海螯虾	*Nephropsis carpenteri*				+	
中华后海螯虾	*Metanephrops sinensis*				+	
棘虾科	**Acanthephyridae**					
短弯角棘虾	*Acanthephyra curtirostris*				+	
长角棘虾	*Acanthephyra armata*				+	
铠甲虾科	**Galatheidae**					

续表

中文名	拉丁学名	大亚湾	北部湾	珠江口	南海北部	南海诸岛
铠甲虾	*Galathea* sp.					+
镰虾科	**Glyphocrangonidae**					
镰虾	*Glyphocrangon* sp.					+
鞘虾科	**Eryonidae**					
硬鞭虾	*Stereomastis* sp.					+
深对虾科	**Benthesicymidae**					
东方深对虾	*Benthesicymus investigatoris*					+
驼背虾科	**Eugonatonotidae**					
厚壳驼背虾	*Eugonatonotus crassus*					+
线足虾科	**Nematocarcinidae**					
波形足线足虾	*Nematocarcinus undulatipes*					+
须虾科	**Aristeidae**					
短肢近对虾	*Plesiopenaeus coruscans*					+
拟须虾	*Aristaeomorpha foliacea*					+
雄壮须虾 [绿须虾]	*Aristeus virilis*					+
长带近对虾	*Plesiopenaeus edwardsianus*					+
长额拟肝刺虾	*Parahepomadus vaubani*					+
莹虾科	**Luciferidae**					
东方莹虾	*Lucifer orientalis*					+
活额寄居蟹科	**Diogenidae**					
细螯寄居蟹	*Clibanarius clibanarius*	+	+			
绵蟹科	**Dromiidae**					
干练平壳蟹	*Conchoecetes artificiosus*	+			+	+
颅形拟绵蟹	*Dromidiopsis cranioides*					+
绵蟹	*Dromia dehaani*				+	+
蛙蟹科	**Raninidae**					
东方小蛙蟹	*Ranilia orientalis*			+		
蛙形蟹	*Ranina ranina*			+		+
关公蟹科	**Dorippidae**					
关公蟹	*Dorippe* sp.	+				
日本关公蟹	*Dorippe (Neodorippe) japonica*	+	+			+
伪装关公蟹	*Dorippe (Dorippides) facchino*	+	+	+		+
印度四额齿蟹	*Ethusa indica*			+		+
疣面关公蟹	*Dorippe (Dorippe) frascone*			+	+	+
中华关公蟹	*Dorippe (Dorippe) sinica*			+	+	+
玉蟹科	**Leucosiidae**					
遁行长臂蟹	*Myra fugax*			+	+	+
海绵精干蟹	*Iphiculus spongiosus*					+

中文名	拉丁学名	大亚湾	北部湾	珠江口	南海北部	南海诸岛
七刺栗壳蟹	*Arcania heptacantha*		+	+	+	
双角转轮蟹	*Ixoides cornutus*		+	+		
红斑玉蟹	*Leucosia haematosticta*		+			
斜方玉蟹	*Leucosia rhomboidalis*	+				
带纹玉蟹	*Leucosia vittata*	+	+			
球形拳蟹	*Philyra globulosa*				+	
长螯拳蟹	*Philyra platychira*	+	+			
豆形拳蟹 [巨型拳蟹] [巨形拳蟹]	*Pyrhila pisum*	+	+	+	+	
馒头蟹科	**Calappidae**					
肝叶馒头蟹	*Calappa hepatica*				+	
卷折馒头蟹	*Calappa lophos*		+	+	+	
逍遥馒头蟹	*Calappa philargius*		+	+	+	
小型馒头蟹	*Calappa pustulosa*		+			
地区馒头蟹	*Calappa terrae-rcginae*		+		+	
颗粒圆蟹	*Cycloes granulosa*		+			
武装筐形蟹	*Mursia armata*			+	+	
蜘蛛蟹科	**Majoidea**					
奥氏刺蛛蟹	*Cyrtomaia owstoni*				+	
多刺刺蛛蟹	*Cyrtomaia hispida*			+	+	
锐刺长踦蟹	*Phalangipus hystrix*				+	
双角互敬蟹	*Hyastenus diacanthus*		+		+	
长足长踦蟹	*Phalangipus longipes*		+	+	+	
菱蟹科	**Parthenopidae**					
粗糙蚀菱蟹	*Daldorfia horrida*			+	+	
环状隐足蟹	*Cryptopodia fronicata*	+	+	+	+	
强壮菱蟹	*Parthenopw validus*	+	+		+	
梭子蟹科	**Portunidae**					
环纹蟳	*Charybdis annulata*			+		
锐齿蟳	*Charybdis acuta*	+	+	+	+	
近亲蟳	*Charybdis affinis*				+	
双斑蟳	*Charybdis bimaculata*		+	+	+	
美人蟳	*Charybdis callianassa*			+	+	
锈斑蟳	*Charybdis feriatus*	+	+	+	+	
钝齿蟳	*Charybdis hellerii*		+			
香港蟳	*Charybdis hongkongensis*	+	+	+	+	
日本蟳	*Charybdis japonica*	+	+	+	+	
晶莹蟳	*Charybdis lucifera*			+	+	
武士蟳	*Charybdis miles*		+	+	+	

续表

中文名	拉丁学名	大亚湾	北部湾	珠江口	南海北部	南海诸岛
善泳蟳	*Charybdis natator*			+	+	
光掌蟳	*Charybdis riversandersoni*			+	+	
直额蟳	*Charybdis truncata*	+	+	+	+	
疾进蟳	*Charybdis vadorum*	+	+	+	+	
变态蟳	*Charybdis variegata*	+	+	+	+	
短刺蟳	*Charybdis variegata*				+	
紫斑光背蟹	*Lissocarcinus orbicularis*				+	
菲岛狼牙蟹	*Lupocyclus philippinensis*		+	+	+	
看守长眼蟹	*Podophthalmus vigil*		+	+	+	
银光梭子蟹	*Portunus argentatus*	+	+	+	+	
拥剑梭子蟹	*Portunus gladiator*		+	+	+	
纤手梭子蟹	*Portunus gracilimanus*		+	+	+	
矛形梭子蟹	*Portunus hastatoides*	+	+	+	+	
远海梭子蟹	*Portunus pelagicus*	+	+	+	+	
柔毛梭子蟹	*Portunus pubescens*			+	+	
丽纹梭子蟹	*Portunus pulchricristatus*	+	+	+	+	
红星梭子蟹	*Portunus sanguinolentus*	+	+	+	+	
三疣梭子蟹	*Portunus trituberculatus*	+	+	+	+	
疣状梭子蟹	*Portunus tuberculosus*		+	+	+	
威迪梭子蟹	*Portunus tweediei*	+	+	+	+	
锯缘青蟹	*Scylla serrata*		+	+	+	
双额短桨蟹	*Thalamita sima*	+	+			
扇蟹科	**Xanthidae**					
红斑斗蟹	*Liagore rubromaculata*		+	+	+	
细肢滑面蟹	*Etisus demani*			+	+	
长脚蟹科	**Goneplacidae**					
双刺隆背蟹	*Carcinoplax bispinosa*			+		
长手隆背蟹	*Carcinoplax longimana*			+		
紫隆背蟹	*Carcinoplax pururea*			+	+	
中华隆背蟹	*Carcinoplax sinica*			+	+	
阿氏强蟹	*Eucrate alcocki*	+	+	+	+	
隆线强蟹	*Eucrate crenata*	+	+	+	+	
太阳强蟹	*Eucrate solaris*			+	+	
麦克长眼柄蟹	*Ommatocarcinus macgillivrayi*				+	
刺足掘沙蟹	*Scalopidia spinosipes*			+	+	+
毛盲蟹	*Typhlocarcinus villosus*	+				
瓷蟹科	**Porcellanidae**					
锯额豆瓷蟹	*Pisidia serratifrons*	+				

中文名	拉丁学名	大亚湾	北部湾	珠江口	南海北部	南海诸岛
绘画瓷蟹	*Porcellana picta*	+				
三叶仿瓷蟹	*Porcellanella triloba*	+				
绒毛细足瓷蟹	*Raphidopus ciliatus*	+				
沙蟹科	**Ocypodidae**					
屠氏招潮蟹	*Tubuca dussumieri*				+	+
方蟹科	**Grapsidae**					
白纹方蟹	*Gapsus albolineatus*					+
弓蟹科	**Varunidae**					
中型圆方蟹	*Cyclograpsus intermedius*					+
狭颚绒螯蟹	*Eriocheir leptognathus*			+		
直额绒螯蟹	*Eriocheir rectus*					+
字纹弓蟹	*Varuna litterata*			+	+	+
静蟹科	**Galenidae**					
双刺静蟹	*Galene bispinosa*	+		+	+	+
贪精武蟹	*Parapanope euagora*			+		+
黎明蟹科	**Matutidae**					
红线黎明蟹	*Matuta planipes*			+	+	+
颗粒黎明蟹	*Matuta granulosa*					+
彭氏黎明蟹	*Matuta banksii*					+
毛刺蟹科	**Pilumnidae**					
马氏毛粒蟹	*Pilumnopeus makiana*			+		+
小巧毛刺蟹	*Pilumnus minutus*			+		
哲扇蟹科	**Menippidae**					
光辉圆扇蟹	*Sphaerozius nitidus*	+				
短眼蟹科	**Xenophthalmidae**					
短眼蟹	*Xeoxenophthalmus* sp.	+				
大眼蟹科	**Macrophthalmidae**					
短齿大眼蟹	*Macrophthalmus brevis*			+		
绒毛大眼蟹	*Macrophthalmus tomentosus*			+		
卧蜘蛛蟹科	**Epialtidae**					
沟痕绒球蟹	*Doclea canalifera*			+		+
日本绒球蟹	*Doclea japonica*			+		
羊毛绒球蟹	*Doclea ovis*					+
口足目	**Stomatopoda**					
虾蛄科	**Squillidae**					
条尾近虾蛄	*Anchisquilla fasciata*			+		+
绿虾蛄	*Clorida clorida*			+		
饰尾绿虾蛄	*Clorida decorata*			+		+

续表

中文名	拉丁学名	大亚湾	北部湾	珠江口	南海北部	南海诸岛
拉氏绿虾蛄	*Clorida latreillei*	+	+		+	
小眼绿虾蛄	*Clorida microphthalma*				+	
蝎形拟绿虾蛄	*Cloridopsis scorpio*				+	
窝纹网虾蛄	*Dictyosquila foveolata*		+		+	
眼斑猛虾蛄	*Harpiosquilla annandalei*		+		+	
猛虾蛄	*Harpiosquilla harpax*	+	+	+	+	
日本猛虾蛄	*Harpiosquilla japonica*				+	
棘突猛虾蛄	*Harpiosquilla raphidea*		+	+	+	
尖刺糙虾蛄	*Kempina mikado*		+	+	+	
无刺光虾蛄	*Lavisquilla inermis*				+	
脊条褶虾蛄	*Lophosquilla costata*		+	+	+	
窄额褶虾蛄	*Lophosquilla tiwarii*		+			
日本齿虾蛄	*Odentodactylns japonicus*		+			
异形口虾蛄	*Oratosquilla anomala*		+			
无刺口虾蛄	*Oratosquilla inornata*		+	+		
断脊口虾蛄	*Oratosquilla interrupta*		+	+	+	
黑斑口虾蛄	*Oratosquilla kempi*	+	+		+	
长叉口虾蛄	*Oratosquilla nepa*	+	+	+	+	
口虾蛄	*Oratosquilla oratoria*	+	+	+	+	
装饰口虾蛄	*Oratosquilla ornata*		+	+	+	
前刺口虾蛄	*Oratosquilla perpensa*		+		+	
五齿口虾蛄	*Ortosquilla quinquedentata*				+	
伍氏口虾蛄	*Oratosquilla woodnasoni*		+			
琴虾蛄科	**Lysiosquillidae**					
斑琴虾蛄	*Lysisquilla maculata*		+		+	
沟额琴虾蛄	*Lysiosquilla sulcirostris*			+	+	
指虾蛄科	**Gonodactylidae**					
大指虾蛄	*Gonodactylus chiragra*			+	+	
粗糙仿虾蛄	*Parasquilla haani*		+		+	
小虾蛄科	**Nannosquillidae**					
多刺刺虾蛄	*Acanthosquilla multispinosa*				+	

注："+"表示有出现